KARL-WILHELM WEEBER

HUMOR IN DER ANTIKE

KULTURGESCHICHTE
DER ANTIKEN WELT

BAND 50

VERLAG PHILIPP VON ZABERN · MAINZ/RHEIN

KARL-WILHELM WEEBER

HUMOR IN DER ANTIKE

VERLAG PHILIPP VON ZABERN · MAINZ/RHEIN

232 Seiten mit 73 Abbildungen und 6 Farbtafeln

Umschlag: Phlyakenszene; Kelchkrater, von Asteas signiert

Die Deutsche Bibliothek – *CIP-Einheitsaufnahme*

Weeber, Karl-Wilhelm:
Humor in der Antike / Karl-Wilhelm Weeber.
– Mainz am Rhein : von Zabern, 1991
(Kulturgeschichte der antiken Welt ; Bd. 50)
ISBN 3-8053-1246-6
NE: GT

© 1991 by Verlag Philipp von Zabern, Mainz am Rhein
ISBN 3-8053-1246-6
Satz: Typo-Service Mainz
Alle Rechte, insbesondere das der Übersetzung in fremde Sprachen,
vorbehalten. Ohne ausdrückliche Genehmigung des Verlages
ist es auch nicht gestattet, dieses Buch oder Teile daraus
auf photomechanischem Wege (Photokopie, Mikrokopie) zu vervielfältigen.
Printed in Germany by Philipp von Zabern
Printed on fade resistant and archival quality paper (PH 7 neutral)

INHALTSVERZEICHNIS

Einführung
9

Kleine Anekdoten über grosse Leute

Gratwanderungen zwischen Erhabenheit und Lächerlichkeit
13

Kostproben aus dem Anekdotenschatz des Altertums
17

Volkes Stimme in Wandkritzeleien

Witzbolde, Graffito-Schreiber, Spötter in Pompeji
45

Amüsantes aus dem Alltagsleben auf Mauern und Grabsteinen
46

Die Witzesammlung des Philogelos

Von den »Ostfriesen der Antike« bis zu zerstreuten Professoren
63

Kostproben klassischen Humors
65

SENECA – DER PHILOSOPH ALS SATIRIKER

Ein Nachruf auf Kaiser Claudius
80

Die »Verkürbissung« des Claudius
82

PETRONS »SATYRICA«

Ein Schelmenroman als Sittengemälde
102

Das Gastmahl des Trimalchio
104

BISSIGES, BÖSES, OBSZÖNES
GLANZSTÜCKE ANTIKER EPIGRAMMATIK

Martial – Der Voyeur im Amt des Sittenwächters
130

»Nun gefall'n mir meine Lieder so recht . . .«
133

Helden des Stadions und andere Witzfiguren …
Aus griechischen Spottepigrammen
153

Kabinettstückchen antiken Humors

Homer: Unauslöschliches Lachen
erscholl da vom Munde der Götter …
162

Aristophanes: Wie das Gesetz es befiehlt …
165

Theophrast: Das Lächeln der Selbsterkenntnis
173

Herodas: Klassische Erziehungsprobleme
178

Plautus: Die Aufarbeitung eines unfreiwilligen Ehebruchs
184

Horaz: Nervtöter, Schwätzer, Kletten
191

Ovid: Himmlische und irdische Affairen
194

Seneca: »Von allen Seiten umdröhnt mich Lärm ...«
199

Juvenal: »Tausend Gefahren der grimmigen Stadt ...«
200

Lukian: Die böseste Zunge des Altertums
203

Apuleius: »Intende, lector, laetabere!«
212

Athenaios: Der Alkohol schlägt hohe Wellen
217

ANHANG
220

Einführung

Humor: Das ist ein Stichwort, nach dem man in Antike-Lexika vergeblich sucht. Wo der Begriff fehlt, wird auch die Sache, wenn überhaupt vorhanden, dann jedenfalls eher schwach ausgeprägt und aus zweitausendjähriger Distanz nur schlecht faßbar sein – so könnte man aus dem enttäuschenden lexikalischen Befund schlußfolgern. Ein falscher Eindruck, der indes eine Menge über das immer noch vorherrschende Antike-Bild verrät: In eine idealistische Stilisierung des Altertums mit ihrer Neigung, besonders die hehren, die »klassischen« Züge zu betonen, fügt sich etwas Profan-Alltägliches wie Humor nicht so recht ein.
Die vorliegende Anthologie will auf unterhaltsame Weise versuchen, dieses klassizistische Fehlurteil ein wenig zu revidieren, indem sie die heitere, fröhliche Seite unseres kultur- und geistesgeschichtlichen Erbes aus dem Altertum beleuchtet – vornehmlich anhand literarischer Texte, aber auch mit Hilfe von Illustrationen, die die Einbettung des Humorvollen in die Lebenswirklichkeit des antiken Menschen veranschaulichen sollen.
Denn natürlich sind Witz und Spott, Heiterkeit und Lachen aus der griechisch-römischen Zivilisation und ihrer literarischen Produktion nicht wegzudenken. Wenn Lateinschüler nur mit den »gestrengen« Schriften eines Cicero, Caesar und Seneca, wenn Adepten des Griechischen nur mit Sophokles, Platon und Thukydides konfrontiert werden, wird ihnen ein Großteil der antiken Literatur vorenthalten. Es stünde einem urbanen Humanismus gut an, den Humor als genuinen Ausdruck spezifisch menschlicher Gefühlswelt und Lebensbewältigung deutlich stärker zu berücksichtigen, um nicht zu sagen: ihn ernster zu nehmen. Der mürrische Alte Cato mit seiner pedantischen Hervorhebung des Gravitätischen ist weder ein überzeugendes didaktisches Leitbild noch ein typischer Repräsentant des »Römertums«.
Immerhin sind es ja die Griechen gewesen, die die Komödie als ausgelassenes, heiteres Pendant zur ernsten Tragödie »erfunden« und

Humor – ernst- genommen

– jedenfalls in Athen – als Teil nicht nur des Unterhaltungswesens, sondern zunächst auch des Kultes institutionalisiert haben. Der zotig-aggressive Humor der Alten Komödie als besondere Artikulation von Gottes-Dienst – das schien den Griechen eine durchaus angemessene Hommage an ein Mitglied ihrer Göttergemeinschaft, die schon bei Homer – unter anderem – durch ihr sprichwörtlich gewordenes »unauslöschliches Lachen« sympathisch-anthropomorphe Züge trägt.

Oder die Römer: Sie fanden bei aller vermeintlichen Griesgrämigkeit und würdevollen Gestelztheit, die ihnen das Klischee als »Volkscharakter« andichten will, durchaus Zeit, ein literarisches

Abb. 1 Karikatur des Zeus (Vasenbild). Antiken Betrachtern galt die prominente Wiedergabe der Glans als humorig

Genus aus der Taufe zu heben und zu schönster Vollkommenheit zu hegen, das seitdem als Inbegriff einer humorvollen Gattung gilt: die Satire. Und auch das Spottepigramm war eine literarische Kreation des Altertums – wobei durchaus zweifelhaft ist, ob es in seinen besten, prägnantesten Ausformungen bei Martial später von einem der zahlreichen »Schüler« mit anderer Muttersprache jemals übertroffen worden ist.

Der Rahmen der hier vorgelegten Humor-Auswahl ist allerdings erheblich weiter gezogen. Er umschließt auch Artikulationen derben, volkstümlichen Humors, wie er die Witzesammlung des Philogelos prägt, die manchmal unfreiwillige Komik von Grab- und Wandinschriften, die bitterböse, schonungslose Polit-Invektive, sie sich ausgerechnet mit dem Namen des »ehrwürdigen« Philosophen Seneca verbindet, die spitzzüngig-espritvollen Dialoge aus der Feder des großen Spötters Lukian, das milde Lächeln der Selbsterkenntnis, das die »Charaktere« Theophrasts durchzieht, sowie das geistreich-schlagfertige Element der Anekdote, die die Schwächen und Stärken – aber meistens schon die Schwächen! – großer Leute aufs Korn nimmt.

Neben berühmten Kabinettstückchen antiken Humors – etwa der Schwätzersatire des Horaz oder der köstlichen Schilderung der ertappten göttlichen Ehebrecher Venus und Mars – sind auch unbekanntere, entlegenere Texte in die Sammlung aufgenommen worden: So die Szene, in der uns Herodas antike Prügel-Pädagogik sehr anschaulich – und für das Opfer sehr schmerzhaft – vorführt, oder die Schilderung eines zumindest auf die Außenstehenden ausgesprochen belustigend wirkenden Alkohol-Exzesses durch Athenaios. Ziel der Auswahl ist es, ein möglichst breites Spektrum antiken Humors zu präsentieren: von dem elegant geführten Floretthieb des treffsicheren Epigrammatikers bis zum dumpfen Säbelrasseln des unflätigen, manchmal platten Kalauer-Witzes, von dem Sozialkritik amüsant und unterhaltsam transportierenden Sitten-Roman bis zur im Ton rüde daherkommenden Komödien-Utopie, von derben, geradezu subkulturellen Manifestationen volkstümlichen Humors bis zum espritvoll-entlarvenden Apophthegma, vom milden Spott Homers bis zur aggressiven, mit Verbalinjurien gespickten Pointe Martials.

Wenn bei alldem das Sexuelle eine nicht unbedeutende Rolle spielt, so zeigt das deutlich, daß auch die Antike an allem, was in einer großen Bandbreite zwischen »erotisch« und »anzüglich-schlüpfrig«

angesiedelt ist, Gefallen gefunden und recht viel humorvolle Münze daraus geschlagen hat. Zartbesaitete mögen insofern vorgewarnt sein ...

Mit dem Thema »Humor der Antike« könnte man eine Vielzahl von Büchern füllen. Die Beschränkung auf den vorgegebenen Rahmen dieses Bandes machte eine Auswahl nötig, deren Kriterien gerade kurz aufgezeigt worden sind, die aber in ihrer unvermeidbaren Subjektivität nicht jeden Leser überzeugen wird. Der Herausgeber kann nur hoffen, daß er – in eigener Übersetzung – zumindest ein möglichst anregendes Humor-Potpourri zusammengestellt hat, das Lust macht, tiefer und breiter in das Œuvre mancher der hier vorgestellten Autoren einzudringen. Die knappen Literaturhinweise am Ende des Buches sollen den Zugang dazu erleichtern helfen. Im übrigen bleibt nur noch ein dem Thema in besonderer Weise angemessener Wunsch zu äußern: Gute Unterhaltung!

Gute Unterhaltung

KLEINE ANEKDOTEN ÜBER GROSSE LEUTE

*Gratwanderungen zwischen
Erhabenheit und Lächerlichkeit*

»Anekdote« – das ist etwas, das, ginge es nur nach etymologischen Gesichtspunkten, gar nicht bekannt sein dürfte. Denn ein »anékdoton« ist in deutscher Übersetzung nichts anderes als etwas »nicht Herausgegebenes«, »Unveröffentlichtes«. Erstmals als literarischen Sammelbegriff verwendet hat ihn der byzantinische Geschichtsschreiber Prokop von Kaisareia (6. Jahrhundert n. Chr.). »Anekdota« betitelte er eine Sammlung üblen Hofklatsches und polemisch-herabsetzender Histörchen über Kaiser Justinian und seine Frau Theodora, die er aus seinen »offiziellen« Historien wohlweislich herausgelassen hatte. Der Versuchung, die weniger ruhmreichen Fußnoten, die weniger glänzenden Splitter der Geschichte, die sich im Laufe seiner Recherchen gewissermaßen als Abfallprodukte des Bedeutenden und Seriösen angesammelt hatten, vor einer daran durchaus interessierten Leserschaft genüßlich auszubereiten, hat Prokop nicht widerstanden – daher die Herausgabe der noch »unveröffentlichten« Geheimgeschichte.

Aus dem Papierkorb der Weltgeschichte

Später erst erhielt der Anekdoten-Begriff die Bedeutung, die wir heute mit ihm verbinden. Was indes nicht heißt, daß dem Altertum die Sache an sich fremd gewesen wäre. Das Gegenteil ist der Fall, nur verwendete man einen anderen Begriff, genauer gesagt: eine Reihe von anderen Bezeichnungen, unter denen allerdings das Apophthegma die wichtigste und die dem Anekdoten-Begriff inhaltlich am nächsten stehende war. »Ausspruch«, »witziges Wort«, »treffende Antwort« oder auch – seltener – für eine Person »charakteristische Handlung« sind Übersetzungen, die das Spektrum des Apophthegma-Begriffs erkennen lassen. Die klassische Form des Apophthegma heißt: »Auf die Frage des X antwortete Y« (ἐρωτηθεὶς ... εἶπε; *interroganti ... respondit*). Diese Basis kann so erweitert oder modifiziert werden, daß eine kurze Situationsbeschreibung hinzutritt oder jemand auch nur mit einem originellen, häufig witzigen Ausspruch auf eine bestimmte Lage, in der er oder andere sich befinden, reagiert. Ein beliebtes »Strickmuster« stellt die Provokation einer Persönlichkeit durch eine unangenehme Frage oder schwierige Situation dar. Gewissermaßen so in die Enge getrieben, gelingt es ihr dann mit Hilfe einer verbalen Pointe, die Lage zu meistern, ja sich aus der Defensive zu befreien und bisweilen sogar den Spieß umzudrehen: Da steht dann auf einmal der Fragesteller als der Bloßgestellte da. Die Verwandtschaft mit der Gattung Witz ist nicht zu übersehen; die Parallele besteht in der Paradoxie, dem Überraschungsmoment, das die Spannung löst und zum Schmunzeln einlädt.

Ursprünglich wurde das Apophthegma mündlich überliefert. Man erzählte einander solche heiteren Prominenten-Bonmots; beim abendlichen Symposion fiel dem einen dieser, dem anderen jener Ausspruch einer bekannten Persönlichkeit ein; oder ein Politiker würzte seine Rede mit einem überlieferten oder persönlich gehörten Witzwort einer anerkannten Autorität, das dann auch eine argumentative Funktion bekommen konnte. Im Laufe der Zeit gingen Schriftsteller daran, das in großer Fülle tradierte Anekdoten-Material zu sammeln, zu ordnen und zu unterhaltsamen Anthologien zusammenzustellen. Solche Florilegien liegen mit unterschiedlicher thematischer Akzentuierung und Zielgruppen-Orientierung aus der Feder mehrerer griechischer und lateinischer Autoren vor – von der für ein allgemeines Lesepublikum bestimmten Symposienliteratur eines Macrobius und Athenaios über historisch ausgerichtete Werke wie die *factorum et dictorum memorabilium libri IX* des Valerius Maximus und die stark anekdotisch geprägten Biographien Suetons und der Historia Augusta bis hin zu rhetorischen Lehrschriften wie Ciceros *de oratore*, in denen die Verfasser ihr Fachpublikum mit Anregungen und konkreten Beispielen für den gezielten Einsatz geeigneter Apophthegmata »versorgen«. Weitere wichtige Quellen sind das philosophiegeschichtliche, biographisch aufgebaute Werk des Diogenes Laertios, die leichte Kost der *Poikile Historia* (»Bunte Geschichte«) des Claudius Aelian sowie die umfangreichen Schriften Plutarchs von den berühmten Parallelbiographien bis zu einer Reihe materialreicher Ausspruch-Sammlungen in den sogenannten *Moralia*.

Das Interesse, welches das antike Lesepublikum dieser »kleinen« Literaturgattung entgegenbrachte, war offenbar recht groß. Das

Yellow press – auf gehobenem Niveau

hängt gewiß auch mit dem Geschichtsverständnis des Altertums zusammen, das sich stark an Persönlichkeiten orientierte. Wenn man der Auffassung war, daß im wesentlichen Personen Geschichte »machten«, dann war es sehr verführerisch, sozusagen die Quintessenz eines historischen Ereignisses oder einer geschichtlichen Entwicklung am Wesen und Verhalten dessen festzumachen, der dafür die Verantwortung trug. So konnte sich im Idealfall Geschichte in einem einzigen Apophthegma zusammenballen: Es charakterisierte seinen Protagonisten auf engstem Raum mit wenigen Worten und hellte damit zugleich Motivationen und Hintergründe seines Handelns auf. Um so besser, wenn sich diese »Aufklärungsarbeit« mit vergnüglicher Lektüre verbinden ließ!

Im Zusammenhang mit dieser Neigung zur Personalisierung von Geschichte stand vor allem bei den Römern ein stark ausgeprägtes Denken in Beispielen, Vorbildern und Präzedenzfällen. Wo das *exemplum* ein solches Gewicht hatte, war es gut, sich im öffentlichen Leben mit einschlägiger »Munition« auszurüsten. Das Zitieren eines brillanten Apophthegma, der Hinweis auf die ironisch-pointierte »Lösung« eines Sachverhalts durch eine berühmte Gestalt der römischen Geschichte – und mochte sie vor hundert, zweihundert Jahren gelebt haben – hatte unter Umständen größere Überzeugungskraft als die langatmige, detaillierte Diskussion einer Sache. Unnötig zu sagen, daß das witzige Potential einer solchen Anekdote die Vertreter einer entgegengesetzten Auffassung noch stärker in die Defensive drängte. Und was die Philosophie angeht: Gab es einprägsamere, komprimiertere Illustrationen typischer Einstellungen und Verhaltensweisen führender Philosophen als die in Anekdoten-Pointen gegossene Kurzfassung ihrer Lehren? Wobei solche Apophthegmata ja im Normalfall, von den Kynikern Diogenes und Demonax einmal abgesehen, nicht der Ersatz für ein systematisches Lehrgebäude waren, sondern vielfach nur die Türen, die zum Betreten ihres Denkgebäudes einluden und gleichsam die Schwellenangst überwinden halfen. Es ist ja ein sehr einseitiges, steifes Verständnis von Wissenschaft – ob Geschichte, Philosophie oder Rhetorik –, das die protreptisch-didaktische Annäherung an den Gegenstand über humorvolle Inhalte und unterhaltsame Formen naserümpfend als etwas Unangemessenes ablehnt. Die Antike dachte jedenfalls ganz anders darüber.

Philosophie in Häppchen

Natürlich dienten Anekdoten auch dazu, das Unterhaltungs-, mitunter sicher auch das Klatschbedürfnis der Leser zu befriedigen –

so vor allem, wenn sie dem Umkreis eines Königs- oder Kaiserhofes entstammten. In manch einem Apophthegma kanalisierte sich darüber hinaus politischer Unmut; das Witzwort wurde zur Waffe der sonst Ohnmächtigen gegenüber Tyrannen und Autokraten: Gegen seine guerillaartige, nicht faßbare Macht und Dynamik vermochten Fesseln und Gefängnisse nichts auszurichten. Schließlich der Aspekt des Exemplarischen, Allgemein-Menschlichen: Sowenig sich der Großteil der Anekdoten von der Persönlichkeit ihrer Hauptfigur lösen läßt, so gab es doch auch den anderen Typus, bei dem die scheinbar im Zentrum stehende Person im Grunde fast auswechselbar war – jene Sorte anekdotischer Erzählungen und Aussprüche, die gewissermaßen das zeitlos Allzumenschliche am Beispiel eines konkreten »Opfers« spöttisch auf den Punkt bringen.

Im Mittelpunkt zahlreicher Apophthegmata standen besonders farbige, originelle Persönlichkeiten. Je kauziger sich jemand verhielt, je geistreicher und scharfzüngiger ein Prominenter war, um so größer war der »Ausstoß« an Anekdoten, die sich um ihn rankten. Das eine war zum Beispiel beim kynischen »Aussteiger« Diogenes der Fall, dessen philosopisch-»hündische« Methode geradezu der gefürchtete verbale Biß war, oder auch beim alten Cato, dessen provozierend-kantige Selbststilisierung ihm und anderen genügend Stoff lieferte, aus dem sich Anekdoten speisen. Das andere trifft etwa auf Cicero und Augustus zu, die beide als schlagfertig und witzig berühmt waren.

Die thematische Bandbreite der Apophthegmata ist groß. Sie erstreckt sich von humorvoll verpackter politischer Kritik über sexuelle Anspielungen bis hin zu aus heutiger Sicht eher fragwürdigen Scherzen und Wortspielen über körperliche Gebrechen, in denen das Altertum eine erheblich weniger sensible – vielleicht auch nur weniger heuchlerische – Haltung zeigte. Ebenso breit ist die Palette der humorigen Tonlagen: Da steht ätzender Sarkasmus neben mild-freundlichem Tadel, drastischer Zynismus neben urbanem Spott, schlagfertiger Mutterwitz neben deftiger Zote. Und auch die »Botschaften« sind recht unterschiedlich akzentuiert. Je nachdem, ob sie mehr didaktisch wirken sollen, eher unterhalten wollen oder einfach nur Wissens-, Staunens- oder Bewundernswertes tradieren, liegt die Betonung auf dem Paradoxen oder dem Lächerlichen, dem Kuriosen oder dem Liebenswerten, dem Charakteristischen oder dem Ungewöhnlichen.

Kostproben aus dem Anekdotenschatz des Altertums

Stolz auf einen Seitensprung

Alexander der Große schrieb einmal an seine Mutter und benutzte dabei folgende Anredeformel: »König Alexander, Sohn des Jupiter Ammon, grüßt seine Mutter Olympias.« Worauf ihm Olympias, die Großspurigkeit ihres Sohnes milde tadelnd, zurückschrieb: »Tu mir den Gefallen, mein lieber Sohn, und schweige! Verrate mich bitte nicht der Juno, denn sie wird sich furchtbar an mir rächen, wenn du in deinen Briefen zugibst, daß ich die Geliebte ihres Mannes war.« (Gellius XIII 4)

Quod erat demonstrandum

Rettung durch Geistesgegenwart

Auf seinem Persienfeldzug war Alexander der Große im Begriff, den Befehl zur Zerstörung der Stadt Lampsakos zu geben, als sein Lehrer Anaximenes auf ihn zutrat. Lampsakos war die Heimatstadt des Anaximenes, und Alexander war sicher, daß der Gelehrte ihn um Schonung der Stadt bitten würde. Deshalb rief er ihm schon von weitem zu: »Ich schwöre dir, daß ich deiner Bitte nicht nachgeben werde!« Worauf Anaximenes blitzschnell ›schaltete‹ und entgegnete: »Ich bitte dich, Lampsakos zu zerstören« – eine Geistesgegenwart, die die Stadt vor der Vernichtung bewahrte.

(Valerius Maximus VII 3, ext. 4)

Schlagfertigkeit spart Geld

Die kynischen Philosophen hielten sich viel auf ihre Bedürfnislosigkeit zugute. Das Wenige, das sie zum Lebensunterhalt benötigten, erbettelten sie. Einst trat der Kyniker Thrasyllos zum makedonischen König Antigonos und bat ihn um eine Drachme. »Das ist kein Geschenk, das einem König entspricht«, lehnte Antigonos ab. »Dann gib mir eben ein Talent«, erwiderte Thrasyllos. »Tut mir leid«, erhielt er zur Antwort, »aber das ist kein Geschenk, das einem Kyniker entspricht!« (Plutarch Mor. 182 E)

Bitte Abstand!

Antigonos, einer der Generäle und Epigonen Alexanders, jagte einigen Soldaten einen gehörigen Schrecken ein, als sie wegen Versorgungsschwierigkeiten laut über ihn schimpften, ohne zu wissen, daß er in der Nähe war. Er öffnete das Zelt, an dem die Unzufriedenen beisammen standen, einen Spalt. Sobald ihn die Soldaten erblickten, erstarrten sie vor Schreck. Antigonos aber sagte nur: »Ich rate euch, ein Stück weiter wegzugehen, da könnt ihr dann weiter über mich lästern.« (Plutarch Mor. 182 C–D)

Fieber auf zwei Beinen

König Antiochos erfuhr, sein Sohn Demetrios fühle sich unwohl; er habe sich deshalb zurückgezogen. Der König machte sich Sorgen

Abb. 2
Häusliche
Szene.
Schale aus
der Villa
Giulia, Rom

und entschloß sich, den Kranken zu besuchen. Als er sich seiner Haustür näherte, kam gerade ein hübscher Lustknabe heraus. Antiochos ging ins Haus, trat ans Bett seines Sohnes und fühlte seinen Puls. »Das Fieber hat mich gerade verlassen«, stotterte Demetrios verlegen. »Ich weiß schon, mein Sohn«, erwiderte der König lächelnd, »es ist mir gerade vor der Tür begegnet.«

(Plutarch Dem. 19)

Qual der Wahl

Als jemand den Philosophen Antisthenes um Rat fragte, was für eine Frau er heiraten solle, erhielt er eine wenig ermutigende Antwort: »Nimmst du eine schöne, dann wirst du sie nicht für dich allein haben, nimmst du eine häßliche, so zahlst du dafür einen hohen Preis!« (Diogenes Laertios VI 3)

Warum aufs Paradies warten?

Als Antisthenes in die Orphischen Mysterien eingeführt wurde, die ihren Anhängern im Unterschied zur Staatsreligion ein Weiterleben nach dem Tode versprachen, stellte ihm der Priester mit überschwenglichen Worten die Annehmlichkeiten und Wonnen vor Augen, die ihn in der Unterwelt erwarteten. »Und warum stirbst du dann nicht?« erwiderte der Philosoph mit skeptischer Ironie. (Diogenes Laertios VI 2)

Heilsgewißheit – warum erst später?

Geht auch Weisheit nach Brot?

Auf die polemische Frage des Tyrannen Dionys, wie er es sich erkläre, daß Philosophen in die Häuser der Reichen gingen, nicht aber Reiche in die Häuser von Philosophen, antwortete Aristipp schlagfertig: »Weil die einen wissen, was sie brauchen, und die anderen nicht!« (Diogenes Laertios II 69)

Ist der Vater kein Mann?

Das Verhältnis zwischen Augustus und seiner leichtlebigen Tochter Julia war recht gespannt. Immer wieder ärgerte sich der Kaiser über die in seinen Augen unwürdige Lebensführung seiner Tochter. Eines Morgens erschien Julia bei ihm in einem recht freizügigen, aufreizenden Kleid. Augustus war empört, sagte aber nichts. Als er sie

Ein Apfel... am nächsten Tage in einem schlichten, biederen Gewand sah, war er hoch erfreut, umarmte sie und sagte: »Um wieviel passender ist doch dieser Aufzug für die Tochter des Augustus!« Worauf Julia entgegnete: »Heute habe ich mich für die Augen des Vaters geschmückt, gestern für die des Mannes.« (Macrobius Sat. II 5,5)

Was ist wahrhaft kaiserlich?

...weit vom Stamm gefallen Die Vergnügungs- und Verschwendungssucht Julias kritisierte nicht nur ihr Vater Augustus. Auch andere nahmen daran Anstoß. Einer der Kritiker sagte ihr das frei heraus und empfahl ihr, sich an der Biederkeit ihres Vaters ein Beispiel zu nehmen. Julia konterte selbstbewußt: »*Er* vergißt, daß er Kaiser ist; *ich* dagegen denke daran, daß ich die Tochter des Kaisers bin.« (Macrobius Sat. II 5,8)

Das Schwein des Herodes

Der berüchtigte Kindermord-Befehl des Herodes, dem auch ein eigener Sohn des jüdischen Königs zum Opfer gefallen sein soll, veranlaßte Augustus zu der sarkastischen Bemerkung: »Es ist besser, das Schwein des Herodes zu sein als sein Sohn.«
(Macrobius Sat. II 4,11)

Das Gegenteil klingt besser

Als sich ein wegen unmoralischen Lebenswandels aus der Armee geworfener junger Mann flehend an Augustus wandte und ihn fragte, wie er diese schimpfliche Entlassung seinem Vater beibringen solle, gab ihm Augustus den Rat: »Sag ihm doch einfach, ich hätte dir nicht gepaßt!« (Macrobius Sat. II 4,6)

Korrektur ausgeschlossen

Im Altertum war man weniger sensibel als heutzutage, körperliche Gebrechen zur Zielscheibe von Spott und Ironie zu machen. Leidtragender dieser Einstellung war auch der Anwalt Galba, ein buckliger Mann von häßlichem Körperbau. Als er sich einmal bei einer Gerichtsverhandlung an Augustus wandte und ihn aufforderte: »Korrigiere mich ruhig, wenn du etwas an mir auszusetzen hast!«, erwiderte der Kaiser: »Kritisieren kann ich dich, korrigieren aber nicht!« (Macrobius Sat. II 4,8)

Held oder Feigling – eine Kopfbewegung entscheidet

Ein Soldat trug auf einem Kriegszug eine mächtige Stirnwunde davon; er war von einer Steinschleuder getroffen worden. Stolz auf seine Narbe weisend, wurde er nicht müde, sich seines Heldenmutes zu rühmen. Die Penetranz des Eigenlobs störte Augustus. Er ließ ihn zu sich kommen und fragte ihn spitz: »Bist du eigentlich sicher, daß du dich nie umschaust, wenn du die Flucht ergreifst?« (Macrobius Sat. II.4,7)

Durchsichtige Gerüchteküche

Als er mal wieder in einem finanziellen Engpaß steckte, wandte sich der Dichter Pacuvius Taurus mit der Bitte um eine Geldgeschenk an Augustus. Um seinem Antrag größeren Nachdruck zu verleihen, setzte er hinzu: »Es geht auch schon überall das Gerücht, du habest mir eine nicht unbeträchtliche Summe geschenkt.« Augustus zeigte sich unbeeindruckt und gab ihm nur den guten Rat: »Glaub' *du* das nicht, Pacuvius!« (Macrobius Sat. II 4,4)

Peinliche Fehlinterpretation

Gesandte der spanischen Stadt Tarragona kamen zu Augustus und meldeten ihm stolz: »Stell dir vor, welches Vorzeichen sich bei uns ereignet hat: Auf deinem Altar ist ein Palmbäumchen aufgesproßt!« Worauf sie der Kaiser mit seinem Kommentar ziemlich ernüchterte: »Daraus sieht man eigentlich nur, wie oft ihr ihn anzündet.« (Quintilian VI 3,77)

»Königin Caesar«

In Rom munkelte man, Caesar habe in jungen Jahren ein homosexuelles Verhältnis mit dem bithynischen König Nikomedes gehabt – ein Gerücht, dessen propagandistische Vermarktung sich seine politischen Gegner nicht entgehen ließen. Bibulus, als Amtskollege von Caesar zwar kaltgestellt, verstand es aber immerhin, sich mit eindeutigen Anspielungen an seinem Konkurrenten zu rächen: Mit konstanter Bosheit sprach er von Caesar als der »bithynischen Königin«. Noch anzüglicher war sein Wortspiel, früher habe Caesar ein König am Herzen gelegen, jetzt die Königsherrschaft.

Variatio delectat

– Auch seine Soldaten nutzten den Gallischen Triumphzug als – traditionell straflose – Gelegenheit, ihren Feldherrn mit einschlägigen Andeutungen zu verspotten, indem sie skandierten:
»Caesar unterwarf ganz Gallien, Nikomedes Caesar einst.
Sieh, Triumphzug feiert Caesar, der ganz Gallien unterwarf,
Nikomedes triumphiert nicht, der den Caesar unterwarf.«

(Sueton Caes. 49)

Tod im Schwamm

Augustus hatte sich auch einmal als Dichter versucht. Er verfaßte eine Tragödie über den griechischen Helden Aiax, der sich der Sage nach umbrachte, indem er sich in sein Schwert stürzte. Schon bald aber erkannte der Kaiser, daß sein literarischer Abstecher wenig geglückt sei. Er zog die Konsequenzen und vernichtete sein Drama, indem er das auf die Schreibtafeln Geschriebene löschte. Einige Zeit später begegnete ihm der Tragödiendichter L. Varius und erkundigte sich: »Wie geht's denn deinem Aiax?« – »Er hat sich in den Schwamm gestürzt«, erwiderte Augustus. (Macrobius Sat. II 4,2)

Abb. 3 Ajax stürzt sich ins Schwert. Bauchamphora des Exekias

Bemerkenswerte Personalunion

Die Jahreszählung erfolgte bei den Römern durch die Benennung nach den beiden jeweils amtierenden Konsuln. Im Jahre 59 v. Chr. bekleideten Caesar und Bibulus das höchste Amt. Caesar drängte seinen Kollegen jedoch mit lauteren und unlauteren Mitteln so in den Hintergrund, daß der sehr bald resignierte, sich in seinem Hause verkroch und nur noch schriftlich Einspruch gegen Caesars

Verfügungen erhob. Die Dominanz des einen Konsuls veranlaßte manche Leute zu einer spöttischen Abänderung der Datierungsformel: Statt »unter dem Konsulat des Caesar und Bibulus«, meinten sie, solle man doch besser »im Konsulatsjahr des Julius und des Caesar« schreiben. (Sueton Caes. 20)

Gedächtnis als gefährlicher Mitwisser

Der in augusteischer Zeit lebende Redner Cassius Severus galt als ebenso scharfzüngiger wie rhetorisch brillanter, leidenschaftlicher Hasser von Unfreiheit und Tyrannei. Das brachte ihm manche Schwierigkeiten mit den Beratern des Augustus ein, die darin eine zumindest indirekte Majestätsbeleidigung witterten. Als die Schriften seines geistesverwandten Freundes T. Labienus auf Senatsbeschluß öffentlich verbrannt wurden, nahm Cassius trotz des einschüchternden Klimas kein Blatt vor den Mund: »Nun müßt ihr mich noch bei lebendigem Leib verbrennen«, kommentierte er den Kultur-Vandalismus der Senatoren, »denn ich kenne die Schriften des Labienus auswendig.« (Seneca contr. X praef. 8)

Augurenlächeln

Auguren und Haruspices waren in Rom wichtige Priesterschaften, denen die Erforschung des göttlichen Willens durch Deutung von Vorzeichen oblag. Die einen beobachteten Vogelflug und Himmelszeichen, die anderen interpretierten die Eingeweide von Opfertieren. In der späten Republik wurde mit diesen mantischen »Künsten« auch viel Schindluder getrieben, nicht selten aus politischen Gründen. Schon der alte Cato hatte freilich seine Skepsis gegenüber manchen Praktiken der Weissagungs-»Profis« kundgetan: Er wundere sich, pflegte er zu sagen, daß ein Haruspex nicht lachen müsse, wenn er einem Kollegen begegne ... (Cicero de div. II 51)

Bestechliches Federvieh

Gieriger als die See

Ein junger Mann hatte den von seinem Vater ererbten Immobilienbesitz an der Küste verkauft und den Erlös binnen kurzem verpraßt. Catos Kommentar dazu: »Ich bewundere diesen feinen Herrn, hat er sich doch als stärker erwiesen als das Meer. Denn was die See nur eben angeleckt hat, das hat er mit Leichtigkeit verschlungen.« (Plutarch Cato 8)

Bestattungs-Sorgen habt Ihr!

Als im Senat heftig darüber gestritten wurde, ob man es den lange Zeit in Rom internierten Geiseln des Achäischen Bundes erlauben solle, in ihre griechische Heimat zurückzukehren, stand Cato auf und setzte den ihm eigenen sarkastischen Akzent: »Als ob wir nichts anderes zu tun hätten, sitzen wir den ganzen Tag hier herum und streiten darüber, ob ein paar griechische Tattergreise besser von unseren Leichenträgern oder von denen in Achaia beerdigt werden sollen!«
(Plutarch Cato 9)

Mein Mitleid hast du!

In antiken Prozessen war es üblich, daß Verteidiger in ihren Plädoyers auch kräftig »auf die Tränendrüse drückten«, um bei den Geschworenen Mitleid mit ihren Mandanten zu bewirken. Als ein schlechter Anwalt einmal sein Abschlußplädoyer vorgetragen und sich wieder gesetzt hatte, flüsterte er dem Catulus erwartungsvoll zu: »Na, was meinst du: Habe ich wohl Mitleid erregt?« – »Großes sogar«, erwiderte Catulus, »denn ich kann mir niemanden vorstellen, der so hartherzig wäre, daß er deine Rede nicht als bemitleidenswert empfunden hätte.«
(Cicero de or. II 278)

Heilsamer Perspektivwechsel

Der im späten 5. Jahrhundert v. Chr. lebende Diagoras von Melos galt als geradezu hartgesottener Atheist. Eines Tages wies ihn ein Freund auf Votivtafeln geretteter Schiffbrüchiger hin und fragte ihn: »Wie kannst du angesichts dieser Indizien daran zweifeln, daß es Götter gibt, die diese Menschen aus höchster Seenot wohlbehalten in den Hafen zurückgebracht haben?« – Diagoras nahm in seiner Erwiderung nur eine Akzentverschiebung vor: »Was ist mit denen«, fragte er seinen Kritiker, »die hier auf keinen Weihgaben abgebildet sind, weil sie Schiffbruch erlitten haben und im Meer ertrunken sind?«
(Cicero de nat. deor. IV 89)

Ein Konsul, der nie schläft

Wachsamkeit gegenüber möglichen Gefahren für das Gemeinwesen war eine Eigenschaft, die die Römer von ihren höchsten Beamten in besonderem Maße verlangten. Als ungewöhnlich wachsamen

Konsul, der während seines Konsulats keinen Schlaf gesehen habe, verspottete Cicero den Caninius Rebilus – der war nämlich am letzten Tag einer Amtsperiode seinem verstorbenen Vorgänger nachgerückt und nur einen einzigen Tag im Amt geblieben.

(Macrobius Sat. II 2,6)

Alle Achtung, wie der Wein das schafft!

Alter Falernerwein galt als Spitzenerzeugnis der italischen Winzer. Er war natürlich nicht billig, und manch einer scheute die Ausgaben für diesen köstlichen Rebensaft. So auch ein gewisser Damasippus, der freilich seine Knausrigkeit nicht gern eingestehen wollte. Gewissermaßen als Vorwärtsverteidigung forderte er deshalb seine Gäste bei einem Gelage auf: »Laßt euch diesen Falerner gut munden, Freunde! Er ist 40 Jahre alt!« Worauf Cicero bissig erwiderte: »Kommt aber mit seinem Alter prächtig zurecht!«

(Macrobius Sat. II 3,2)

Damen haben kein Alter

Etwas eleganter nahm Cicero die Koketterie seiner Bekannten Fabia mit ihrem Alter aufs Korn. Als sie einem gemeinsamen Freund erzählte, sie sei 30 Jahre alt, bestätigte Cicero diese Aussage mit den Worten: »Stimmt genau! Denn das höre ich schon seit 20 Jahren von ihr!« (Quintilian VI 3,73)

Kompliment!

Embryonen auf der Schulbank?

Aus Eitelkeit pflegte sich Vibius Curius stets als erheblich jünger auszugeben, als er tatsächlich war – bis Cicero einmal der Kragen platzte und er ihn öffentlich anfuhr: »Ach, wie interessant, dann warst du damals ja noch gar nicht auf der Welt, als wir zusammen die Rednerschule besuchten?!« (Quintilian VI 3,73)

Wasser als anstößiges Getränk

Lucius Cotta war als großer Liebhaber des Weines bekannt. Als er das »Sittenwächteramt« der Censur ausübte, konnte sich Cicero eine Anspielung auf das Faible des trinkfreudigen Censors nicht verkneifen. Als er nach einer Rede einmal in der Öffentlichkeit ein Glas Wasser trank, wandte sich Cicero an die Umstehenden mit den

Worten: »Ihr habt schon recht mit euren Befürchtungen. Es kann mir leicht passieren, daß ich mir eine censorische Rüge einhandle, weil ich Wasser trinke!« (Plutarch Cic. 27)

Fachmann ohne Kenntnisse

Publius Costa hielt sich für einen bedeutenden Rechtsgelehrten. Mit dieser Einschätzung stand er jedoch ziemlich allein da, und Cicero nahm in einem Prozeß die Gelegenheit wahr, ihm das spöttisch klarzumachen. Publius Costa war als Zeuge geladen, erklärte aber gleich bei seiner Vernehmung, er wisse nichts. »Keine Angst!«, rief ihm Cicero zu, »du wirst hier nicht nach juristischen Dingen gefragt.« (Plutarch Cic. 26)

Kurzbeschreibung eines Ehebrechers

Mögen Frauen schnelle Männer?

»Was ist das für ein Mensch, der sich in flagranti beim Ehebruch ertappen läßt?« fragte Pontidius in einer Gerichtsverhandlung. Unter schallendem Gelächter der Zuschauer beantwortete Cicero die Frage mit einem einzigen Wort: »Ein langsamer!« (Cicero de or. II 275)

Schwierige Vater-Suche

Metellus Nepos hörte nicht auf, den Aufsteiger Cicero mit der Frage zu »löchern«, wer eigentlich sein Vater sei. Endlich riß Cicero der Geduldsfaden, und er konterte, auf den lockeren Lebenswandel der Mutter des Metellus anspielend: »Was dich angeht, so hat deine Mutter die Beantwortung dieser Frage für dich ausgesprochen schwierig gemacht!« (Plutarch Mor. 205 A)

Dann sollen sie wenigstens saufen . . .

Kurz vor einer wichtigen Seeschlacht im 1. Punischen Kriege teilte man dem römischen Admiral P. Claudius Pulcher ein schlechtes Vorzeichen mit: die heiligen Hühner weigerten sich zu fressen. »Dann sollen sie wenigstens saufen!«, rief Claudius aus und ließ sie kurzerhand ins Meer werfen. – Das Federvieh habe sich, weiß die antike Tradition zu berichten, auf seine Weise gerächt: Die Römer verloren die Schlacht mit Pauken und Trompeten . . . (Livius epit. XIX; Val. Max. I 4,3)

Keine leeren Versprechungen, bitte!

Crassus konnte in mancher Hinsicht als Inbegriff der römischen Kapitalisten gelten. Er war völlig skrupellos, wenn es darum ging, Profit zu machen. So verdiente er nicht nur am versteigerten Eigentum Proskribierter ein Millionenvermögen; er bereicherte sich auch dadurch, daß er die Notlagen seiner Mitmenschen ausnutzte. Brach irgendwo in Rom ein Feuer aus, so schickte Crassus seine Privatfeuerwehr gern zum Löschen dahin – vorausgesetzt, der verzweifelte Eigentümer überschrieb ihm flugs seinen Immobilien- und Grundbesitz zu einem Schleuderpreis. Kein Wunder, daß Crassus bei vielen Römern der bestgehaßte Mann war. Darauf spielte Cicero an, als Crassus einmal in einer vielköpfigen Gesellschaft die Bemerkung machte, niemand in seiner Familie sei älter als 60 Jahre geworden. »Du Schmeichler«, tadelte ihn Cicero daraufhin scheinbar gutmütig, »du weißt ganz genau, was die Römer hören wollen . . .«. (Plutarch Cic. 25)

Ungewöhnliche Kampfesspuren an königlichem Hals

Der makedonische König Demetrios Poliorketes war für sein ausschweifendes Leben bekannt. Er unterhielt zahlreiche Beziehungen zu Frauen; als seine Lieblingshetäre galt indes Lamia, von der man munkelte, sie beherrsche ihn geradezu. Gesandte des Demetrios

Abb. 4 Freier und Hetäre. Schale des Brygos-Malers

suchten einst den Thrakerkönig Lysimachos auf. Im Verlaufe eines langen Gesprächs kam die Rede auch auf die tiefen Narben, die Lysimachos an Armen und Beinen hatte. »Die stammen von Löwenkrallen«, erläuterte der Gastgeber nicht ohne Stolz. »Da kann unser König durchaus mithalten«, sagte einer der Gesandten lachend, »er hat sogar tiefe Bißmale am Hals, und die stammen von einem noch viel wilderen Tier – der Lamia.« Plutarch Dem. 27

Bekenne dich zu Pythagoras – und halt' den Mund

Der Sophist Sidonios war sich sicher: Er stand auf Du und Du mit allen führenden Philosophenschulen. Er kannte ihre Grundsätze in- und auswendig – dachte er; in Wirklichkeit sprach er nicht einmal ordentliches Griechisch. »Ruft mir Aristoteles ins Lyzeum«, prahlte er, »ich folge! Ruft mir Platon in die Akademie – ich komme! Ruft mir Zenon in die Stoa – ich bin schon da. Ruft mir Pythagoras – so schweige ich.« Das war für den Philosophen Demonax das Stichwort. Augenblicklich stand er auf und rief: »Pythagoras ruft dir!« (Lukian Demonax)

Lebensgefahr bei Vernunft

Der Redner Demosthenes warnte den athenischen Politiker und Feldherrn Phokion: »Wenn sie verrückt werden, werden die Athener dich zum Tode verurteilen!« – »Schon richtig«, erwiderte Phokion: »Mich, wenn sie verrückt werden, dich aber, wenn sie bei Verstand bleiben!« (Plutarch Mor. 188 a)

Ein teures Schäferstündchen

Vom Ruhm der Hetäre Lais angelockt, die damals als die schönste Frau Griechenlands galt, wollte sich auch der Redner Demosthenes persönlich davon überzeugen, was es mit der Liebeskunst der Lais auf sich habe. Er ging zu ihr und erkundigte sich nach dem Preis für ein Schäferstündchen. Als er hörte, daß sie die astronomische Summe von einem halben Talent für eine einzige Nacht verlangte, verließ ihn die Neugier schlagartig: »Für einen solchen Preis«, erklärte er, »bin ich nicht bereit, Reue zu erstehen.«

Not – als Tugend deklariert

(Macrobius Sat. II 2,11)

Abb. 5   Freier mit Geldbeutel und Hetäre. Pelike des Schweinemalers (?)

Sexuell Anzügliches in witziger Verpackung

Wer im Glashaus sitzt...

Schamlosigkeit war eine »Tugend«, die Diogenes in seinem Kampf für mehr Ursprünglichkeit und gegen zivilisatorische Fesseln auf sein Panier geschrieben hatte. Kein Wunder, daß er sie in seinen bissigen Bemerkungen auch verbal praktizierte. Als der Sohn einer stadtbekannten Prostituierten einen Stein in eine Menschenmenge warf, ermahnte ihn Diogenes: »Vorsicht! Paß auf, daß du nicht zufällig deinen Vater triffst!« – Als er erfuhr, ein gewisser Didymon sei in flagranti beim Ehebruch ertappt worden, kommentierte er das mit einem Wortspiel: »Dann hat er's nicht besser verdient, als an seinem Namen aufgehängt zu werden« – *didymoi* sind auf Griechisch »die Hoden«. – Ein anderer Didymon, Arzt von Beruf, galt als berüchtigster Schürzenjäger der Stadt. Als sich ein Mädchen wegen einer Hornhauttrübung zu ihm in Behandlung begeben wollte, warnte Diogenes anzüglich: »Gib acht, daß er dir nicht das Häutchen verletzt!«
(Diogenes Laertios VI 62 und 51)

Hund und König

Die berühmteste Anekdote, die sich um den kauzigen Kyniker rankt, bringt sein Ideal der Genügsamkeit, aber zugleich seine Respektlosigkeit und Unabhängigkeit gegenüber jedweder Autorität auf den Punkt. Als Alexander der Große einmal vor den in der Sonne dösenden Diogenes trat und ihm anbot: »Fordere von mir, was du willst«, erwiderte der nur: »Geh mir aus der Sonne!«
(Diogenes Laertios VI 38)

Unfähigkeit läßt grüßen

Zuverlässig atonal

Die Kluft zwischen Anspruch und Wirklichkeit zeigte Diogenes großtönenden, aber unfähigen Mitbürgern drastisch auf, indem er sie der Lächerlichkeit preisgab. Während der Schießübungen eines schlechten Bogenschützen setzte sich Diogenes mitten vor die Zielscheibe. Die Warnungen des Schützen wischte er mit der Bemerkung weg: »Gerade hier bin ich vor deinen Pfeilen völlig sicher«. – Einem untalentierten Kitharaspieler, der die Leute mit seinen disharmonischen Klängen scharenweise vertrieb, rief er ein freundliches »Grüß dich, Hahn!« zu. Wieso er ihn als Hahn bezeichne, fragte der andere erstaunt. »Weil du mit deiner Musik alle auf die Beine bringst«, entgegnete Diogenes.   (Diogenes Laertios VI 62 und 67)

Abb. 6 Kitharaspieler. Skyphos des Brygos-Malers

Voilà Platons Mensch

Als Philosoph der Praxis machte sich Diogenes gern über seine Theorie-Kollegen lustig. Auch Platon blieb vom Spott des »Hundes« nicht verschont. Unter beifälligem Nicken seiner Schüler definierte er den Menschen einmal als federloses, zweifüßiges Tier. Worauf Diogenes wenig später in die Vorlesung platzte, einen gerupften Hahn hochhielt und ausrief: »Das hier ist also Platons Mensch!« (Diogenes Laertios VI 40)

Provokation mit dem Salzfisch

Anaximenes, ein bekannter Redner, hielt einen gelehrten Vortrag vor einem stattlichen, offensichtlich interessierten Auditorium. Plötzlich mischte sich Diogenes unter die Zuhörer und hielt einen Salzfisch hoch. Sofort wandte sich ihm die Aufmerksamkeit aller zu. Anaximenes war wütend und schimpfte auf den Störenfried ein. Der aber bemerkte nur ganz trocken: »Erstaunlich! Ein elender Salzfisch für eine Obole hat genügt, der Disputation des Anaximenes ein Ende zu machen!« (Diogenes Laertios VI 57)

So kann man's auch sehen

Den Spießern ins Stammbuch

Diogenes war – angeblich zusammen mit seinem Vater wegen Münzfälscherei – aus seiner Heimatstadt Sinope verbannt worden. Als ihm das einmal jemand vorwarf und ihn erinnerte: »Die Sinopenser haben dich zum Exil verurteilt«, erwiderte Diogenes: »Und ich habe sie zum Bleiben verurteilt!« (Diogenes Laertios VI 49)

Die kleinen hängt man . . .

Als Diogenes einmal sah, wie einige hohe Priester einen Mann abführten, der eine Schale aus dem Tempelschatz gestohlen hatte, kommentierte er: »Die großen Diebe führen den kleinen ab.«
(Diogenes Laertios VI 45)

Erster Preis im Treten

Der – stark professionalisierte – Sportbetrieb seiner Zeit war Diogenes ein Dorn im Auge; er ärgerte sich auch über die unreflektierte Bewunderung sportlicher Erfolge durch ein in seinen Augen unkritisches Publikum. Um das Wettkampfwesen zu verulken, ließ er sich einmal in Korinth folgende »Aktion« einfallen. Er sah, wie zwei zusammengebundene Pferde heftig miteinander kämpften. Unter dem johlenden Beifall einer Menge von Schaulustigen traten und bissen sie sich, bis einer der Kontrahenten sich losriß und davontrabte. Hierauf trat Diogenes in Erscheinung. Er ergriff einen Siegeskranz, legte ihn dem »standhaften« Pferd auf den Kopf und rief es zum Sieger in den Isthmischen Spielen aus: Es habe den ersten Preis im Treten errungen. (Dio Chrysostomos IX 22)

Abb. 7   Viergespann. Panathenäische Amphora der Kuban-Gruppe

Bitte nicht auf den Boden spucken . . .

Diogenes besuchte einen reichen Mann in dessen prächtiger Villa. Der Hausherr bat ihn, in seinem luxuriösen Hause nicht zu spucken. Diogenes räusperte sich kurz und schleuderte dann seinem Gegenüber eine ganze Ladung Speichel mitten ins Gesicht. »Einen passenderen Ort habe ich nicht gefunden«, meinte er.

(Diogenes Laertios VI 32)

Haltet die Stadt fest!

Als Diogenes im kleinasiatischen Myndos vorbeikam, wunderte er sich über die riesigen Stadttore, die sich die kleine Stadt gebaut hatte. »Bewacht eure Tore gut«, empfahl er den Bürgern von Myndos, »damit euch eure Stadt nicht irgendwann mal wegläuft!«

(Diogenes Laertios VI 57)

Zivilcourage

Der Tyrann Dionys von Syrakus las einmal Auszüge aus eigenen Tragödien vor. Die Tafelrunde klatschte begeistert Beifall; nur der Dichter Philoxenos rührte keine Hand. »Wie gefallen dir meine Verse?« fragte Dionys ihn deshalb direkt. Er erhielt eine ehrliche Antwort: »Überhaupt nicht!« Solcher Freimut erschien dem Tyrannen denn doch als strafwürdige Majestätsbeleidigung. Er verbannte den Dichter für eine Zeitlang zur Schwerstarbeit in den Steinbrüchen. Einige Monate später wurde Philoxenos begnadigt. Er wurde sogar wieder zu den Abendgesellschaften im Palast des Dionys eingeladen. Bei einer dieser Gelegenheiten trug Dionys wieder einmal eigene Dichtungen vor. Philoxenos hörte eine Weile zu, stand dann auf und wandte sich der Tür zu. »Wohin gehst du?« rief Dionys ihm nach. »Zurück in die Steinbrüche«, erhielt er zur Antwort.

Er war so frei . . .

(Stobaios III 13,31)

Der Tyrann als Heiratsvermittler

Dionys der Ältere, der Anfang des 4. Jahrhunderts als Tyrann über Syrakus herrschte, wurde von seiner Mutter bedrängt, ihr einen Gatten zu beschaffen. »Ich kann zwar den Gesetzen des Staates Gewalt antun«, beschied er sie, »nicht aber den Gesetzen der Natur.« (Plutarch Mor. 175)

Ablenkungsstrategie

Dionys der Ältere herrschte über Syrakus mit harter Hand. Besonders populär war er nicht. Als man ihn eines Tages fragte, warum er ausgerechnet einen charakterlich schlechten Mann, den die gesamte Bürgerschaft hasse, mit Gunstbeweisen und Ehren überhäufe, antwortete der Tyrann lachend: »Weil ich Wert darauf lege, daß jemand noch verhaßter ist als ich!« (Plutarch Mor. 176 B)

Theorie und Praxis

Als jemand bemerkte, der Dramatiker Euripides sei ein großer Frauenhasser, sagte Sophokles mit wissendem Lächeln: »In seinen Tragödien schon, im Bett aber nicht! (Athenaios XIII 557e)

»Ich schlafe nicht für alle«

Gabba, der Hofnarr des Augustus, hatte Maecenas, den Vertrauten und »Kultusminister« des Kaisers, zum abendlichen Gelage eingeladen. Als er bemerkte, wie Maecenas heftig mit seiner Frau zu flirten begann, stellte Gabba sich schlafend. Eine Weile später betrat ein Sklave den Raum, sah den scheinbar eingenickten Hausherrn und versuchte, einen Krug Wein zu stiebitzen. »Verdammter Kerl!«, fuhr Gabba da auf, »merkst du denn nicht, daß ich nur für Maecenas schlafe?«
(Plutarch Mor. 759 F)

Kaiserliche Konsequenz

Ein grauhaariger Bürger nahm eine kaiserliche Audienz wahr, um von Hadrian etwas zu erbitten. Er erhielt eine abschlägige Antwort. Daraufhin färbte er sich die Haare, ging erneut zum Kaiser und trug ihm dieselbe Bitte vor. »Tut mir leid, das habe ich schon deinem Vater abgeschlagen«, beschied ihn Hadrian.
(Historia Augusta Hadr. 20,8)

Genug für die Römer?

Auf der Flucht vor seinen römischen Verfolgern hatte sich Hannibal bei Antiochos III., dem König von Syrien, in Sicherheit gebracht. Antiochos war dem Gedanken, Krieg gegen die Römer zu führen, nicht abgeneigt. Anläßlich eines Manövers ließ er seine riesigen Truppenkontingente in einer Ebene Aufstellung nehmen. Gemeinsam mit Hannibal ritt er die Fronten ab. Verzierungen aus Gold und Silber funkelten an den Kleidungsstücken der Soldaten; Sichelwagen, Pferde und Elefanten waren prächtig geschmückt und spiegelten den Reichtum ihres Kriegsherrn wider. Trotz des prunkvollen Spektakels entgingen Hannibal die militärischen Mängel nicht; Können und Einsatzbereitschaft der Soldaten schienen ihm in eklatantem Gegensatz zur Pracht ihrer Kleider, Waffen und Orden zu stehen. Antiochos dagegen war beeindruckt. »Meinst du nicht, daß das alles genug ist für die Römer?« fragte er seinen Gast stolz und zeigte auf das Rund seines Heeres. »Ich denke schon, daß das genug ist für die Römer«, erwiderte Hannibal und fügte sarkastisch hinzu: »Sogar mehr als genug – auch wenn sie noch so beutegierig sind.«
(Gellius V 5)

Operetten-Armee

Treuebeweis

Hieron von Syrakus war schon recht alt geworden, bevor ihn jemand auf seinen schlechten Mundgeruch hinzuweisen wagte. »Warum hast du mir das nie gesagt?« fuhr er seine Frau an. »Weil ich dachte, alle Männer röchen so«, gab sie zur Antwort.

(Plutarch Mor. 175 B)

Adel verpflichtet – nicht immer

Iphikrates war ein tüchtiger athenischer Feldherr. In den Augen der dünkelhaften *jeunesse dorée* hatte er nur einen Makel: Er war ein Aufsteiger; sein Vater war »nur« Schuster gewesen. Den verletzenden Hinweis auf seine niedrige Geburt aus dem Munde eines adligen Nichtsnutzes, der außer seinen Ahnen nichts Erwähnenswertes vorzuweisen hatte, konterte Iphikrates geschickt: »Meine Familie beginnt mit mir; mit dir dagegen endet deine Familie.«

(Plutarch Mor. 187 B)

Demokratie im kleinen einüben!

Lykurg galt als der große Gesetzgeber der Frühzeit, der dem spartanischen Staat seine überaus konservative, auf die Herrschaft einer Oligarchie abgestellte Verfassung gegeben hatte. Als sich ein Kritiker bei ihm meldete und ihn aufforderte, eine Demokratie zu schaffen, erhielt er zur Antwort: »Fang du erst mal damit an – und zwar bei dir zu Hause!«

(Plutarch Mor. 189 E)

Kleiner Unterschied, große Wirkung

Spektrum der Kreativität

L. Mallius galt als einer der besten Maler Roms. Als einem Gast die Häßlichkeit der beiden Söhne auffiel, die ihm im Hause des Malers über den Weg liefen, sagte er: »Da sieht man doch mal den Unterschied zwischen *fingere* (erzeugen) und *pingere* (malen), Mallius!« »Kein Wunder«, replizierte Mallius schlagfertig, »denn das eine tue ich in hellem Tageslicht, das andere in finsterer Nacht!«

(Macrobius Sat. II 2,10)

Petri Heil: Räucherfisch an der Angel

Kleopatra und Marc Anton hätten sich in Ägypten, so entrüstete man sich in Rom, wochenlang müßigem Treiben hingegeben: Mit Würfeln, Zechen, Jagen hätten sie sich die Zeit vertrieben – und mit Angeln. Von einem ihrer Angelausflüge erzählte man sich ein für Marc Anton recht unangenehmes Histörchen. Nachdem er einen ganzen Tag lang unter den Augen seiner ägyptischen Geliebten keinen einzigen Fisch gefangen hatte, beauftragte der Römer am nächsten Tag einige Taucher, schon gefangene Fische heimlich an seiner Angel zu befestigen. Die Sache glückte: Zwei- oder dreimal konnte Marc Anton stolz seine »Beute« vorzeigen. Kleopatra durchschaute den Trick zwar, sagte aber nichts. Am folgenden Tag jedoch bestellte sie eine Reihe von Bekannten an den See, die von Booten aus dem erfolgreichen Petrijünger beim Fischfang zuschauten. Kaum hatte Antonius seine Angel ins Wasser geworfen, als er schon ein Gewicht am Haken spürte. Mit großer Geste zog er seine Beute heraus – *Vorgeführt* doch bestand die peinlicherweise aus einem Räucherfisch, den nunmehr Kleopatra von einem Taucher am Angelhaken hatte befestigen lassen. Das schallende Gelächter der zahlreichen Zuschauer unterstrich die Blamage des römischen Politikers ... (Plutarch Ant. 29)

Retourkutsche eines Abgewiesenen

Der Politiker Scipio Nasica wollte einmal den Dichter Q. Ennius besuchen. Der aber wollte ungestört sein und ließ sich durch eine Sklavin verleugnen. Nasica hatte zwar den Eindruck, daß er nur »abgewimmelt« werden sollte, beschwerte sich aber nicht weiter. Ein paar Tage später klopfte es an seiner Tür. Draußen stand Ennius. »Bin nicht zu Hause!«, rief Nasica. »Was soll der Unsinn?!« entgegnete Ennius, »ich erkenne doch sogar deine Stimme.« Worauf ihn durch die verschlossene Tür eine empörte Stimme anfuhr: »Unverschämter Kerl! Als ich neulich zu dir wollte, habe ich es einer Sklavin geglaubt, daß du nicht zu Hause seist. Und du willst es nicht einmal mir selbst glauben?!« (Cicero de or. II 276)

Eunuch als Vater gesucht

Die sexuellen Exzesse Neros waren stadtbekannt – und nicht selten auch Gegenstand wütenden Spotts. Als der Kaiser soweit ging, mit einem jugendlichen Eunuchen Hochzeit zu feiern, machte ein Witzwort schnell die Runde: »Wie schade für die Menschheit, daß nicht schon Neros Vater eine solche Gattin gehabt hat!« (Sueton Nero 28)

»Damen« unter sich

Qu. Opimius hatte sich in jungen Jahren kräftig ausgetobt; sein früheres ausschweifendes Leben war manch einem noch präsent, als Opimius schon längst zu einem würdevollen Senator avanciert war. Opimius begegnete einmal dem sehr feminin wirkenden Egilius und stichelte: »Na, Egilia, wann kommst du mal wieder mit Spinnrocken und Wolle zu mir?« – »Daraus wird leider nichts«, erwiderte Egilius und fügte ebenso maliziös hinzu: »Meine Mutter hat mir nämlich den Umgang mit leichten Mädchen strengstens untersagt.«
(Cicero de or. II 277)

Wenn Bigamie, dann bitte richtig!

Bekannte römische Politiker pflegten ihre halbwüchsigen Söhne ab und zu mit in den Senat zu nehmen, damit sie dort schon einmal »Regierungsluft« schnuppern konnten. Die Besucher waren allerdings zu absoluter Verschwiegenheit verpflichtet; vor allem in Angelegenheiten, die zwar schon diskutiert, aber noch nicht entschieden waren. Als Papirius Praetextatus einmal seinen Vater in den Senat begleitet hatte, versuchte seine neugierige Mutter trotzdem, etwas aus ihm herauszubekommen. Worüber man denn gesprochen habe, wollte sie wissen. Eine Zeitlang blieb Papirius standhaft. Das stachelte indes die Neugier seiner Mutter noch mehr an. Sie hörte nicht auf, den Jungen zu bedrängen, und der »rächte« sich dafür schließlich mit einer Notlüge: »Es ist darüber debattiert worden«, flüsterte er ihr zu, »ob es für den Staat besser sei, wenn künftig ein Mann zwei Frauen oder eine Frau zwei Männer heiraten solle. Aber das ist noch streng geheim«, fügte er hinzu, »erst in der nächsten Sitzung wird sich entscheiden, welcher Vorschlag sich durchsetzen wird. Versprich mir, niemandem ein Sterbenswörtchen zu verraten!«

Die Mutter versprach es. Tatsächlich aber hatte sie nichts Eiligeres zu tun, als die anderen römischen Matronen der Oberschicht in die alarmierenden Pläne des Senats einzuweihen. Die Damen waren empört, und sie beschlossen zu handeln. Am nächsten Tag formierten sie sich zu einem Demonstrationszug zum Senat. Unter Tränen beschworen sie die Senatoren, keinen falschen Beschluß zu fassen: Das Richtige sei, wenn in Zukunft eine Frau zwei Männer habe! – Zunächst waren die Senatoren verdutzt. Schnell fand man aber heraus, wie es zu der ungewöhnlichen Protestversammlung zugun-

Ménage à trois

sten weiblicher Bigamie gekommen war. Die Blamage seiner Mutter wurde für Papirius Praetextatus gewissermaßen zur Eintrittskarte für den Senat. Zwar wurde eine Begleitung der Senatoren durch ihre Söhne ab sofort untersagt, Papirius aber erhielt als Belohnung für sein kluges Verhalten als einziger die Erlaubnis, den Sitzungen des Ältestenrates auch künftig beizuwohnen. (Gellius I 23)

Pyrrhos-Sieg

Anfang des 3. Jahrhunderts v. Chr. gelangen dem epeirotischen König Pyrrhos zwei spektakuläre Siege über die römischen Legionen. Er verlor aber in diesen Schlachten so viele Freunde, Offiziere und Soldaten, daß er zu dem Schluß kam: »Noch ein solcher Sieg über die Römer, und wir sind verloren!«
(Plutarch Mor. 184 C)

Schade, daß der Wein nicht reichte!

Während eines Gelages hatten sich die Gemüter der Soldaten erhitzt. Sie vergaßen alle Vorsicht und zogen mächtig gegen ihren Feldherrn und König Pyrrhos vom Leder. Das wurde dem König gemeldet, und der ließ die Schuldigen morgens vor seinem Zelt antreten. »Stimmt es, daß ihr heute nacht über mich geschimpft habt?« fragte er sie. Daraufhin faßte sich einer ein Herz und antwortete: »Allerdings, mein König! Und wir hätten noch mehr gelästert, wenn uns der Wein nicht ausgegangen wäre!« Die unerwartete Offenheit stimmte Pyrrhos milde; mit einem herzhaften Lachen schickte er die Soldaten fort. (Plutarch Pyrrh. 8)

In vino veritas

Inkompetenz als Empfehlung

Ein Sizilianer bat Scipio, ihm einen Anwalt zu besorgen. Scipio nannte spontan einen guten Bekannten von ihm auf Sizilien. Der war zwar ein liebenswürdiger Mann aus bestem Hause, als Anwalt jedoch eine Null. Das brachte den anderen dazu, seine Bitte zu modifizieren: »*Den* empfiehl der Gegenpartei als Interessenvertreter, dann brauchst du mir keinen anderen zu benennen!«
(Cicero de or. II 280)

Grabspruch nur gegen Vorkasse

Auftragsdichtung gegen Bezahlung war im klassischen Griechenland nichts Ehrenrühriges. Ein Teil der bedeutendsten griechischen Poesie, die Siegesgedichte Pindars, ist so entstanden. Auch der Lyriker Simonides von Keos (556–468 v. Chr.) pflegte solche Aufträge anzunehmen. Eines Tages kam jemand zu ihm und bat ihn um ein Grabepigramm: »Was zahlst du dafür?« fragte ihn Simonides direkt. »Ich bin dir zu ewigem Dank verpflichtet«, antwortete sein Besucher. Worauf Simonides ihn aufklärte: »Ich besitze zwei Truhen, mein Lieber. Die eine ist für Danksagungen, die andere für Geld. Wenn ich etwas einkaufen will, muß ich stets in die Geldtruhe greifen – in der anderen ist nämlich nichts!« Stobaios IV 3,2

Wie im wirklichen Leben ...

Xanthippe war ein böses Weib ...

Als Xanthippe ihren geduldigen Ehemann erst nach allen Regeln der Kunst ausgezankt hatte und ihm dann noch einen Krug Wasser über den Kopf schüttete, bemerkte Sokrates nur trocken: »Hab ich's nicht gesagt, daß Xanthippes Donnergrollen noch ein Platzregen folgt?« (Diogenes Laertios II 36)

Abb. 8 Büste des Sokrates

Heiraten oder nicht?

Ein junger Mann fragte Sokrates einmal, ob er lieber heiraten oder ledig bleiben solle. Worauf der Philosoph ihm auf die Schulter klopfte und sagte: »Egal, was du tust – bereuen wirst du's in jedem Fall.« (Valerius Maximus VII 2 ext. 1)

... die haute ihn zum Zeitvertreib (Studentenlied)

Schönheit oder Eitelkeit?

Krösus, der steinreiche König der Lyder, empfing den athenischen Gesetzgeber und Dichter Solon in Glanz und Gloria. Auf diamantenbesetztem Throne posierend und in prachtvollste Gewänder ge-

Abb. 9 Krösus auf dem Scheiterhaufen. Bauchamphora des Myson

hüllt, fragte er seinen Gast: »Hast du jemals etwas Schöneres gesehen?« – »Durchaus«, erwiderte Solon, »Hähne, Fasane und Pfauen, denn die erstrahlen in den Farben der Natur, die zehntausendmal schöner sind!«
(Diogenes Laertios I 51)

Ein Feldherr studiert nicht Geschichte, er macht sie

Sulla, der spätere römische Diktator, belagerte im Jahre 87/86 v. Chr. mit seinem Heer Athen. Die Lage der Athener war aussichtslos; die Versorgungssituation so zugespitzt, daß eine Kapitulation nahe bevorstand. Da schickten die Athener eine Gesandtschaft in Sullas Lager – angeblich, um Übergabeverhandlungen zu führen. Die hochgebildeten Unterhändler holten indes etwas zu weit aus: Um den Gegner milde zu stimmen, rühmten sie die Tradition ihrer Stadt und gaben ihm ein Privatissimum in athenischer Stadtgeschichte, angefangen vom mythischen Stadtgründer Theseus bis hin zu den ruhmreichen Perserkriegen. Irgendwann riß Sulla der Geduldsfaden: »Geht nach Hause, ihr Toren!«, herrschte er sie an, »und nehmt eure klugen Reden gleich mit. Ich bin nämlich von den Römern nicht nach Athen geschickt worden, um Geschichte zu studieren, sondern um Rebellen wieder zur Räson zu bringen.«
(Plutarch Sulla 13)

. . . Roma locuta, causa finita

Der Nachttopf als Weinkanne?

Eine Zeitlang behandelten die Athener ihren verdienten Staatsmann Themistokles schlecht. Dann besannen sie sich eines Besseren und trugen ihm erneut die Führung des Staates an. »Ich halte nicht viel von Leuten«, kommentierte Themistokles diesen Meinungswandel, »die dasselbe Gefäß einmal als Nachttopf und einmal als Weinkanne benutzen.«
(Aelian v. h. XIII 40)

Spätes Beileid

Als Tiberius seinen Sohn Drusus verloren hatte, kamen aus der ganzen römischen Welt Gesandtschaften nach Rom, um dem Kaiser ihr Beileid auszusprechen. Mit ziemlicher Verspätung stellte sich auch eine Abordnung aus Troja ein. Was er von dem verspäteten Kondolenzbesuch hielt, machte Tiberius den betretenen Gesandten mit einer sarkastischen Replik klar: Auch er spreche ihnen sein Beileid aus, weil sie in Hektor einen so hervorragenden Mitbürger verloren hätten. – Der war nämlich während des Trojanischen Krieges ums Leben gekommen. (Sueton Tib. 52)

Wer will sich noch erhängen?

Der Athener Timon war ein stadtbekannter Menschenfeind. Um so erstaunter waren seine Mitbürger, als er einst in der Volksversammlung auf die Rednertribüne stieg. Gespanntes Schweigen breitete sich aus, erwartungsvoll blickten die Athener auf den merkwürdigen Kauz. Und der enttäuschte sie nicht: »Ich besitze ein kleines Grundstück, liebe Mitbürger«, sagte er in die Stille hinein, »darauf ist ein Feigenbaum gewachsen, an dem sich schon viele Bürger erhängt haben. Da ich den Platz nun bebauen will, wollte ich das hier rechtzeitig ankündigen: Damit die von euch, die noch Lust dazu haben, sich zu erhängen, das in aller Ruhe tun können, bevor der Feigenbaum gefällt wird.« (Plutarch Ant. 70)

Liebesdienste

Glückwunsch zum Unglück!

Als überzeugter Misanthrop vermied Timon es, anderen Menschen zu nahe zu kommen. Er machte stets einen großen Bogen um die Mitbürger, die ihm entgegenkamen. Einmal indes machte er eine Ausnahme, indem er den jungen Alkibiades aufs herzlichste begrüßte und ihm sogar die Hand schüttelte. Als sich Passanten nach dem Grund für die ungewohnte Freundlichkeit erkundigten, klärte Timon sie auf: »Ich liebe diesen Jüngling«, rief er aus, »denn ich bin sicher, daß er noch viel Unglück über die Athener bringen wird!« (Plutarch Ant. 70)

Wurfgeschosse gesucht

Die römische Plebs war in Sachen Schauspiel und Unterhaltungswesen ebenso verwöhnt wie kritisch. Als der Prätor Vatinius einst Gladiatorenkämpfe ausrichtete und das Programm bei der Masse nicht ankam, warfen die Zuschauer mit Steinen auf den Spielgeber. Der beschwerte sich bei den Ädilen und erreichte eine Verordnung, nach der in der Arena künftig nur noch mit Obst geworfen werden dürfe. Worauf ein findiger Kopf beim Rechtsgelehrten Cascellius anfragte, ob auch Pinienzapfen dazu zählten. Cascellius machte in seiner Antwort deutlich, auf wessen Seite er stand: »Wenn du sie auf Vatinius werfen willst«, beschied er seinen Klienten, »so zählen sie zum Obst.« (Macrobius Sat. II 6,1)

»Non olet«!

Wo das meiste Geld, da ist das Recht (Lucan, Phars. X 408)

Auf der Suche nach neuen Zuflußquellen für den Fiscus war Kaiser Vespasian auf die Idee gekommen, auch den Urin zu besteuern, den die Tuchmacher für ihr Gewerbe aus den öffentlichen Latrinen bezogen. Sein Sohn Titus nahm an dieser wenig edlen Abgabe Anstoß. Woraufhin sein kaiserlicher Vater ihm die ersten Goldstücke unter die Nase hielt, die aus der Urinsteuer stammten, und ihn fragte, ob ihn der Geruch störe. Titus verneinte. »Und doch kommen sie vom Urin«, merkte Vespasian triumphierend an. (Sueton Vesp. 23)

Angst vor der Unsterblichkeit

Römische Kaiser wurden nach ihrem Tode in der Regel unter die Götter aufgenommen und kultisch verehrt. Als Vespasian die ersten Anzeichen einer schweren Krankheit spürte, die ihn dann tatsächlich dahinraffen sollte, rief er aus: »Weh mir, ich glaube, ich werde ein Gott!« (Sueton Vesp. 23)

Weisheits-Liebe

Zu Zenon, dem Begründer der stoischen Philosophenschule, sagte einst ein hübscher junger Mann: »Einem Philosophen steht es nicht an, sich zu verlieben.« – »Das täte mir für euch Schönlinge aber sehr leid«, gab Zenon ihm zur Antwort, »wenn sich nur Narren in euch verliebten.« (Diogenes Laertios VII 21)

Volkes Stimme in Wandkritzelein

*Witzbolde, Graffito-Schreiber, Spötter
in Pompeji*

Das klassische Altertum begegnet uns häufig recht erhaben, gravitätisch, ja steif. *Comme il faut* gewissermaßen – jedenfalls ist das ein Eindruck, der sich durch die Zeugnisse der schriftlichen Überlieferung leicht ergeben kann. Kein Wunder, denn wir haben es da in aller Regel mit ausgefeilten sprachlichen Kunstwerken zu tun, die zwar nicht in ihren Inhalten immer »klassisch« sind, wohl aber in ihrer Form höchsten literarischen Ansprüchen verpflichtet. Dadurch besteht die Gefahr, daß sich manches von der Realität des antiken Alltags, seiner Lebendigkeit, Vielgestaltigkeit, Buntheit und mitunter auch seiner Banalität durch den Guß in die künstlerische Form verliert. Alles wird sozusagen durch die Brille sprachlicher Kunst gesehen; durch diese Brechung erscheint vieles verzerrt, verfeinert und »verkopft«.
Ein willkommenes Korrektiv dieser Überlieferung sind jene primären Quellen, in denen sich der Alltag des Altertums ungebrochen – und das heißt häufig: ursprünglicher, kraftvoller, authentischer – widerspiegelt. Textsorten, von deren Existenz viele gar nicht wissen, weil sie als kunstlose Artikulationen von »Volkes Stimme« angesichts der Majestät der literarischen Produktion ein Schattendasein führen. Grabinschriften zum Beispiel, zu Zehntausenden und Aberzehntausenden besonders aus dem römischen Bereich überliefert, sind zwar in sozialgeschichtlichen Spezialuntersuchungen stets als wertvolle Quellen berücksichtigt worden. Was sie uns indes über das Leben und Sterben, das Denken und Handeln im Alltag des Bürgers – auch des kleinen Mannes – überliefern, ist noch viel zu wenig in das Bewußtsein einer breiteren Öffentlichkeit kulturgeschichtlich Interessierter gedrungen.
Dieses Buch kann nur einen kleinen Ausschnitt aus der riesigen Fülle des Materials berücksichtigen: »Botschaften« aus dem Jen-

*Antike
Sprayer*

seits, die zum Schmunzeln anregen, weil sie den Tod eben nicht todernst nehmen. Weil sie nicht tiefschürfend und klagend über die Vergänglichkeit des Menschen reflektieren oder gar philosophieren, sondern Gelassenheit demonstrieren – lockere Sprüche zum Teil, die zum Lebensgenuß auffordern und die Dinge mehr aus dem Blickwinkel einer *comédie humaine* sehen.

Vielfach noch direkter an das pulsierende Leben »wirklicher« Menschen führt uns eine andere Gattung von Texten heran: Die Gelegenheitsgraffiti, die sich zu vielen Tausenden auf den Wänden Pompejis gefunden haben. Ein einmaliger, geradezu indiskreter Einblick in den Alltag einer römischen Landstadt, der sich uns da eröffnet! Die meterhohen Lavaschichten haben jene Kritzeleien über die Jahrtausende bewahrt, mit denen frustrierte Pompejaner ihrem Ärger Luft machten, Verliebte ihren Gefühlen Ausdruck gaben, Neidhammel ihrem Unmut freien Lauf ließen oder Sprücheklopfer ihr geistiges Mütchen kühlten. Witzige »Sponti-Sprüche« sind ebenso darunter wie aus der Distanz tragikomisch anmutende Gefühlsausbrüche, obszöne Renommier-Mitteilungen ebenso wie »philosophische« Erkenntnisse schon stark alkoholisierter Zecher – ein Potpourri, das uns die Menschen des Altertums mehr aus der Perspektive des Alltäglichen, der banalen Normalität zeigt; und das auf amüsant-unterhaltsame Art!

Amüsantes aus dem Alltagsleben auf Mauern und Grabsteinen

Thema Nummer eins: Liebe und Sexualität

Amantes amentes (verliebt, verrückt; n. Plautus Merc. 81)

Das Mitteilungsbedürfnis Liebender war schon im Altertum besonders groß – ganz gleich, ob es sich um erfüllte oder verschmähte Liebe, um den Preis der oder des Geliebten oder die Schmähung eines Nebenbuhlers, um Obszönitäten oder um Aufschneidereien im Zusammenhang mit sexuellen »Leistungen« handelte. Jedenfalls beschäftigen sich etliche der in Pompeji gefundenen Kritzeleien mit dem »Thema Nummer eins«. Das beginnt bei schlichten Mitteilungen wie

Marcus liebt die Spendusa
(CIL IV 7086)

und: *Cornelia Helena wird von Rufus geliebt*
(CIL IV 4637)

oder: *Serena mag den Isidorus nicht leiden*
(CIL IV 3117)

Andere vertrauen einer Wand stumme Grüße oder Komplimente an die Geliebte an:

Seiner Süßesten und Geliebtesten einen Gruß!
Sei gegrüßt! Sei gegrüßt!
(CIL IV 8177)

Primigenius grüßt Successa. Leb wohl, mein Fischlein!
(CIL IV 5094)

Cestilia, Königin der Pompejaner, süße Seele, leb wohl!
(CIL IV 2413 h)

Du bist eine Venus!
(CIL IV 1625)

Mitteilungen an den geliebten Mann sind seltener, aber auch sie kommen vor:

Gruß dem allerliebsten Sejan!
(CIL IV 5032)

Prima grüßt den Secundus herzlichst
(CIL IV 8270)

Aufregender sind die Graffiti im »Haus der Gladiatoren«, in denen Pompejanerinnen ihre glühende Liebe zu den Helden der Arena bekennen:

Eros und Thanatos

Der Thraker Celadus -- der Mädchen Zierde
(CIL IV 4345)

und:

Der Thraker Celadus -- Schwarm der Mädchen

Noch liebevoller fallen die Erinnerungen an heimliche erotische Abenteuer mit dem Netzkämpfer Crescens aus:

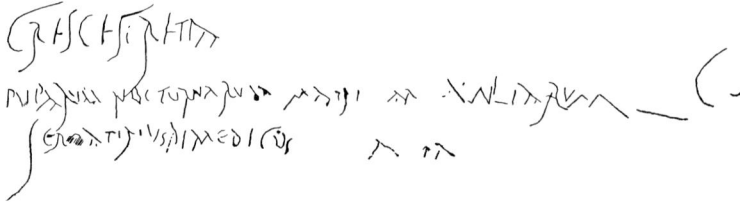

Abb. 10   Original des Graffito CIL IV 4353

Der Netzkämpfer Crescens – Arzt der nächtlichen Puppen
(CIL IV 4353)

und:

Der Netzkämpfer Crescens – Herr der Püppchen
(CIL IV 4356)

Unter ein Gladiatorengemälde hat eine Verehrerin – in schlechtem Latein, aber engagierter Hingabe – die Warnung gekritzelt:

Abiat Venere Bompeiiana iratam, qui hoc laesaerit (habeat Venerem Pompeianam iratam, qui hoc laeserit)

Es ziehe sich den Zorn der Venus von Pompeji zu, wer dies zu beschädigen wagt
(CIL IV 538)

Von der prickelnden Welt verbotener Erotik im Dunstkreis der blutigen »Spiele« zurück zu den »normalen« Liebschaften und Verhältnissen. Da wird der eine oder andere im Aufwallen der Gefühle sogar zum Graffiti-Poeten, der mehr oder weniger Allgemeingültiges, manchmal in Anlehnung an literarische Reminiszenzen, oder gar, wie ihn dünkt, Philosophisches zum Thema Liebe an die Wand kritzelt:

Wer liebt, darf keine heißen Bäder nehmen,
denn kein von Liebe Verbrannter kann noch Flammen lieben
(CIL IV 1898)

Farbtafel 2   *Der könnte auch Lüfte anbinden, der Liebende schilt, und dem ständig sprudelnden Wasser der Quelle verbieten zu fließen*
(CIL IV 1649)

> *Ein Hoch dem, der liebt! Nieder mit dem, der nicht zu lieben versteht, zweimal nieder mit dem, der zu lieben verbietet!*
> (CIL IV 409)

> *Wer ein schwarzes Mädchen liebt, der brennt wie auf schwarzer Kohle*
> (CIL IV 6892)

Noch im nachhinein erinnert sich jemand an die Sehnsucht, die er durchlitt, weil sein Kutscher nicht so schnell wollte, wie ihn schmachtende Liebe ins heimische Pompeji zog:

> *Wenn du das Feuer der Liebe verspürtest, Maultiertreiber, dann würdest du schneller machen, um deine Begierde zu sehen.*
> *Nun hast du getrunken. Laß uns aufbrechen!*
> *Nimm die Zügel und schüttle sie,*
> *bring mich nach Pompeji, wo meine süße Liebe ist!*
> (CIL IV 5092)

In Gedichtform schließlich auch das Schwärmen von der Schönheit der Angebeteten:

> *Sei es dir vergönnt, stets so zu blühen, Sabina!*
> *Sei dir Schönheit vergönnt und – lange ein Mädchen zu sein!*
> (CIL IV 6842)

Ob das Motiv an einem vorgezogenen Konkurrenten die Rache war oder einfach der Wunsch, einen ungeliebten Zeitgenossen gewissermaßen vor der Graffiti-Öffentlichkeit anzuschwärzen, läßt sich nicht mehr sagen – jedenfalls gab mancher dem Impuls nach, wenig Schmeichelhaftes über andere Liebhaber zu verewigen:

Privat-Proskriptionen

> *Restitutus hat häufig viele Mädchen betrogen*
> (CIL IV 5251)

> *Scamander (hat viele Mädchen zu) Opfern (gemacht)*
> (CIL IV 1748/50)

Schadenfreude führt diesem Schreiber den Griffel:

> *Der Weber Successus liebt die Sklavin der Wirtin, eine Unfreie namens Iris. Die macht sich aber nichts aus ihm; trotzdem bittet er sie, Mitleid mit ihm zu haben. Das schreibt ein Nebenbuhler.*
> *Tschüß!*

Aber auch er kriegt sein Fett: Successus schlägt zurück:

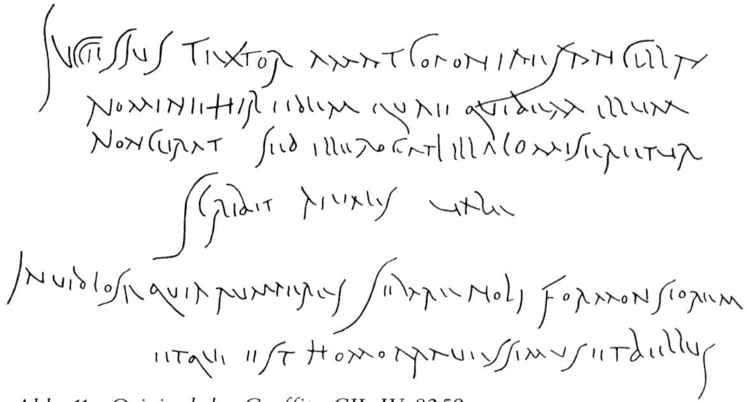

Abb. 11   Original des Graffito CIL IV 8259

Neidhammel, denn du birst vor Neid, hör endlich auf, einen zu molestieren, der schöner ist als du und der ein ganz toller, hübscher Kerl ist.

Das letzte Wort aber hat sein Rivale. Er kontert ganz trocken:

*Ich hab's gesagt, ich hab's geschrieben (und bleibe dabei):
Du liebst Iris, und die macht sich nichts aus dir.*
(CIL IV 8259/8258)

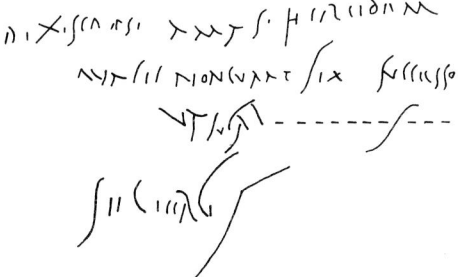

Abb. 12   Original des Graffito CIL 8258

Auch für die Umweg-Kommunikation zwischen den Verliebten werden Wände gern genutzt:

> *Vibius Restitutus hat hier allein geschlafen --*
> *und hat seine Urbana herbeigesehnt.*
> (CIL IV 2146)

> *Sarra, es ist nicht nett von dir, mich ganz allein zu lassen*
> (CIL IV 1951)

> *Ich habe deinen Brief erhalten*
> (CIL IV 5031)

> *Bei der Venus bitte ich dich, meine Herrin: Denk an mich!*
> (CIL IV 6865)

Wahrscheinlich hofft der unerhörte – oder verstoßene – Liebhaber darauf, daß die Angebetete an der Ecke vorbeikomme, der er sein Leid beklagt:

> *Grausame Lalage!*
> (CIL IV 3042)

Umgekehrt zeigt uns ein schriftlich verewigter Stoßseufzer, daß die anonyme Verfasserin fest damit rechnet, der Hausbesitzer – ein gewisser A. Trebius Valens – werde an ihrem Wunsch nicht vorbeigehen können: Sie kritzelt ihm direkt auf die Hauswand:

> *Ach Valens! Wäre ich hier doch die Herrin!*
> *Wir wünschen dir alles Gute!*
> (CIL IV 8824)

Weitreichende Konsequenzen wohl aus einer unerwiderten Liebe scheint ein anderer Pompejaner zu ziehen:

Ein bekennender Junggeselle

> *Der eine liebt, der andere wird geliebt -- ich pfeife drauf!*

Er muß sich aber von einem »Kommentator« belehren lassen:

> *Wer drauf pfeift, der liebt!*
> (CIL IV 346)

Drastischer geht es in einer Reihe von Graffiti zu, die in der Umgebung bzw. in den Räumen eines Bordells gefunden worden sind. Da bekennt einer ganz stolz:

> *Fustus hat hier zusammen mit seinen Kameraden gebumst*
> (CIL IV 3935)

Noch genauer hält Julias Hermeros die Erinnerung an einen Bordell-Besuch fest:

Am 15. Juni hat Julias Hermeros mit Phileteros und Caphisus gebumst
(CIL IV 2225)

Und ein gewisser Felix hat sein »Glück« ähnlich notiert:

Felix (hat hier) mit Fortunata (geschlafen)
(CIL IV 2223)

Daß ein Mädchen namens Lucilla der Prostitution nachgegangen ist, hat ein mißgünstiger, empörter oder enttäuschter Zeitgenosse festgehalten:

Lucilla bezieht aus ihrem Körper Gewinn
(CIL IV 1948)

Kleinanzeigen aus dem Milieu

Gewissermaßen sachliche Informationen für potentielle Kunden weiblicher und männlicher Prostituierter geben andere Graffiti-Schreiber weiter:

Die Hausklavin Logas (macht's für) 8 As
(CIL IV 5203)

Eutychis, Griechin, 2 As, von nettem Wesen
(CIL IV 4592)

Menander, von nettem Wesen, 2 As
(CIL IV 4593)

In diesem Milieu dürften Mahnungen zur Tugend wenig bewirkt haben. Einer probiert's trotzdem:

*Nimm deine lüsterne Miene und koketten Augen
fort von der Frau eines anderen:
Anstand sei dir ins Gesicht geschrieben!*
(CIL IV 7698)

Ein früher Christ – oder ein Jude – reagiert anders, und zwar mit Resignation. Sein einziger Kommentar zu den Bordell-Graffiti:

Sodom und Gomorrha!
(CIL IV 4976)

Abb. 13

Die Wand als Klagemauer der Gehässigkeit
»Botschaften« an ungeliebte Zeitgenossen

Im Schutze der Anonymität verliert manch einer seine Hemmungen. Da läßt er seinen Gefühlen freien Lauf und diktiert dem spitzen Griffel, was er schon lange einmal über andere loswerden wollte. Die Palette dieser »Freundlichkeiten« reicht von plumpen Beleidigungen über Unterstellungen bis zu Mischformen aus Wort und Zeichnung:

Rodinus
darunter die Zeichnung eines Schweins
(CIL IV 3443)

Salvillus
daneben die Zeichnung eines Pfaus
(CIL IV 1790)

Peregrinus
darunter ein Kahlköpfiger mit Adlernase und Lorbeerkranz
(CIL IV 1810)

Perarius, du bist ein Dieb!
(CIL IV 4764)

Oppius, du Hanswurst, Langfinger, Spitzbube!
(CIL IV 1949)

Äphebus, du bist ein Windbeutel!
(CIL IV 4765)

C. Hadius Ventrio, römischer Ritter, geboren zwischen Kraut und Rüben
(CIL IV 4533)

Somene (ist) liederlich
(CIL IV 8322 k)

Die Braut des Crispinus ist eine absolut liederliche Sklavin
(CIL IV 4833)

Albanus ist ein Wüstling
(CIL IV 4917)

Was man von seinen Intimfeinden hält, läßt sich natürlich auch in einen frommen Wunsch kleiden:

Samius an Cornelius: Häng dich doch auf!
(CIL IV 1864)

Minio Carpo, platze!
(CIL IV 8422)

*Chius, ich wünsche dir, daß deine Geschwüre wieder aufbrechen,
damit sie dir noch schlimmer brennen,
als sie früher gebrannt haben!*
(CIL IV 1820)

Hygiene-Prophylaxe

Eine andere Sorte von Inschriften – meist Dipinti: in großen Buchstaben auf die Wände gemalte Ankündigungen – wendet sich in drohendem Tone an mögliche Übeltäter. Unter ihnen dominieren jene Passanten, die sich nicht scheuen, ihre Notdurft an Straßenecken und Häuserwänden zu verrichten. Hausbesitzer versuchen, diese Schmutzfinken mit ebenso drastischem Vokabular wie Strafankündigungen abzuschrecken. In meterhohen Buchstaben liest man gleich zweimal nebeneinander:

Kacker, paß auf, daß es dir nicht schlecht ergeht!
(CIL IV 3782)

*Kacker, paß auf, daß es dir nicht schlecht ergeht
– oder wenn du das nicht ernst nimmst,
soll Jupiters Zorn dich treffen!*
(CIL IV 7716)

*Kacker, es gehe dir wohl, wenn du an diesem Ort vorbeigehst
(ohne ihn zu beschmutzen)!*
(CIL IV 6641)

Besonders dreiste Passanten scheinen sogar die Bürgersteige als Toilette mißbraucht zu haben. Sie fordert eine Inschrift auf:

*Mistkerl, geh ein Stück weiter zur Mauer!
Wenn du erwischt wirst, setzt's unweigerlich eine Strafe.
Paß bloß auf!*
(CIL IV 7038)

Klar, daß sich die Graffiti-Künstler auch mancher Politiker annehmen – obwohl die Zahl der einschlägigen Inschriften, mit heutigen

Abb. 14 Hauswandbemalung in Pompeji

Vormoderne Demoskopie

Verhältnissen verglichen, eher gering ist. Den vielen Dutzend ernstgemeinter Wahlaufrufe, die sich an den Wänden pompejanischer Häuser gefunden haben, steht eine kleine Gruppe von »Aufrufen« gegenüber, die sich eindeutig als Persiflage zu erkennen geben. Der Spott trifft besonders einen gewissen Vatia:

Den Marcus Cerrinius Vatia fördert als Ädilen
die gesamte Gilde der Spättrinker
(CIL IV 581)

Alle Schlafmützen empfehlen Vatia als Ädilen
(CIL IV 575)

Den Vatia als Ädilen wollen alle Spitzbuben
(CIL IV 58)

In den politischen Bereich gehört auch der Vorschlag eines Witzboldes, der sicher vielen Mitbürgern aus dem Herzen gesprochen hat:

Ich beantrage, die Stadtkasse aufzuteilen;
denn unsere Stadtkasse verfügt über eine Menge Geld
(CIL IV 61)

Die »große« Politik kommt dagegen selten in den Inschriften vor; sie beschäftigen sich fast ausschließlich mit Kommunalpolitik. Ausnahmen bestätigen die Regel. Über Nero und seine Frau gingen die Meinungen auch in Pompeij auseinander. Während ein Schreiber wünscht:

Nero lebe hoch!
(CIL IV 4814)

geht ein anderer deutlich auf Distanz zum Kaiser:

Weh euch, Nero und Poppaea!
(CIL IV 1545)

Alkoholkonsum scheint die Inspiration auch pompejanischer Sprüche-Macher beflügelt zu haben. An und in Weinschänken haben jedenfalls viele Trinker die Gelegenheit genutzt, ihr Esprit-Mützchen durch ein Graffito zu kühlen:

Abb. 15   Silen entleert einen Weinschlauch. Mosaik aus Fausenberg/Trier

> *Beste Grüße! Wir sind (voll wie die) Schläuche!*
> (CIL IV 8492)

> *Wenn einer trinkt, ist ihm alles andere wurscht!*
> (CIL IV 1831)

Zielscheibe des Spotts ihrer Klientel waren mitunter die Wirte und Hoteliers. Zwar nicht in tadellosem Latein – vielleicht eine Wirkung des schon genossenen Rebensaftes –, aber immerhin in Versform macht ein unzufriedener Kunde seinem Ärger über einen seiner Meinung nach betrügerischen Kneipier Luft:

> *Möchten dich diese Schwindeleien doch zugrunde richten, Wirt:*
> *Du verkaufst Wasser, trinkst aber selbst den Wein*
> (CIL IV 3948)

Das wohl berühmteste Graffito aus Pompeji ist ebenfalls in Versform verfaßt. Der einzige, der sicher nicht darüber lachen konnte, war der Pensionswirt:

Ausstattungsmängel

> *Wir haben ins Bett gepinkelt. Ich geb's zu, Wirt,*
> *das war nicht fein,*
> *fragst du warum? – Es war kein Nachttopf da*
> (CIL IV 5244)

Immerhin waren die Wirte nicht wehrlos. Auch sie bedienten sich der Wände, um ihren Gästen unangenehme Wahrheiten ins Stammbuch zu schreiben. Einer von ihnen macht unmißverständlich klar, daß er in seiner Kneipe keine angetrunkenen Raufbolde duldet:

Farbtafel 1

Geht raus! Tragt euren Streit draußen weiter aus!
(CIL IV 3494i)

lautet die Beischrift zu einer Zeichnung, die einen Wirt zeigt, der zwei beim Würfelspiel in Streit geratene Kampfhähne an die frische Luft setzt.

Nicht alle Pompejaner waren wohl davon erbaut, daß ihnen auf Schritt und Tritt Ankündigungen, Aufrufe, öffentliche und private Mitteilungen, Sprüche, Warnungen und andere Graffiti begegneten. Einer von ihnen hat seinem Frust darüber in ganz witziger Weise Ausdruck verliehen – und natürlich in Form eines Graffito:

Ich wundere mich, Wand, daß du noch nicht zusammengefallen bist, mußt du doch das blöde Zeug so vieler Schreiber (er)tragen!
(CIL IV 2487)

WEHE DEM GRABSCHÄNDER!

Entlang den großen Ausfallstraßen der römischen Städte erstreckten sich kilometerlang die prächtigen, oft monumentalen Grabbauten der Familien, die sich diese Form des Nachruhms finanziell erlauben konnten. Für Passanten stellten diese Gräber natürlich auch eine Versuchung dar. Welcher Art die sein konnte, zeigt eine Reihe von Inschriften, die dem Toten als – sprachlich oft sehr derbe – Drohung gegenüber potentiellen Grabschändern in den Mund gelegt wurden:

Wenn einer hier Nägel wegnimmt, soll er sie sich ins Auge stechen!
(CIL VI 7191)

Hier soll keiner urinieren!
(CIL VI 3413)

Wer hier pinkelt oder kackt, über den komme der Zorn der oberirdischen und unterirdischen Götter!
(CIL VI 13740)

*Wer Abfall zwischen die Grabsteine bringt oder sie beschädigt,
der soll sich nicht länger seines Augenlichtes freuen!*
(CIL Suppl. Ital. I 633)

*Es ergehe dir wohl, Schmierfink, wenn du an diesem Grab
vorübergehst!*
(CIL V 1490)

*Wer mich in meiner Ruhe stört oder wer Hand an meinen Leichnam
legt, dem werde ich das Quartanfieber weitergeben!*
(CIL XI 7767)

Und weil mitunter auch »Profis« Fehler machen können, weist ein Toter vorsichtshalber auf sich hin:

Totengräber, laß die Finger weg! Hier liegt schon einer!
(CIL VI 34633)

Ratschläge, Lebensmaximen und Tips aus dem Jenseits

Eine Vielzahl römischer Grabinschriften wendet sich direkt an den Passanten. Die Bitte, einen Moment zu verweilen, den Namen des Toten zur Kenntnis zu nehmen und gewissermaßen über diese Kurzkommunikation sein Andenken zu wahren, gehört zum Standardrepertoire. Mitunter wird dieser »Dialog« zwischen dem Toten und dem Wanderer genutzt, um die Lebensphilosophie des Verstorbenen in Erinnerung zu halten: Aus den »Botschaften«, die den Vorübergehenden da aus dem Jenseits erreichen, läßt sich unschwer auf die Lebenseinstellung des einstigen Mit-Erdenbürgers schließen. Ein beliebtes Motiv ist die Aufforderung, das Leben zu genießen, solange man das – im Unterschied halt zum »Sprecher« – noch kann. Wer sich diese Ratschläge zu Herzen nimmt, braucht sich dann dereinst von seinen Erben nicht nachrufen zu lassen:

Sit tibi terra levis

Was nützt es dir jetzt, daß du sittenstreng gelebt hast?!
(CIL VI 30112)

An der Spitze der Empfehlungen steht der reichliche Genuß des die Sorgen verscheuchenden Weines:

Bleib stehen, Wanderer, und lies dies, wenn's dir nichts ausmacht:
Ärgere dich nicht! Ich rate dir: Trink Glühwein!
Am Tod geht kein Weg vorbei. Leb wohl!
(CIL X 5371)

Solange ich lebte, trank ich gern.
Trinkt auch ihr, die ihr noch lebt!
(CIL III 293)

Allen Zechgenossen zum Wohl!
(CIL XIII 645)

Abb. 16 *Trunkenheit am Zügel. Mosaik aus Volubilis/Marokko*

Leben, das heißt sich vergnügen; Sinnesgenüsse auszukosten – das war die Weltanschauung jener philosophisch »Angehauchten«, die aus der Lustlehre Epikurs recht gewagte Schlüsse zu ziehen beliebten; als scheinbar philosophische Legitimation eines Genußlebens, das sie auch anderen wärmstens empfahlen:

Ich sag's dir: Scherze und spiele! Das ist höchster Lebensernst!
(CIL VI 16169, V.3)

Freunde, die ihr dies lest, ich fordere euch auf:
Mischt den sorgenlösenden Wein,   *Farbtafel 3*
trinkt ihn, weit weg, die Schläfen mit Blumenkränzen umwunden,
verweigert schönen Mädchen nicht die Freuden der Liebe:
Alles übrige verzehren nach dem Tode Erde und Feuer.
(CIL VI 17985 a, V. 12 ff.)

Wahrer Besitz ist der gehabte Genuß – darauf reduziert sich die tatsächliche Bilanz eines Lebens:

Was ich gegessen und getrunken, das hab' ich;
was übrig war, hab' ich verloren.
(CIL VI 18131)

Solange ich lebte, lebt' ich, wie es sich für einen Freien gehört:
Was ich gegessen und getrunken, gehört mir ganz.
(CIL IX 2114)

Abb. 17 Rom, Thermen des Diokletian. Rekonstruktion (19. Jh.)

Eine Inschrift aus Lyon zeigt, daß man auch in der Provinz die Annehmlichkeiten zu schätzen wußte, die die großen Badepaläste mit ihrem umfassenden Freizeitangebot zur Verfügung stellten:

> *Du, der du dies liest, geh ins Apollobad –*
> *was ich zusammen mit meiner Frau getan habe.*
> *Ich wollte, ich könnt's noch immer.*
> (CIL XIII 1983)

Ein gewisser Tiberius Claudius Secundus aus Rom bringt es auf den Punkt: Die angenehmen Seiten des Lebens mögen zwar ruinös sein, aber der Preis lohnt sich:

> *Die Bäder, die Weine, die Liebe:*
> *Sie richten unseren Körper zugrunde; aber sie machen das*
> *Leben aus: Die Bäder, die Weine, die Liebe.*
> (CIL VI 15258)

Schließlich das humorvolle Grabepigramm eines Lebenskünstlers, der seinen »Dialog«-Partner zunächst in »epikureischer« Sicherheit wiegt, um ihn dann mit einer makabren Einladung zu schockieren:

> *Du, der du hier stehst und meine Grabinschrift liest:*
> *Spiele, scherze – und komm!*
> (CIL II 2262)

Die Witzesammlung des Philogelos

*Von den »Ostfriesen der Antike«
bis zu zerstreuten Professoren*

In der Vorstellung der Menschen gab es sie: die Ostfriesen des Altertums. Es waren die Einwohner der griechischen Städte Abdera und Kyme, die sich des zweifelhaften Rufes erfreuten, als besonders dumm zu gelten. Allenfalls konnten da noch die Sidonier mithalten, die Bewohner der hellenisierten, ehemaligen Phönizierstadt. Auch sie standen im Zentrum mancher Witze, die sich über Begriffsstutzigkeit und Blödheit lustig machten.
Was das über die tatsächliche Geisteskraft dieser Menschen aussagt, ist ebenso fragwürdig wie bei den Ostfriesen. Die Hintergründe dafür, daß Abderiten, Kymäer und Sidonier zu den größten Dummköpfen der Antike »avanciert« sind, liegen jedenfalls weitgehend im dunkeln. Es wäre müßig, darüber zu spekulieren. Fest steht: Nachdem sie einmal dazu abgestempelt waren, entstanden immer neue Dummheits-Witze, die sie zu unfreiwilligen Protagonisten machten. In kaum einem dieser Witze spürt man indes so etwas wie Lokal-Kolorit – was man durchaus als Ehrenrettung werten kann.
Daß sich der Ruf dieser »Narrenburgen« über die Jahrtausende bewahrt hat, liegt vor allem an einer griechischen Witzesammlung, die den Titel »Lachfeund«, »Philogelos«, trägt. Sie geht auf ältere Vorlagen zurück, ist in der überlieferten Fassung aber wohl erst frühestens im 5. Jh. n. Chr. zusammengestellt worden. Als Redakteure der Sammlung nennen die Handschriften Hierokles sowie einen Grammatiker namens Philagrios; über beide Verfasser liegen sonst keine Nachrichten vor.
Der »Philogelos« enthält 265 Einzelwitze, die nach Gattungen geordnet sind. Oder besser nach Typen; so etwa nach Abderiten und Kymäern, aber auch Gefräßigen, Grobianen, Trunksüchtigen, »Stinkern« und ähnlichen Kategorien. Den Löwenanteil stellen mit

Klassischer Humor . . .

rund zwei Dritteln »Scholastikos«-Witze. Was ist ein Scholastikos? Am nächsten kommt dem griechischen Begriff die deutsche Vorstellung vom zerstreuten Professor, aber sie deckt nur einen Teil des Spektrums ab – auch wenn der griechische Begriff ebenfalls ursprünglich aus dem akademischen Milieu kommt (»einer, der Vorlesungen hält« oder »einer, der Vorlesungen hört«). Daß er sich im Laufe der Zeit davon entfernt hat, zeigt sich daran, daß Scholastikoi in allen Berufen vorkommen: Man findet sie unter Rechtsanwälten ebenso wie unter Ärzten, unter Schulmeistern wie unter Kaufleuten, unter Soldaten wie unter Bankiers. Auch das Alter spielt keine Rolle: ein Scholastikos kann siebzehn, er kann aber auch siebzig sein.

Diese Vielfalt braucht nicht zu verwundern; denn der Scholastikos ist im Grunde nur ein Menschen-Typus. Er ist der Typ des Erz-Dummkopfes, des pedantischen, gar nicht unsympathischen »Denkers«, der mit messerscharfer Logik schlußfolgert – nur eben völlig falsch, weil er in seiner Zerstreutheit, Beflissenheit oder vermeintlichen Geistesschärfe von allem Gebrauch macht, nur nicht vom gesunden Menschenverstand. »Gestrickt« sind die meisten Scholastikos-Witze nach dem Prinzip der falschen Analogie; daneben beruhen die – fast stets als Ausspruch gestalteten – Pointen auf Mißverständnissen oder geradezu grausam absurden Denkoperationen.

Besonders fein geht es im »Philogelos« nicht zu; er bietet eher derbe, volkstümliche Kost, die vor dem Makabren, Geschmacklosen, gelegentlich auch Anstößigen nicht zurückschreckt. Daß neben geistiger Armut auch körperliche Gebrechen und Anomalien aufs Korn genommen werden, ist für das Altertum nichts Ungewöhnliches. Die heute gebotene Sensibilität gegenüber solchen »Minderheiten« war, wie auch viele Beispiele aus dem Genre des Spottepigramms zeigen, unbekannt.

. . . nicht klassisch genug

Unter Philologen genießt die Witzesammlung des »Philogelos« keinen guten Ruf. Die meisten Witze seien »unsäglich öde«, befand A. Körte, und W. Christ pflichtete ihm im Prinzip bei: »Allerlei schlechte Witze, manche gute, meistens aber wirklich schlechte.« Anders das Urteil Andreas Thierfelders, der vor gut zwei Jahrzehnten die maßgebliche Standard-Ausgabe des Philogelos besorgt hat und in der »Realencyclopädie« mutig bekennt: »Auf die Gefahr hin, für geistig anspruchslos zu gelten, wage ich das Urteil, daß ein großer Teil der Witze gar nicht so übel ist.« Dem schließt sich der

Herausgeber der vorliegenden Humor-Anthologie an. Er hat sich bemüht, die »nicht so üblen« Witze in einer Auswahl zusammenzustellen, bei der sich die Übersetzung sprachlich eng am griechischen Text orientiert und nur die Überschriften eine moderne »Zugabe« darstellen. Bleibt nur zu hoffen, daß er sich bei dieser Arbeit nicht allzusehr von der Dummheits-»Materie« hat infizieren lassen.

Kostproben klassischen Humors

Keine Medizin gegen Dummheit -- Aus der Welt des Arztes

Wie peinlich!

Ein Scholastikos erblickte seinen Hausarzt und versteckte sich, um von ihm nicht gesehen zu werden. Als ein Begleiter ihn nach dem Grund für sein Verhalten fragte, erwiderte er: »Es ist jetzt lange her, daß ich das letzte Mal krank war, und ich schäme mich vor ihm.« (Nr. 6)

Abb. 18 Arzt und Patient. Aryballos des Klinik-Malers

Wie konnte ich nur!

Ein Arzt hatte einen kranken Kymäer aufgegeben. Der genas aber und ging daraufhin seinem Arzt aus dem Wege. Nach dem Grund dafür befragt, antwortete er: »Du hast gesagt, ich würde sterben, und deshalb schäme ich mich, daß ich am Leben geblieben bin.« (Nr. 174)

Murphys Gesetz

Guter Rat
ist teuer ...

Kostendämpfung

Ein Scholastikos vereinbarte mit seinem Arzt, ihm ein Honorar zu zahlen, wenn er geheilt werde. Als er nun trotz eines Fieberanfalls Wein trank, machte seine Frau ihm Vorhaltungen. »Du willst wohl«, entgegnete er, »daß ich gesund werde und dem Arzt das Honorar zahlen muß?!« (Nr. 27)

Schöne Aussichten!

Ein sidonischer Arzt erhielt nach dem Tode eines seiner Patienten ein Vermächtnis über 1000 Drachmen. Während er mit der Beerdigung ging, beschwerte er sich darüber, daß der Verstorbene ihm so wenig hinterlassen habe. Später erkrankte der Sohn des Toten. Er rief den Arzt herbei und bat ihn dringend, etwas gegen seine Krankheit zu tun. »Wenn du mir 5000 Drachmen als Vermächtnis hinterläßt«, erhielt er zur Antwort, »werde ich dich so verarzten wie deinen Vater.« (Nr. 139)

Schmerzlinderung à la Kyme

Als der Patient während einer Operation furchtbare Schmerzen litt und laut aufschrie, tauschte ein Arzt aus Kyme sein Messer gegen ein stumpferes aus. (Nr. 177)

Abb. 19 Chirurgische Instrumente

Kymäischer Wassertest

Während einer Kopfoperation legte ein kymäischer Arzt seinen verwundeten Patienten auf den Rücken und goß ihm Wasser in den Mund, um zu sehen, wann es durch den Operierten herausfließen würde. (Nr. 182)

Blödelei am Krankenbett

Ein griesgrämiger einäugiger Arzt fragte einen Kranken: »Wie geht's?« Der erwiderte: »Wie du siehst.« Worauf der Arzt sagte: »Wenn's dir so geht, wie ich sehe, bist du halbtot.« (Nr. 185)

Patent-Rezept

Zu einem übelgelaunten Arzt kam jemand und sagte: »Meister, ich kann weder liegen noch stehen und auch nicht sitzen.« Worauf der Arzt ihm entgegnete: »Dann bleibt dir nichts übrig, als dich aufzuhängen!« (Nr. 183)

... ist teurer Rat gut?

Abb. 20   Ärztlicher Unterricht. Katakombengemälde 4. Jh.

Einfach-Therapie

Jemand suchte einen Scholastikos-Arzt auf und klagte: »Herr Doktor, wenn ich aus dem Schlaf aufstehe, bin ich eine halbe Stunde schwindlig, und erst danach fühle ich mich wieder normal.« Der Arzt empfahl ihm: »Steh doch eine halbe Stunde später auf!«   (Nr. 3)

Erzdumm -- an und jenseits der Schmerzgrenze

Ich war so zerstreut . . .

Jemand begegnete einem Scholastikos und erzählte ihm: »Herr Scholastikos, ich habe dich mehrfach im Traum gesehen.« – »Bei den Göttern!« erwiderte der, »ich habe nicht auf dich geachtet, weil ich beschäftigt war.«   (Nr. 5)

Additionslogik

Zu einem Scholastikos, der auf Reisen ging, sagte ein Freund: »Kauf mir bitte zwei Sklavenknaben, beide fünfzehn Jahre alt.« Worauf der andere erwiderte: »Wenn ich solche nicht finde, werde ich dir einen von dreißig Jahren kaufen.«   (Nr. 12)

Geistige Transfer-Leistung

Transfer-Denken

Ein Scholastikos suchte einst viele Tage lang eines seiner Bücher, fand es aber nicht. Als er zufällig einmal Salat aß, wandte er sich zu einer Ecke des Raumes um und sah dort das Buch liegen. Einige Zeit später traf er einen Freund, der darüber klagte, daß er seine ganze Kleidung verloren habe. »Sei nicht traurig!« tröstete er ihn, »sondern kauf Salat, iß ihn und wende dich zur Ecke um – schon wirst du sie wiederfinden.«   (Nr. 16)

Bemerkenswerte Ausrede

Einem Scholastikos schrieb ein Freund, der auf Reisen war, er möge ihm Bücher kaufen. Der Scholastikos vergaß das. Als er dem Freund nach der Rückkehr begegnete, entschuldigte er sich: »Den Brief, den du mir wegen der Bücher geschickt hast, habe ich nicht bekommen.«   (Nr. 17)

Angenehme Ruhe!

Ein Scholastikos, der schlafen wollte, aber kein Kopfkissen hatte, befahl seinem Sklaven, ihm einen Tonkrug unterzulegen. Als der Sklave antwortete, der sei recht hart, trug er ihm auf, ihn mit Federn zu füllen. (Nr. 21)

Beschleunigte Fährpassagen

Ein Scholastikos, der über einen Fluß setzen wollte, ritt aufs Fährboot und blieb auf seinem Pferd sitzen. Als einer ihn fragte, weshalb er nicht absteige, antwortete er: »Ich bin in Eile!« (Nr. 31)

Schade, daß ich gesund bin!

Ein Scholastikos besuchte einen kranken Freund und fragte ihn nach seiner Krankheit. Als der darauf nicht antwortete, geriet er in Zorn und rief aus: »Ich hoffe, ich werde auch mal krank. Dann werde ich dir auch keine Antwort geben!« (Nr. 34)

Strafe muß sein

Trauer muß die Henne tragen . . .

Zwei Scholastikoi waren zusammen unterwegs. Als der eine von ihnen eine schwarze Henne erblickte, rief er aus: »Bruder, wahrscheinlich ist ihr Hahn gestorben!« (Nr. 39)

Selbsthilfe zur Hilfe

Ein Scholastikos war in eine Grube gefallen. Ununterbrochen rief er um Hilfe. Als ihn aber niemand hörte, sagte er zu sich: »Ich bin ein Dummkopf, wenn ich nicht hinaufklettere und sie alle durchprügle, damit sie wenigstens dann herbeilaufen und mir eine Leiter bringen.« (Nr. 52)

Identitätskrise

Ein Scholastikos, ein Kahlköpfiger und ein Barbier reisten gemeinsam. Als sie über Nacht an einem einsamen Ort blieben, machten sie aus, daß jeder vier Stunden lang Wache halten solle. Dem Barbier fiel die erste Wache zu. Der schor im Übermut den schlafenden Scholastikos kahl und weckte ihn dann, nachdem die Stunden ver-

Abb. 21 Frisierszene mit vier Dienerinnen. Relief

strichen waren. Als der Scholastikos sich beim Wachwerden am Kopf kratzte und merkte, daß er kahl war, sagte er: »Dieses Riesenrind von Barbier! Er hat sich vertan und statt meiner den Kahlköpfigen geweckt!« (Nr. 56)

Trost für tausend Jahre

Als ein Scholastikos bei der großen Feier, die alle tausend Jahre in Rom stattfindet, einen unterlegenen Athleten weinen sah, tröstete er ihn: »Sei nicht traurig! Bei der nächsten Tausendjahrfeier wirst *du* siegen!« (Nr. 62)

Taktgefühl ist Glücksache

Ein Scholastikos begegnete seinem Schwiegervater, der gerade von einer Auslandsreise zurückkehrte. Der erkundigte sich, wie es einem Kommilitonen des Scholastikos gehe. »Dem geht's prächtig«, erhielt er zur Antwort, »und er hat Spaß. Er hat nämlich seinen Schwiegervater jüngst begraben.« (Nr. 67)

Des einen Freud'...

Der rechte Wunsch zur rechten Zeit ...

Ein Scholastikos, der an einer Hochzeitsfeier teilgenommen hatte, sagte, als er sich verabschiedete: »Ich wünsche euch, daß ihr dieses Fest noch häufig glücklich feiert!« (Nr. 72)

Mit Freunden teilt man alles ...

Einem Scholastikos begegnete ein Freund und sagte: »Herzlichen Glückwunsch, daß dir ein Kind geboren ist!« Der aber antwortete: »Das verdanke ich euch, meinen Freunden.« (Nr. 98)

Kein Grund zur Aufregung

In Abdera war die Stadt in zwei Bezirke geteilt, den östlichen und den westlichen Einwohnerteil. Als Feinde unversehens die Stadt angriffen und alle in Aufregung gerieten, machten die im Ostteil lebenden Einwohner einander Mut: »*Wir* sollten nicht in Panik geraten, die Feinde dringen ja durchs westliche Stadttor ein.« (Nr. 110)

... des andern Leid

Figaros Humanität

Ein Kymäer sah einmal ein Schaf, dem die Beine für das Scheren zusammengebunden waren. »Ich bin meinem Barbier dankbar«, kommentierte er, »daß er mich niemals gefesselt geschoren hat.« (Nr. 167)

Wenn das mein Vater erfährt!

Ein Kymäer wurde, während sein Vater auf Reisen war, wegen eines schweren Verbrechens zum Tode verurteilt. Als er den Gerichtssaal verließ, bat er alle, es bloß seinem Vater nicht zur Kenntnis zu bringen, weil der ihn sonst zu Tode prügeln würde. (Nr. 168)

Honig-Marketing, Abteilung »Ungeschickt«

Ein Kymäer bot Honig zum Verkauf an. Als jemand vorbeikam,

kostete und den Honig als sehr gut befand, sagte er: »Ich würde ihn auch gar nicht verkaufen, wenn mir nicht eine Maus hineingefallen wäre.« (Nr. 173)

Profit-Rechnung

Ein ungeschickter Barbier pflegte den von ihm Verletzten Pflaster aufzukleben. Als sich einmal jemand beschwerte, sagte er: »Undankbarer Kerl, du regst dich ohne Grund auf. Denn du hast fürs Rasieren nur eine Drachme bezahlt, aber Pflaster für vier Drachmen bekommen.« (Nr. 198)

Wundersamer Wein-Schwund

Ein Scholastikos besaß ein Fäßchen kostbaren Aminaia-Weins und versiegelte es. Sein Sklave aber bohrte unten ein Loch hinein und

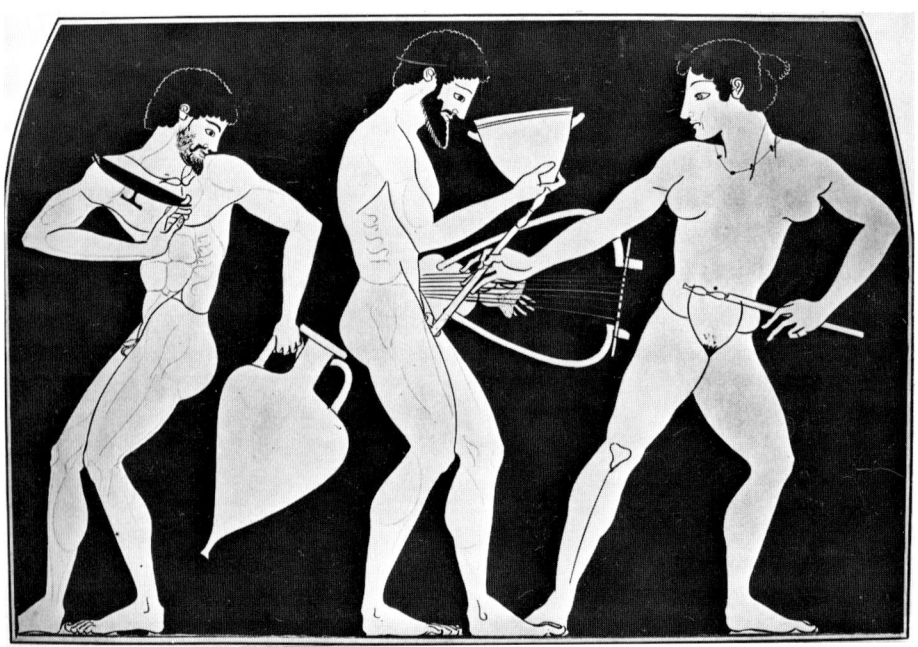

Abb. 22   Sklaven mit Weingefäßen und Musikinstrumenten. Bauchamphora des Kleophrades-Malers

nahm sich ab und zu Wein. Der Scholastikos wunderte sich, daß der Wein immer weniger werde, obwohl das Siegel unversehrt war. Ein anderer sagte zu ihm: »Schau mal nach, ob nicht von unten angezapft worden ist.« »Dummkopf«, entgegnete der Scholastikos, »nicht unten fehlt ein Teil, sondern oben!« (Nr. 254)

Sicher ist sicher

Ein Scholastikos erlitt während eines Sturmes Schiffbruch. Die übrigen Mitreisenden klammerten sich jeder an ein Gerät der Schiffsausrüstung, um sich zu retten; er aber klammerte sich an einen der Anker. (Nr. 256)

Von Toten, Bruchleidenden, Frauenfeinden und »Stinkern« – Derbe und makabre Kost

Sehr ökonomisch gedacht!

Ein Abderit hatte seinen verstorbenen Vater, wie es üblich war, verbrannt. Dann lief er nach Hause zu seiner kranken Mutter und sagte: »Ein bißchen Holz ist noch übrig. Wenn du also willst und kannst, laß dich mit ihm zusammen verbrennen!« (Nr. 123)

Wer zu spät kommt ...

Feilschen lohnt immer

Einem Scholastikos war die Frau gestorben. Er kaufte einen Sarg und fing an, um den Preis zu streiten. Als aber der Verkäufer schwor, er werde ihn nicht für weniger als 50 000 verkaufen, erwiderte der Scholastikos: »Na gut, da du dich mit deinem Eid festgelegt hast, nimm die 50 000 – aber nur, wenn du mir als Zugabe ein kleines Särglein gibst, damit es bereit steht, wenn ich es für eines meiner Kinder brauchen sollte.« (Nr. 97)

Sterben ist anzusagen!

Ein Scholastikos hatte als Sophist die ehrenvolle Aufgabe, Leichenreden auf Verstorbene zu halten. Als er eine über jemanden schrieb, der noch lebte, beschwerte der sich bei ihm darüber. Worauf der Scholastikos erwiderte: »Wenn ihr mir nicht ankündigt, wann ihr

Abb. 23   Einsargung. Korbhenkelgefäß des Sappho-Malers

... wird im
Tod bestraft

sterbt, wollt ihr etwa, daß ich mich blamiere, indem ich eine Leichenrede aus dem Stegreif halte?!« (Nr. 90)

Ordnung gehört dazu

Ein Abderit wollte sich erhängen, aber der Strick zerriß, und er erlitt eine Platzwunde am Kopf. Daraufhin holte er sich ein Pflaster vom Arzt, legte es sich auf die Wunde – und ging wieder weg, um sich zu erhängen. (Nr. 112)

Glaubwürdige Entschuldigung

Ein Scholastikos hatte seinen Sohn bestattet. Da begegnete er dessen Lehrer und sagte: »Entschuldige bitte, daß mein Sohn nicht zur Schule gekommen ist! Er ist nämlich gestorben.« (Nr. 77)

Das ist die Lösung!

Zwei Scholastikoi, wahre Rabensöhne, beklagten sich gegenseitig darüber, daß ihre Väter noch am Leben seien. Einer von ihnen schlug vor: »Was meinst du: Sollen wir nicht beide unsere Väter erwürgen?« – »Um Himmels willen«, entgegnete der andere, »wir wollen doch nicht Vatermörder genannt werden! Aber wenn du um, und ich bringe deinen um!« (Nr. 13)

Collegium tautologicum

Begegnung mit einem Toten

Ein Scholastikos traf einen Freund und sagte: »Ich habe gehört, du seist gestorben.« Der erwiderte: »Du siehst aber doch, daß ich am Leben bin.« – Darauf der Scholastikos: »Trotzdem – der mir das erzählt hat, war viel glaubwürdiger als du!« (Nr. 22)

Erbfolge-Hindernis

Während eines Streits mit seinem Vater rief ein Scholastikos aus: »Schlechter Kerl, siehst du nicht, welch großen Schaden ich durch dich habe? Denn wärst du nicht zur Welt gekommen, dann hätte ich meinen Großvater beerbt!« (Nr. 24)

Morgen wird's ernst!

Ein Scholastikos, dessen greiser Vater schwer krank war, bat seine Freunde, Kränze zum Begräbnis zu bringen. Am nächsten Tag ging es dem Vater aber besser, und die Freunde beschwerten sich. »Es ist auch mir sehr unangenehm«, erwiderte er, »daß ihr nun den Schaden habt. Tragt nun morgen eure Kränze hin; ich werde ihn dann auf jeden Fall so, wie er ist, auf den Friedhof bringen.«

(Nr. 38)

Unverhältnismäßig – wie peinlich!

Ein Scholastikos hatte seinen kleinen Sohn verloren. Wegen seiner bedeutenden gesellschaftlichen Stellung fanden sich viele Leute zum Begräbnis ein. Als er die Menge sah, sagte der Scholastikos: »Es ist mir peinlich, nur ein kleines Kind in eine große Menge hinauszutragen.« (Nr. 40)

Abb. 24   Trauergemeinde. Detail aus Abb. 23

Tötung auf Verlangen?

Einem Scholastikos, der von einer Sklavin ein Kind bekommen hatte, riet sein Vater, es zu töten. Darauf sagte der entrüstet: »Bring du erst einmal deine Kinder unter die Erde, und dann rate mir, meines umzubringen!«
(Nr. 57)

Wie kann man nur so mit seinen Eltern umgehen!

Der Studienfreund eines Scholastikos war gestorben. Daraufhin machte er bei dessen Eltern einen Kondolenzbesuch. Als der Vater wehklagend ausrief: »Kind, du hast mich ins Verderben gestürzt!« und die Mutter jammerte: »Kind, du hast mir das Augenlicht genommen!«, sagte der Scholastikos zu seinen Begleitern: »Wenn der das getan hat, dann müßte er, wenn er noch lebte, sogar verbrannt werden!«
(Nr. 69)

Not-Lüge

Auf der Rückkehr von einer Reise kam jemand zu einem Wahrsager-Scharlatan. Er fragte ihn, wie es seinen Verwandten gehe. »Sie sind alle gesund«, erhielt er zur Antwort, »auch dein Vater.« Als der empört ausrief: »Mein Vater ist doch schon seit zehn Jahren tot!«, antwortete der Scharlatan: »Du hast ja keine Ahnung, wer dein Vater wirklich ist!« (Nr. 201)

Haltet den Wasser-Dieb!

Als ein Abderit einen Bruchleidenden aus dem Badebecken steigen sah, fuhr er ihn an: »Gieß es wieder hinein! Sonst melde ich's dem Bademeister!« (Nr. 113)

Wer den Schaden hat...

Kühne Prognose

Auf einem Spaziergang sah ein Abderit einen Bruchleidenden pinkeln. »Der wird bis zum Abend nicht ausgepinkelt haben«, kommentierte er. (Nr. 118)

Das kommt vom verkehrten Liegen!

Ein Abderit schlief mit einem Bruchleidenden in einem Raum. In der Nacht mußte er austreten. Bei der Rückkehr trat er seinem Begleiter im Dunkeln versehentlich auf den Bruch. Als der Bruchleidende vor Schmerz aufschrie, fuhr er ihn an: »Mußt du denn auch mit dem Kopf nach unten schlafen?!« (Nr. 117)

Feines Mitbringsel

Ein Witzbold hatte sich auf einer Reise einen Wasserbruch zugezogen. Nach seiner Rückkehr wurde er von seiner Frau gefragt, was er mitgebracht habe. »Für dich persönlich nichts«, erwiderte er, »aber für deine Schenkel ein bequemes Kissen.« (Nr. 262)

... braucht für den Spott nicht zu sorgen

Wie wird man seine Frau am schnellsten los...

Ein Frauenfeind stellte sich auf den Marktplatz und sagte: »Ich verkaufe meine Frau unverzollt.« Als sich Passanten nach dem Grund dafür erkundigten, antwortete er: »Damit sie beschlagnahmt wird.« (Nr. 246)

Unerwartete Antwort

Ein Frauenhasser bestattete seine Frau. Als jemand fragte: »Wer hat da ausgelitten?«, antwortete er: »Ich, der Witwer!« (Nr. 247)

Mein letzter Wille . . .

Cui bono? Ein Frauenfeind war sterbenskrank. Seine Frau sagte: »Wenn dir etwas passiert, hänge ich mich auf!« Worauf jener die Augen aufschlug und sagte: »Tu mir *den* Gefallen, solange ich noch am Leben bin!« (Nr. 248)

Deutliche Reaktion

Zu einem Trinker, der in einer Kneipe zechte, trat jemand und teilte ihm mit: »Deine Frau ist gestorben.« – Als er das gehört hatte, sagte er zum Kneipier: »Dann schenk halt von dem Schwarzen (Roten) ein!« (Nr. 227)

Abb. 25   Kneipenszene aus Pompeji

Kopfschütteln statt Eifersucht

Um ihn zu ärgern, sagte jemand zu einem Witzbold: »Ich habe deine Frau umsonst gehabt.« Der antwortete nur: »Ich bin freilich gezwungen, dieses Übel zu ertragen – aber du? Wer zwingt dich?« (Nr. 263)

Was ist Pech?

Pech hatte ein Trinker, der einen Weinberg erwarb und zur Zeit der Weinlese starb. (Nr. 229)

Übelriechender Zeus

Ein Mann mit stinkendem Atem küßte ununterbrochen seine Frau und rief: »Oh meine Herrin! Meine Hera! Meine Aphrodite!« – Sie aber wandte sich ab und sagte: »Oh mein Zeus! Oh mein Zeus!« (doppelsinnig: *ozeus*: »Stinker«) (Nr. 232)

Göttlicher Duft

Ursachenverwechslung

Ein Mann mit stinkendem Atem begegnete einem Tauben. »Sei gegrüßt!« sagte der. Worauf jener entgegnete: »Pfui!« Der Stinker fragte überrascht: »Was habe ich denn Schlimmes gesagt?« – »Gefurzt hast du!« sagte der Taube. (Nr. 233)

Selbstmord auf unkonventionelle Art

Ein Mann mit stinkendem Atem, der seinem Leben selbst ein Ende setzen wollte, umhüllte seinen Kopf mit einem Tuch und sperrte seinen Mund auf. (Nr. 231)

Derbe Fehldiagnose

Ein Mann mit stinkendem Atem begegnete einem Arzt. »Sieh, Herr!« sagte er, »mein Zäpfchen hat sich gesenkt«, und er machte seinen Mund weit auf. Der Arzt wandte sich ab und sagte: »Nicht dein Zäpfchen hat sich gesenkt, sondern dein Arschloch hat sich gehoben!« (Nr. 235)

Seneca -- der Philosoph als Satiriker

Ein Nachruf auf Kaiser Claudius

Wem Lucius Annaeus Seneca (4 v. Chr. bis 65 n. Chr.) nur als stoischer Philosoph bekannt ist, dessen ethische Schriften ihn als seriösen Philosophielehrer und als pointensicheren Literaten ausweisen, wird bei der Lektüre der »Apokolokyntosis« überrascht, ja schockiert sein. Die Schmähschrift, die zweifelsfrei Senecas Feder entstammt, ist das böseste, das schonungsloseste Stück politischer Satire, das aus dem Altertum auf uns gekommen ist – eine Abrechnung mit dem gerade verstorbenen Kaiser, die nicht nur an seiner Herrschaftsausübung unerbittliche Kritik übt, sondern auch seine Person verunglimpft. *De mortuis nihil nisi bene?* Seneca setzt sich mit der Souveränität des zutiefst verletzten Moralisten über dieses ungeschriebene Gesetz der Achtung vor dem Tode hinweg; mit jeder Zeile will er den toten Kaiser der Lächerlichkeit preisgeben, indem er seine Schwächen und Spleens, aber auch seine körperlichen Gebrechen und seine wenig kaiserliche Figur mit derselben brutalen Offenheit karikiert und ridikülisiert, mit der er seine politischen Fehler, seine Willkürjustiz und seine verbrecherischen Anordnungen brandmarkt. Tucholsky hat den Satirker einen »gekränkten Idealisten« genannt; genau das trifft auf Seneca zu.

Was darf Satire?

Es sind aber nicht nur die jahrelang aufgestaute Wut und auch persönlichen Racheempfindungen angesichts des langen auf Korsika verbrachten, von Claudius befohlenen Exils (41–49), die Seneca die Feder führen. Er stellt sich mit diesem politisch-satirischen Pamphlet auch in den Dienst des neuen Herrschers Nero, dessen Erzieher und Vertrauter er noch ist – die »Apokolokyntosis« dürfte kurz nach dem Ableben des Claudius am 13. Oktober 54 entstanden sein. Zum einen dient die Verhöhnung des Vorgängers aus hier nicht im einzelnen darzulegenden Gründen der Legitimierung von Neros Nachfolgeanspruch, zum anderen aber will Seneca seinen

Abb. 26   Seneca

kaiserlichen Zögling mit Hilfe des warnenden, abschreckenden Zerrspiegels, den der unfähige, unmoralische Claudius gewissermaßen in bissig-unterhaltsamer Ausformung darstellt, auf den Weg kaiserlicher Tugend geleiten.
Der Titel der Satire, die »Apokolokyntosis des göttlichen Claudius«, ist als Parodie auf die Apotheose der römischen Kaiser nach ihrem Tode gewählt – statt der »Vergöttlichung« erwartet den »armen« Claudius nur eine »Verkürbissung«.
Über die genaue Bedeutung der im römischen Leser damit ausgelösten Assoziationen ist sehr kontrovers diskutiert worden. Der Kürbis – so die wohl überzeugendste These – galt im Altertum als ein Symbol für Dummheit – eine Eigenschaft, die Seneca bei Claudius in überreichem Maße feststellt. »Verkürbissung« wäre so etwa analog unserem deutschen »Veräppelung« zu verstehen. Ein anderer Vorschlag meint, Claudius verliere sozusagen seinen Kürbis – nicht nur durch den Tod, sondern auch dadurch, daß er eben nicht unter die Unsterblichen aufgenommen wird . . .

Aber mehr soll über den Ausgang des hochnotpeinlichen Verkürbissungs-Verfahrens nicht verraten werden. Bevor der Leser in die vergnüglich-schockierende Schmähschrift entlassen wird, nur noch ein Hinweis: Die »Apokolokyntosis« ist – wie die meisten satirischen Werke mit starken parodierenden Elementen – ungemein voraussetzungsreich. Viele Spitzen und Andeutungen kann man nur goutieren, wenn man den Hintergrund kennt. Um ihn im einzelnen zu skizzieren, werden Anmerkungen angefügt, die zwar die Lektüre ein wenig hemmen mögen, aber gleichzeitig ein vertieftes Verständnis in der Sache wie in der Handhabung satirisch-parodistischer Mittel durch den Autor sichern dürften.

Die »Verkürbissung« des Claudius

»ICH GLAUBE, ICH HABE MICH BESCHISSEN . . .«

Was am 13. Oktober[1] im Himmel geschehen ist, im ersten Jahr einer neuen Epoche, zu Beginn des glücklichsten Zeitalters[2], das will ich der Nachwelt überliefern. Nichts, weder Haß noch Gunst, wird mich dabei beeinflussen. Das Folgende ist buchstäblich wahr[3].

Es war also der Monat Oktober, der Tag war der 13. Die Stunde kann ich nicht genau angeben; es wird leichter sein, zwischen Philosophen Übereinstimmung zu erzielen als zwischen Uhren.

Wenn der Tod naht . . . Gleichwohl: Es war zwischen 12 und 1 Uhr mittags (. . .), als Claudius anfing, seine Seele auszuhauchen, aber er konnte keinen Ausgang finden. Da nahm Merkur, der ja schon immer Freude an seinem Talent gehabt hatte[4], eine der Parzen[5] zur Seite und sagte: »Wie kannst du es, grausame Frau, zulassen, daß sich der arme Mensch so quält? Soll er, wo er sich doch so lange gemartert hat, nicht irgendwann mal Frieden finden? Es ist jetzt das 64. Jahr, seit er mit seiner Seele im Kampf liegt. Warum tust du das ihm und dem Staat an?

Laß doch die Astrologen wenigstens *einmal* die Wahrheit sagen, die ihn, seit er Kaiser geworden ist, jedes Jahr, jeden Monat zu Grabe tragen. Trotzdem ist es kein Wunder, wenn sie sich irren und kein Mensch seine Todesstunde kennt; denn kein Mensch hat je gedacht, daß er überhaupt fertig geboren sei.[6] So tu jetzt endlich, was zu

Abb. 27   Statue des Claudius

tun ist: ›Gib ihn dem Tod; ein Besserer herrsche im verwaisten Palast!‹«.⁷

Clotho aber antwortete: »Ich wollte ihm, beim Herkules, noch ein klein wenig Zeit zugeben, bis er die paar Leutchen, die noch übrig sind, mit dem Bürgerrecht beschenkt hätte« – Claudius hatte sich nämlich entschlossen, alle Griechen, Gallier, Spanier und Britanner in der römischen Toga zu sehen⁸ –, »aber da man es für richtig befindet, einige Ausländer noch als Samen übrigzulassen, und du es so geschehen lassen willst, so geschehe es!«

Sie öffnete daraufhin eine Kapsel und holte drei Spindeln heraus: Die erste war die des Augurinus, die zweite die des Baba⁹ und die dritte die des Claudius. »Diese drei werde ich in einem einzigen Jahr in geringem zeitlichen Abstand voneinander sterben lassen, damit ich ihn nicht ohne Begleitung aus dem Leben entlasse. Es wäre nämlich nicht richtig, wenn einer, der gerade noch so viele tausend Menschen in seinem Gefolge sah, so viele, die ihm voranschritten, so viele, die sich um ihn herum ergossen, ganz plötzlich einsam und verlassen dastünde. Mit diesen Kumpanen wird er wohl in der Zwischenzeit zufrieden sein.«

> Sprach's und rollte die Fäden zusammen auf häßlicher Spindel,
> riß dann ab die Frist des törichten Kaiserlebens. (. . .)¹⁰
> . . . den Claudius aber heißen alle
> voller Freude, voller Glück zu tragen aus dem Haus.¹¹

. . . will keiner sterben (Eur. Alc. 671)

Und der blubberte prompt seine Seele aus, und von dem Moment an hörte sein Scheinleben auf. Er tat aber seinen letzten Atemzug, während er Komödianten zuhörte – damit du's weißt, daß ich die nicht ohne Grund fürchte.

Als sein letztes Wort¹² unter Menschen hörte man dies: Als er einen stärkeren Ton aus dem Körperteil hatte entfahren lassen, mit dem es ihm leichter fiel zu sprechen, sagte er: »Weh mir, ich glaube, ich habe mich beschissen!« Ob er's wirklich getan hat, kann ich nicht sagen; aber ganz bestimmt hat er alle Welt beschissen.

Was daraufhin auf Erden geschehen ist, ist überflüssig zu berichten. Denn ihr wißt es nur zu gut, und es besteht auch nicht die Gefahr, daß dem Gedächtnis entfällt, was allgemeiner Jubel ihm tief eingeprägt hat: Niemand vergißt die Stunde seines Glücks. Hört dagegen, was sich im Himmel ereignet hat: Die Gewähr dafür liegt bei meinem Informanten.

Verhandlungen an der Himmelspforte

Jupiter erhält die Meldung, da sei jemand gekommen, von großer Statur, schon ziemlich grauhaarig; er stoße irgendwelche Drohungen aus und wackle ständig mit dem Kopf; den rechten Fuß ziehe er nach. Er habe ihn gefragt, welcher Nationalität er sei; da habe er irgend etwas in undeutlichem Ton und mit verworrener Stimme geantwortet. Man verstehe seine Sprache nicht: Es handle sich weder um einen Griechen noch um einen Römer, noch um den Angehörigen irgendeines bekannten Volkes.

Daraufhin befiehlt Jupiter dem Herkules, der den ganzen Erdkreis durchwandert hatte und alle Völker zu kennen schien, zu ihm hinzugehen und herauszufinden, zu welchem Menschenschlag er gehöre.

Abb. 28   Herkules tötet des Kentauren Nessos. Halsamphora des Nessos-Malers

Überstunden für Herkules?

Da war Herkules beim ersten Anblick ganz schön bestürzt – als hätten ihm doch noch nicht alle Ungeheuer Schrecken eingejagt. Wie er so die beispiellose Erscheinung betrachtete, den merkwürdigen Gang und die Stimme hörte, die zu keinem Lebewesen auf dem Land gehörte, sondern wie die von Seeungeheuern klang, rauh und verworren, da glaubte er, seine dreizehnte Arbeit sei gekommen.[13] Bei genauerem Hinsehen schien es ihm doch so etwas wie ein Mensch zu sein. Er trat deshalb auf ihn zu und fragte, was für so einen Griechen eine der leichtesten Übungen war:
»Wer, wes Volkes bist du, wo sind
deine Heimat und Eltern?«[14]
Claudius freut sich, daß es da oben auch Philologen gibt; er hofft, es werde sich dort irgendein Plätzchen für seine Geschichtswerke finden.[15] Deshalb bedient er sich auch selbst eines Homer-Verses, mit dem er sich als Kaiser ausweist:
»Gleich von Ilion trug mich der
Wind zur Stadt der
Kikonen.«[16]
Der nächste Vers wäre indes richtiger gewesen, auch er von Homer:
»Dort verheert' ich die Stadt und
würgte die Männer.«[17]
Und fast hätte er damit Herkules, der ja kein Ausbund an Schlauheit ist, mächtig imponiert, wäre da nicht die Fiebergöttin gewesen, die ihren Tempel verlassen hatte und als einzige mit ihm gekommen war[18]: Alle übrigen Götter hatte er in Rom zurückgelassen. »Der Kerl da«, sagte sie, »erzählt reine Lügengeschichten. Ich sage dir – ich, die ich mit ihm so viele Jahre gelebt habe[19]: Er stammt aus Lyon, du siehst einen Landsmann des Plancus[20] vor dir. Ich sag's dir: Er ist sechzehn Meilen von Vienne entfernt geboren, ein waschechter Gallier. Deshalb hat er getan, was ein richtiger Gallier tun mußte: Er hat Rom erobert.[21] Du hast mein Wort: Er ist in Lyon geboren, wo Licinus so viele Jahre geherrscht hat.[22] Du aber, der du durch mehr Landschaften gestiefelt bist[23] als irgendein professioneller Maultiertreiber aus Lyon, müßtest wissen, daß zwischen Xanthus[24] und Rhône viele tausend Meilen liegen.
An diesem Punkte wird Claudius weiß vor Wut und murmelt vor Zorn, so laut er kann. Kein Mensch verstand, was er sagte. Er aber befahl, die Fiebergöttin abzuführen, und zwar mit jener berüchtigten Geste seiner zittrigen, nur für dieses eine hinreichend starken Hand, mit der er die Menschen zu köpfen pflegte. Er hatte den

Befehl gegeben, ihr den Kopf abzuhauen. Man hätte denken können, um ihn herum seien lauter Freigelassene von ihm: so wenig kümmerte sich irgendeiner um ihn.[25]

Da ergriff Herkules das Wort: »Hör zu«, sagte er, »hör endlich auf zu faseln. Du bist hier an einen Ort gekommen, wo die Mäuse am Eisen nagen.[26] Sag mir jetzt schnellstens die Wahrheit, damit ich dir die Faxen nicht anders austreiben muß«.[27]

Wie nun Claudius den starken Mann sah, vergingen ihm seine Albernheiten, und er begriff, daß ihm zwar in Rom keiner gewachsen gewesen war, daß er aber hier nicht den gleichen Einfluß habe; daß ein Hahn[28] eben nur auf seinem eigenen Misthaufen den Ton angebe.

Soweit man es verstehen konnte, schien er deshalb folgendes zu sagen: »Ich hatte gehofft, daß du, Herkules, tapferster unter den Göttern, mir bei den anderen beistehen würdest. Und wenn jemand einen Bürgen von mir verlangt hätte, hatte ich eigentlich vor, dich zu benennen, der du mich am besten kennst. Denn wenn du dich erinnerst: Ich war's, der in Tivoli vor deinem Tempel alle Tage im Juli und August Recht sprach.[29] Du weißt, wieviel Qualen ich dort durchgemacht habe, als ich die Anwälte Tag und Nacht hörte. Wenn du unter die geraten wärest, dann hättest du – magst du mir auch noch so stark vorkommen – es vorgezogen, die Kloaken des Augias[30] zu reinigen: Ich habe dort bei weitem mehr Mist ausgeschöpft!«[31]

Täter als Opfer

Soll Claudius Gott werden?
Verhandlungsprotokolle aus der olympischen »Quasselbude«

Schließlich fiel es Jupiter ein, daß es, solange sich Privatleute in der Kurie aufhielten, nicht erlaubt sei, seine Meinung zu äußern oder zu diskutieren. »Ich hatte euch erlaubt«, sagte er, »Fragen zu stellen; ihr aber habt die reinste Quasselbude daraus gemacht. Ich wünsche, daß ihr euch jetzt an die Geschäftsordnung des Senates haltet. Mag der da sein, wer er will – was soll er eigentlich von uns denken?«

Claudius wird hinausgeschickt, und Vater Janus wird als erster aufgerufen, sein Votum abzugeben. Der war gerade als Konsul für den Nachmittag des 1. Juli nominiert worden[32], ein verdammt schlauer Geselle, der stets zugleich vorwärts und rückwärts schaut. Der hielt gewandt eine längere Rede – nicht umsonst lebte er ja auf dem Forum³³ –, der der Stenograph nicht folgen konnte, und deshalb zitiere ich sie hier nicht, damit ich nicht mit anderen Worten wiedergebe, was er alles gesagt hat.

Lang und breit sprach er über die Erhabenheit der Götter: So eine Würde dürfe man nicht Hinz und Kunz verleihen. »Einst«, führte er aus, »war es eine bedeutende Sache, zum Gott zu werden, jetzt habt ihr einen Jux daraus gemacht. Um aber nicht den Anschein zu erwecken, als spräche ich gegen eine bestimmte Person und nicht gegen einen Sachverhalt, stelle ich den Antrag: Keiner von denen soll von heute an mehr zum Gott werden, die die Früchte des Feldes essen.³⁴ Wer wider diesen Senatsbeschluß zum Gott gemacht, Gott genannt oder als Gott abgebildet wird, der soll den Furien überantwortet und beim nächsten Gladiatorenspiel unter den neu rekrutierten Fechtern mit Ruten ausgepeitscht werden.«

Als nächster wird Diespiter, der Sohn der Vica Pota, um seine Meinung gefragt, auch er designierter Konsul, aber sonst ein heruntergekommener Winkelbankier. Er hielt sich wirtschaftlich damit über Wasser, daß er gewöhnlich Bürgerrechte verschacherte.³⁵ An ihn machte Herkules sich freundlich heran und zupfte ihn am Öhrchen.³⁶ *Familien-Bande* Dementsprechend votierte er mit folgenden Worten: »Da der göttliche Claudius sowohl mit dem göttlichen Augustus blutsverwandt ist als auch mit der göttlichen Augusta, seiner Großmutter – einer Frau, zu deren Vergöttlichung er selbst den Befehl gegeben hat –, und da er alle Sterblichen bei weitem an Weisheit übertrifft und es zum Vorteil des Staates ist, wenn da jemand ist, um mit Romulus ›glühend heiße Rüben zu verschlingen‹³⁷, beantrage ich, daß der göttliche Claudius von diesem Tage an Gott sei so wie jeder, der vor ihm mit Fug und Recht zum Gott gemacht worden ist, und daß dieser Vorgang den ›Metamorphosen‹ Ovids anzufügen sei.«³⁸

Die Meinungen gingen auseinander, und es hatte den Anschein, als werde Claudius mit seinem Antrag durchkommen. Denn Herkules, der sah, daß *sein* Eisen im Feuer war, lief bald hierhin, bald dorthin *manus manum lavat* und sagte: »Neide mir bitte nicht den Erfolg; meine Sache steht auf dem Spiel. Wenn du ein andermal was von mir willst, werde ich mich revanchieren: Eine Hand wäscht die andere!«

»Den da wollt ihr zum Gott machen?« -- Eine
Abrechnung

Darauf erhob sich der göttliche Augustus, der jetzt an der Reihe
war, seine Meinung zu sagen, und legte mit größter Beredsamkeit
folgendes dar:
»Ich habe euch, Senatoren, als Zeugen, daß ich, seitdem ich zum
Gott gemacht worden bin, kein einziges Wort gesagt habe: Stets
kümmere ich mich nur um meine Angelegenheiten. Aber ich kann
nicht mehr länger so tun, als ginge mich das alles nichts an, und
ich kann auch meinen Schmerz, den mir die Selbstachtung noch
drückender macht, nicht mehr bezähmen.
Dazu habe ich nun zu Wasser und zu Lande Frieden geschaffen?
Darum die Bürgerkriege zu Ende gebracht? Darum die Stadt auf
Gesetze gegründet, mit öffentlichen Bauwerken geschmückt, nur
um ... – mir fehlen, Senatoren, die Worte. Alle Formulierungen
sind zu schwach, um meine Entrüstung auszudrücken. Ich muß
deshalb Zuflucht nehmen zu jenem berühmten Wort des Messala
Corvinus, dieses überaus beredten Mannes: ›Es ist eine Schande für
das Reich!‹[39] Dieser Mensch, Senatoren, der vor euch den Eindruck erweckt, als könne er keiner Fliege etwas zuleide tun, hat
Menschen so einfach umgebracht, wie ein Hund das Bein zum Pinkeln hebt. Aber was soll ich über die vielen bedeutenden Männer
sagen, die zu seinen Opfern wurden? Mir bleibt gar keine Zeit,
seine öffentlichen Massaker zu beklagen, wenn ich das Leid ansehe,
das er über meine eigene Familie gebracht hat. Ich will deshalb über
das erste gar nichts sagen, sondern nur über das letzte sprechen[40]:
Der, den ihr da seht, der sich so viele Jahre lang hinter meinem
guten Namen verschanzt hat[41], der hat es mir dadurch gedankt,
daß er meine beiden Urenkelinnen mit Namen Julia umbringen
ließ, die eine durch den Henker, die andere durch Hunger, außerdem meinen Urenkel L. Silanus. Du kannst es dir ja anschauen,
Jupiter, ob es sich um eine üble Sache handelt, jedenfalls war es
eine, die auch dich angeht, wenn du künftig noch gerecht sein
willst.[42] Sag mir, göttlicher Claudius, weshalb hast du jeden von
denen, die du, ob Mann, ob Frau, hast umbringen lassen, verurteilt, bevor du eine gerichtliche Untersuchung eingeleitet, ja
bevor du sie überhaupt erst angehört hast?[43] Wo ist solch ein Vorgehen üblich? Im Himmel jedenfalls nicht!

Das öffentliche Wohl ist das oberste Gesetz (Cicero de leg. III 3,8)

Schau dir Jupiter an, der schon so viele Jahre regiert! Er hat bisher lediglich dem Vulcan ein Bein gebrochen, als er ihn, ›beim Fuß ihn packend, hinabwarf von der göttlichen Schwelle‹.[44] Einmal war er zornig auf seine Gattin und hat sie gefesselt im Äther aufgehängt[45] – aber hat er sie etwa umgebracht? Du aber hast Messalina, deren Urgroßonkel ich ebenso war wie der deine, umbringen lassen.[46] ›Ich weiß von nichts‹, sagst du? Fluch der Götter über dich: Daß du keine Ahnung hattest, ist noch schändlicher, als daß du sie ermorden ließest![47]

Ist der Ruf erst ruiniert . . .

Den Kaiser Caligula ahmte er noch nach, als der schon tot war. Jener hatte seinen Schwiegervater ermordet; dieser hier brachte auch noch seinen Schwiegersohn um. Caligula untersagte es, den Sohn des Crassus ›den Großen‹ zu nennen; dieser hier gab ihm den Namen wieder – und nahm ihm den Kopf. In ein und demselben Haus ließ er Crassus, Magnus und Scribonia umbringen; die waren zwar keinen Pfennig wert, aber entstammten immerhin altem Adel. Ja, Crassus war überdies ein solcher Einfaltspinsel, daß er sogar einen Kaiser hätte abgeben können!

. . . lebt es sich ganz ungeniert

Den da wollt ihr jetzt zum Gott machen?! Seht doch bloß seinen Körper an, den die Götter im Zorn erschufen! Kurz und gut: Wenn er es fertigbringt, auch nur drei Wörter schnell hintereinander zu sprechen, dann mag er mich sogar als Sklaven abführen!

Wer wird so einen als Gott verehren? Wer wird an ihn glauben? Wenn ihr solche Jammergestalten zu Göttern macht, wird euch niemand mehr für Götter halten. Kurz und gut, Senatoren: Wenn ich mich in diesem Hohen Hause ehrenhaft verhalten habe, wenn ich niemandem zu deutlich meine Meinung gesagt habe, dann rächt das viele Unrecht, das ich durch ihn erlitten habe! Nach meinem Dafürhalten stelle ich folgenden Antrag«, und so las er ihn von seinem Notizblock ab[48]:

»Da der göttliche Claudius seinen Schwiegervater Appius Silanus ermorden ließ, außerdem seine beiden Schwiegersöhne Magnus Pompeius und L. Silanus, ebenso den Schwiegervater seiner Tochter, Crassus Frugi, einen Kerl, der ihm so ähnlich war wie ein Ei dem anderen, ferner Scribonia, die Schwiegermutter seiner Tochter, seine Frau Messalina und all die vielen anderen, deren Zahl nicht

◁ Abb. 29 Panzerstatue des Augustus

zu ermitteln war – deshalb stelle ich den Antrag, ihn streng zu bestrafen und ihm keinerlei Prozeßaufschub zu gewähren, ihn möglichst schnell abzuschieben, und zwar so, daß er den Himmel innerhalb von dreißig Tagen, den Olymp innerhalb von drei Tagen zu verlassen hat.«[49]

Diesem Antrag wurde beigepflichtet. Und unverzüglich packt Merkur ihn am Kragen und schleppt ihn aus dem Himmel in die Unterwelt, »von wo, wie man sagt, niemand zurückkehrt«.[50]

JUBELTRAUER IN ROM

Während die beiden die Heilige Straße hinabgehen[51], fragte Merkur, was der Menschenauflauf zu bedeuten habe. Ob das etwa das Begräbnis des Claudius sei? Tatsächlich, es war das prächtigste von allen, aufwendig gestaltet, damit man deutlich merkte, daß ein Gott bestattet wurde: Eine so große Schar von Posaunisten und Hornisten sowie von Blechbläsern jeder Art, ein so gewaltiges Krach-Konzert, daß selbst Claudius es hören konnte.

Alle waren freudig erregt, heiter: Das römische Volk ging spazieren, als wäre es endlich frei. Agatho und ein paar wenige Winkeladvokaten weinten, aber so richtig aus vollem Herzen. Die wahren Juristen aber traten aus ihren dunklen Verstecken hervor, bleich, abgemagert, halbtot, als ob sie jetzt erst langsam wiederauflebten.[52] Als einer von denen sah, wie die Winkeladvokaten die Köpfe zusammensteckten und ihr Schicksal bejammerten, trat er auf sie zu und sagte: »Ich hab's euch ja immer wieder prophezeit: Die Saturnalien werden nicht ewig dauern«.[53]

Nunc est bibendum

Wie nun Claudius sein eigenes Begräbnis sah, da begriff er endlich, daß er tot war, denn ein gewaltiger Chor sang in Anapästen den Trauergesang:

Vor Tränen zerfließt, in Klagen brecht aus,
von Trauergesang das Forum erschall'!
Es sank uns dahin ein strahlender Held,
kein anderer war je ringsum auf der Welt
noch tapfrer als er.
In rasendem Lauf, da hat er's geschafft:
Hat die Schnellsten besiegt[54] und die Partherrebelln[55],
die hat er zersprengt und mit leichtem Geschoß
auch die Perser verjagt; und mit sicherer Hand

seinen Bogen gespannt, der dem stürzenden Feind
mit kaum sichtbarer Wund' seinen Körper durchbohrt'
und das bunte Gewand eines Meders, der flieht.
Dem britannischen Volk[56],
für uns unbekannt,
weit hinter dem Meer,
dem brigantischen Stamm[57]
mit dem bläulichen Schild
zu beugen den Hals unter Ketten von Rom
gebot er und auch, daß erzittert das Meer
unter neuem Gesetz des römischen Beils.[58]
Ach, beweinet den Mann, der wie keiner so schnell
bei Prozessen entschied, wobei eine Partei
er hörte auch nur oder öfter sogar
auch keine. Wer wird nunmehr Richter uns sein
und Streitfälle hör'n jeder Zeit im Jahr?
Sieh, er weicht dir schon und verläßt seinen Sitz,
der dem schweigenden Volk Gesetz spricht und Recht:
König Minos, der einst hundert Städten gebot.[59]
Ach, schlagt eure Burst mit trauriger Hand,
Advokatengezücht, ihr käufliche Brut!
Und es klage nun auch, wer ein Modepoet[60],
und besonders auch ihr, die ihr großen Gewinn
mit der Würfel Entscheid aus dem Glücksbecher zogt.[61]

Claudius war hoch erfreut über diese Lobeshymnen und wollte noch länger zuschauen. Doch Talthybios, der Götterbote[62], packt ihn und zerrt ihn mit verhülltem Kopf, damit ihn keiner erkennen könne, über das Marsfeld. Zwischen Tiber und Via Tecta steigt er mit ihm in die Unterwelt.

Abgang Claudius

»ALLES IST VOLL VON FREUNDEN!«
BEGEISTERTE AUFNAHME IN DER UNTERWELT

Auf einem Abkürzungsweg war der Freigelassene Narcissus schon vorausgeeilt, um seinen Patron zu empfangen. Geschniegelt, wie er vom Bad war[63], lief er ihm entgegen und fragte: »Was suchen die Götter bei den Menschen?« »Voran«, erwiderte Merkur, »und melde gefälligst, daß wir kommen!«

Kaum hat er diese Order erhalten, da stürzt er schon davon: Alles ist abschüssig; der Weg nach unten fällt nicht schwer. Obwohl er heftig an Gicht litt, gelangte er deshalb in Sekundenschnelle zur Pforte des Unterweltherrschers Pluto, wo der Cerberus lag, oder, wie Homer sagte, »das hundertköpfige Ungeheuer«. Es brachte ihn ein bißchen aus der Fassung – er war ja nur daran gewöhnt, sein weißes Schoßhündchen zu tätscheln –, als er den schwarzen, zottigen Hund sah, dem man gewiß nicht im Dunkeln begegnen möchte. Dann aber rief er mit lautstarker Stimme: »Claudius kommt!« Unter Beifallklatschen kommen sie da alle heraus und jubilieren: »Da ist er ja! Nun freun wir uns!«[64]

Da waren der designierte Konsul C. Silius, der ehemalige Prätor Sex. Traulus, M. Helvius, Trogus, Cotta, Vettius Valens und Fabrius – lauter römische Ritter, die Narcissus hatte hinrichten lassen. Inmitten dieser Jubelschar stand der Pantomime Mnester, den Claudius aus kosmetischen Gründen einen Kopf kürzer gemacht hatte.[65]

Sie alle eilen zu Messalina – es hatte sich schnell herumgesprochen, daß Claudius gekommen sei –, allen voran die Freigelassenen Polybius, Myrus, Herpocras, Amphaeus und Pheronactus, die Claudius samt und sonders, um nicht irgendwo ohne Diener auskommen zu müssen, vorausgeschickt hatte. Des weiteren die beiden Präfekten Iustus Catonius und Rufrius Pollio sowie seine Freunde Saturninus Lusius, Pedo Pompejus, Lupus und Celer Asinius, alles ehemalige Konsuln, und zu guter Letzt die Tochter seines Bruders, die Tochter seiner Schwester, Schwiegersöhne, Schwiegerväter, seine Schwiegermutter; mit einem Wort: alle seine Blutsverwandten. Sie formieren sich zu einer Prozession und ziehen Claudius entgegen. Als er sie erblickt, ruft Claudius aus: »Alles ist voll von Freunden![66] Wie seid ihr denn alle hierhin gekommen?«

Großes Protokoll

Darauf Pedo Pompejus: »Was sagst du da, du Ausbund an Grausamkeit? Du fragst noch, wie? Wer anders soll uns denn hierhin geschickt haben als du, du Mörder aller Freunde? Los, jetzt geht's vors Gericht! Ich werde dir gleich zeigen, wo hier die Richter sitzen!«

◁ *Abb. 30 Unterwelt. Volutenkrater eines Nachfolgers des Lykurgos-Malers*

Tribunal in der Unterwelt: Vom Kaiser zum Büttel

Er bringt ihn vor das Tribunal des Aeacus.⁶⁷ Der führt die Untersuchung nach dem Cornelischen Gesetz über Meuchelmörder. Pedo beantragt, als Kläger zugelassen zu werden, und legt seine Anklageschrift vor: Ermordet worden seien 35 Senatoren, 221 römische Ritter, an sonstigen Bürgern »soviel wie Sand am Meer«.⁶⁸ Einen Rechtsbeistand findet Claudius nicht. Schließlich tritt P. Petronius vor, ein alter Tafelgenosse von ihm und einer, der in der Claudius-Sprache Experte ist, und fordert einen Aufschub, um einen Rechtsbeistand zu besorgen. Abgelehnt. Pedo Pompejus vertritt unter großem Beifallsgeschrei die Anklage. Schon schickt sich Petronius an, als Anwalt zu antworten. Aeacus, die Gerechtigkeit in Person, verbietet ihm das, verurteilt Claudius, nachdem er nur die eine Seite gehört hat, und sagt: »Was er getan, das erleid' er, und gleiches Recht widerfahr' ihm!«⁶⁹

Wie du mir . . .

Da wurde es totenstill. Alle waren wie vom Donner gerührt ob dieses unerhörten Vorgehens. Dergleichen, meinten sie, sei noch nie geschehen. Claudius schien das alles eher unbillig als neu. Über die Art der Bestrafung wurde lange diskutiert, was er denn nun erleiden solle. Einige meinten, Sisyphus habe seine Last lange genug getragen, Tantalus werde vor Durst vergehen, wenn ihm nicht geholfen würde, und irgendwann müsse doch auch das Rad des armen Ixion zum Stillstand kommen.⁷⁰

Abb. 31   Sisyphus, den Stein wälzend. Halsamphora

Abb. 32   Aeacus, der Richter der Unterwelt. Vasenbild

Das fand aber keine Mehrheit, damit nicht, wenn man einen der alten Büßer erlöse, auch Claudius dereinst etwas Ähnliches erhoffe. Man beschloß, es müsse eine ganz neue Strafe eingeführt werden. Man müsse sich für ihn eine völlig sinnlose Mühe ausdenken, die trügerische Hoffnung einer seiner früheren Leidenschaften – aber ohne jedes Ergebnis. Daraufhin verordnet ihm Aeacus das Würfelspiel mit einem durchlöcherten Becher. Und schon fing er an, die

Würfeln à la Sisyphus

stets entfallenden Würfel aufzusammeln, ohne indes zum Wurf zu kommen:
> Jedesmal, wenn er gewillt, zu würfeln aus schepperndem Becher,
> fielen heraus beide Würfel; es fehlte einfach der Boden.
> Wagt' er's erneut, die aufgesammelten Würfel zu werfen –
> immer zu spielen bereit und stets doch nach ihnen nur greifend,
> täuschten sein Hoffen sie wieder; es flieht und entgleitet
>   der Würfel
> durch seine Finger sogar, betrügt ihn mit Diebeshand stetig:
> So, wenn der Gipfel des Berges zum Anfassen bald schon ist nahe,
> rollt nach vergeblichem Wälzen vom Nacken des Sisyphus
>   Steinlast.

Da erschien plötzlich Kaiser Caligula und beanspruchte ihn als Sklaven. Er ließ Zeugen auftreten, die gesehen hatten, wie er ihn mit Peitschenhieben, Ruten und Ohrfeigen traktiert hatte.[71] Er wird deshalb dem Caligula zugesprochen, der schenkt ihn dem Aeacus. Der übergibt ihn wiederum seinem Freigelassenen Menander, damit er als Büttel bei Gericht diene.[72]

Per aspera ad astra

ANMERKUNGEN

[1] 13. 10. 54: Todestag des Claudius. Noch am selben Tag wurde er durch Senatsbeschluß vergöttlicht.

[2] Hoffnung Senecas auf einen tatsächlichen Neubeginn unter Nero, dem Nachfolger des Claudius.

[3] Auslassung. Im folgenden berichtet Seneca von seinem angeblichen Gewährsmann. Nach einer poetischen Umschreibung des Oktobers fährt er fort:

[4] Ionier: Merkur war für seinen Einfallsreichtum, seine Flexibilität und seine Sprachgewandtheit bekannt; Claudius wird dagegen im folgenden als linkischer Tölpel und Stammler gezeichnet.

[5] Schicksalsgöttinnen, die den Lebensfaden spinnen und schließlich abschneiden.

[6] Anspielung auf eine Bemerkung der Mutter des Claudius, sie habe »eine Mißgeburt von Mensch zur Welt gebracht, die von der Natur nicht vollendet, sondern nur angefangen« worden sei (Suet. Claud. 3,2).

[7] Zitat aus Verg. Georg. IV 90.

[8] Claudius war großzügig mit der Verleihung des römischen Bürgerrechts an Bewohner der Provinzen gewesen; das behagte manchem nicht, der um die Privilegien und die Exklusivität dieses Rechtsstatus fürchtete.

[9] Augurinus ist nicht näher bekannt; einen Baba erwähnt Seneca an anderer Stelle (ep. mor. 15,9) als Prototyp des Dummkopfs; die Anfangsbuchstaben der drei signalisieren wohl eine Art ABC der Dummheit.

[10] Auslassung. Die folgenden Verse stellen eine Eloge auf den neuen Kaiser Nero

dar, der als Bringer glücklicher Zeiten gefeiert wird. Ihm schenkt die zuständige Parze viele Jahre . . .

[11] Zitat eines Euripides-Verses (frg. 449, v. 4 Trag. Graec. Fragm. ed. Nauck)
[12] Antike Historiker und Biographen überlieferten gern die letzten Worte bedeutender Persönlichkeiten.
[13] Die zwölf Arbeiten des Herkules waren kanonisch.
[14] Formelhafter, geradezu abgedroschener Homer-Vers (z. B. Od. I 170).
[15] Claudius verfaßte eine Reihe philologischer Arbeiten und Geschichtswerke, darunter eine »Etruskische Geschichte« in 20 Büchern.
[16] Hom. Od. IX 39. Verspottung der Angewohnheit des Claudius, häufig Griechisch zu sprechen und Homer zu zitieren.
[17] Hom. Od. IX 40.
[18] Claudius war von seiner Frau Agrippina vergiftet worden; als offizielle Todesursache wurde anscheinend Fieber genannt.
[19] Claudius war von Kindheit an kränklich.
[20] Caesars Statthalter Plancus gründete Lyon im Jahre 43 v. Chr.
[21] Anspielung auf die traumatische Eroberung Roms durch die Gallier im Jahre 387 v. Chr.
[22] Freigelassener Caesars, der die Provinz als Statthalter hemmungslos ausbeutete.
[23] Herkules als bekannter mythologischer »Weltenbummler«.
[24] Troja lag am Xanthos.
[25] Claudius galt als Marionette seiner mächtigen Minister, die durchweg Freigelassene waren.
[26] Nicht näher bekannte sprichwörtliche Wendung. Bedeutung wohl: Im Himmel gelten andere Gesetzmäßigkeiten als auf der Erde.
[27] Auslassung: Monolog des Herkules in einer »tragischen« Partie.
[28] Wortspiel: Gallus heißt »Hahn« und »Gallier«.
[29] Anspielung auf die Leidenschaft des Claudius, zu Gericht zu sitzen – selbst in den heißen Monaten, in denen gewöhnlich Gerichtsferien waren.
[30] Die Reinigung der Augias-Ställe gehört zu den kanonischen Arbeiten des Herkules.
[31] Die Überlieferung enthält hier eine Lücke. In der entsprechenden Passage muß es Claudius gelungen sein, Herkules als Bürgen zu gewinnen. Beide kommen zur Götterversammlung, wo – nach den im römischen Senat üblichen Verfahrensweisen – der Antrag des Claudius verhandelt wird, unter die Götter aufgenommen zu werden. Der Text setzt dann wieder ein mit der Rede eines namentlich nicht bekannten Gottes. Die turbulente Debatte veranlaßt Jupiter nach einiger Zeit dazu einzugreifen.
[32] Satirische Überzeichnung der vergleichsweise geringen Bedeutung des Konsulats in der Kaiserzeit.
[33] Tempel und Bogen des Janus lagen auf dem Forum Romanum.
[34] Homer-Zitat (Il. VI 142).
[35] Diespiter war zwar eine alte italische Gottheit, spielte aber im römischen Staatskult keine nennenswerte Rolle mehr.
[36] Das Ohr galt als Sitz des Gedächtnisses.
[37] Zitat wahrscheinlich aus einer Satire des Lucilius; Charakterisierung des Claudius als genügsamer »Rübenfresser«, der dem »Altrömer« Romulus im Himmel Gesellschaft leisten kann.

³⁸ Ovid beschreibt in seinem Werk u. a. die Vergöttlichung des Romulus und die Caesars und weist auf die zu erwartende Apotheose des Augustus hin.
³⁹ Wahrscheinlich eine Äußerung, die Messala *gegen* Augustus gemacht hatte.
⁴⁰ Kurze Auslassung wegen einer Textverderbnis.
⁴¹ Die kaiserliche Titulatur lautete: Tiberius Claudius Caesar Augustus Germanicus.
⁴² Üble Sache: Anklage wegen einer inzestuösen Beziehung zu seiner Schwester. Hintergrund: Jupiters Gattin Juno war seine Schwester.
⁴³ Die Willkürjustiz des Claudius wird auch von seinem Biographen Sueton (Claud. 29) angeprangert.
⁴⁴ Homer-Zitat (Il. I 591). Jupiter bestrafte Vulcan, als er seiner Mutter Juno beistehen wollte, indem er ihn aus dem Himmel warf. Beim Aufprall auf die Insel Lemnos brach sich Vulcan ein Bein.
⁴⁵ Aus Zorn darüber, daß Juno Herkules immer neue Schwierigkeiten bereitete.
⁴⁶ Der Freigelassene Narcissus ließ Messalina, die Claudius' dritte Frau gewesen war, mit Zustimmung des Kaisers ermorden.
⁴⁷ Anspielung auf die Zerstreutheit und Geistesabwesenheit, mit der Claudius auf die Todesnachricht reagiert haben soll.
⁴⁸ Anspielung auf die Gewohnheit des Augustus, wichtige Reden und Ankündigungen vorher schriftlich zu fixieren (Suet. Aug. 84).
⁴⁹ Analogie zum römischen Ausweisungsverfahren: Kürzere Frist, um Rom, etwas längere Zeit, um Italien zu verlassen.
⁵⁰ Catull-Zitat (c. 3, 12).
⁵¹ Auf dem Forum Romanum.
⁵² Erneuter Hieb gegen die Willkürjustiz des Claudius.
⁵³ Das Saturnalienfest im Dezember, an dem u. a. die Herren die Sklaven bewirteten, als Bild für die verkehrte Welt unter der Regierung des Claudius.
⁵⁴ Sarkastische Anspielung auf die Lahmheit des Claudius.
⁵⁵ Die militärischen Leistungen des Claudius im Kampf gegen die Parther waren nicht gerade überzeugend.
⁵⁶ »Claudius unterwarf ohne Schwertstreich und Blutvergießen binnen weniger Tage einen Teil der Insel« (Suet. Claud. 17).
⁵⁷ Der nordenglische Stamm der Briganten wurde erst von Vespasian (69–79 n. Chr.) unterworfen.
⁵⁸ Anspielung auf die Schiffskrone, die Claudius zur Erinnerung an die »Bezwingung des Ozeans« am Giebel seines Palastes hatte anbringen lassen.
⁵⁹ Minos, der legendäre Herrscher über das »hundertstädtige Kreta«, galt als Totenrichter in der Unterwelt.
⁶⁰ Zeitgenössische Dichter, die sich der Gunst des – literarisch ambitionierten – Claudius erfreut hatten.
⁶¹ Claudius war ein notorischer Würfelspieler; er verfaßte sogar eine Abhandlung über das Würfelspiel.
⁶² Talthybios: Eigentlich der Bote Agamemnons und der Griechen vor Troja.
⁶³ Einflußreicher Freigelassener des Claudius (vgl. Anm. 46). Er wurde bald nach Claudius' Tod im Kurbad Sinuessa umgebracht.
⁶⁴ Parodie auf eine liturgische Formel aus dem Osiris-Kult.
⁶⁵ Der »schöne Mnester« war Liebhaber der Messalina; er mußte nach deren Ermordung »aus Gründen des guten Geschmacks« – so die zweite mögliche Übersetzung anstelle »aus kosmetischen Gründen« – ebenfalls sterben.

Statt Gründen genüge mein Wille (Iuv. Sat. 6,223)

66 Abwandlung einer Thales-Sentenz: »Alles ist voll von Göttern«.
67 Unterweltsrichter, der wie ein römischer Prätor verfährt.
68 Homer-Zitat (Il. IX 385).
69 Hesiod-Zitat (frg. 174): Aeacus macht sich die Gerichtspraxis des Claudius zueigen.
70 Die großen Büßer der Unterwelt, denen ewig währende Strafen auferlegt waren.
71 Anspielung auf die herabsetzende Behandlung des Claudius durch seinen Vorgänger Caligula.
72 Claudius bleibt damit im Bereich seines geliebten Gerichtswesens, allerdings in völlig einflußloser, subalterner Position.

Petrons »Satyrica«

Ein Schelmenroman als Sittengemälde

Eine feine Gesellschaft ist das, in die Enkolp und seine beiden Begleiter da hineingeraten sind: An der Tafel des Trimalchio scheint sich eingefunden zu haben, was neureich und geschmacklos, dümmlich und vergnügungssüchtig ist. Eine Runde indes, die dem Gastgeber kongenial ist: Trimalchio, einst Sklave, der sich durch treue Dienste bei seinem früheren Herrn und noch treuere bei seiner früheren Herrin lieb Kind gemacht hat, dafür durch testamentarische Verfügung seines Besitzers nicht nur freigelassen worden ist, sondern auch noch die Hälfte seines Vermögens geerbt hat, hat sich durch Glück und Geschick bei Handelsgeschäften weiter hochgearbeitet und hat es mittlerweile zum Multimillionär gebracht, der das Geld gar nicht so schnell ausgeben kann, wie neues hereinströmt.

Der Aufsteiger Trimalchio ist stolz darauf, es geschafft zu haben. Der ehemalige Sklave als Herr über eine wahre Armee von Unfreien, der einstige Habenichts als schwerreicher Unternehmer und Großgrundbesitzer – ein Traum ist wahr geworden. Für die Sensibleren unter den Gästen Trimalchios erscheint allerdings vieles davon wie ein ständiger, über Stunden sich hinziehender Alptraum. Denn der Hausherr nutzt sein festliches Gelage hauptsächlich dazu, seine Gäste als Statisten in einem wohlinszenierten Stück zu mißbrauchen, in dem im Grunde nur eine Rolle besetzt ist – seine eigene. Der Inhalt dieses Stückes: Protzerei und Ignoranz auf vielfältige, unterhaltsame Weise. Trimalchio hat keine Scheu, sich auf Kosten seiner Bediensteten ebenso zu profilieren und zu amüsieren wie auf Kosten seiner Gäste. Mal überrascht er die Tafelgesellschaft mit schockierenden Einfällen in der Präsentation der Speisen, mal schwadroniert er in pseudophilosophischen Ergüssen über Gott und die Welt, wobei er seine Erkenntnisse unabsichtlich mit manchem Grammatikfehler garniert, mal platzt ihm der Kragen, und der

Mann der scheinbar feinen Bildung wirft mit unflätigen Verbalinjurien während eines handfesten Ehekrachs nur so um sich, und schließlich gipfelt das Ganze in der alkoholumnebelten, peinlichen »Simulation« von Trimalchios eigenem Begräbnis. Nicht genug damit, daß er sein Testament vom ersten bis zum letzten Buchstaben verliest; er befiehlt auch noch einem Hornistenorchester, ein Trauerständchen auf ihn darzubringen (»Tut so, als ob ich tot wäre«) – wobei der ohrenbetäubende mitternächtliche Lärm *ein* Gutes hat: Irgendein Nachbar alarmiert die Feuerwehr, und als die sich mit Gewalt in das vermeintlich brennende Haus Eintritt verschafft, findet die unsägliche Party des Trimalchio ihr abruptes Ende.

Die »Cena Trimalchionis« ist das Herzstück eines nur teilweise erhaltenen Schelmenromans »Satyrica«, den der römische Schriftsteller C. Petronius Arbiter im 1. Jahrhundert n. Chr. geschrieben hat. Die Handlung spielt im süditalischen, stark von seinen griechischen Bewohnern geprägten Raum. Gleichwohl läßt sich das Sittengemälde, das hier in ebenso amüsanter wie oftmals drastischer Beschreibung vor den Augen des Lesers entsteht, durchaus verallgemeinern. Petron hält der »feinen« Gesellschaft seiner Zeit ihren Spiegel vor, er entlarvt die Inhaltslosigkeit ihrer Tischgespräche, ihre Renommier- und Prunksucht, ihren Hang zu sinnlosem Tafelluxus. In der zugegebenermaßen extremen Zuspitzung, wie sie sich in der Gestalt und im Gehabe Trimalchios zeigt, liegt auch ein zeitkritischer Ansatz: Die unfreiwillige Selbst-Decouvrage des Protz-Parvenus mag so auch auf eine »erzieherische« Absicht Petrons zurückgehen.

Harmlos bericht' ich ja nur, was schließlich jedermann treibt (Petron über Petron)

Im Vordergrund steht jedoch der unterhaltende Aspekt. Die »Cena« ist – ebenso wie das Gesamtwerk – ein Stück Unterhaltungsliteratur im besten Sinne, ein Feuerwerk von witzigen Einfällen, sprachlich brillant in einem Latein geschrieben, das der Umgangssprache nahekommt, eine von Ironie triefende Satire, dabei gewissermaßen fest in der Alltagswirklichkeit der sozialen und gesellschaftlichen Verhältnisse der frühen Kaiserzeit verankert.

Und nicht nur das! Was der »anmutigste und übermütigste Spötter, unsterblich gesund, unsterblich heiter und wohlgeraten« – so F. Nietzsche über den Autor der »Cena« – da zu Papier gebracht hat, hat seine Aktualität bis heute nicht eingebüßt. Wenn auch wir noch über Trimalchio und seine Gesellschaft schmunzeln können, so nicht zuletzt deshalb, weil auch wir uns in manchen Szenen der

»Cena« wiedererkennen – natürlich nicht uns selbst, aber doch die anderen um uns herum.

Das Gastmahl des Trimalchio

Prätentiöser Auftakt eines Festschmauses

Während wir niedergeschlagen überlegten, wie wir dem bevorstehenden Sturm entgehen könnten, platzte ein Sklave des Agamemnon in die ängstliche Runde und sagte: »Was ist mit euch? Wißt ihr nicht, bei wem heute abend was los ist? Trimalchio, ein piekfeiner Mann – der hat in seinem Speisesaal eine Uhr und einen Hornbläser in vollem Ornat, damit er jederzeit weiß, wieviel er von seinem Leben verloren hat.« Also dachten wir nicht mehr an all unsere Probleme, zogen uns sorgfältig an und forderten Giton, der mit Begeisterung die Funktion eines Sklaven versah, auf, uns ins Bad zu folgen.

Noch angezogen, begannen wir, herumschlendern oder vielmehr herumzuschäkern und uns hier und da zu Grüppchen von Badegästen zu gesellen, als wir plötzlich einen kahlköpfigen Alten sehen, wie er, mit einer roten Tunica bekleidet, in einer Gruppe langmähniger Burschen Ball spielt. Es waren nicht so sehr die Burschen, die unsere Aufmerksamkeit erregt hatten – obwohl auch sie es gelohnt hätten –, als vielmehr der Hausherr selbst, der in Sandalen mit grünen Bällen trainierte. Dabei hob er keinen wieder auf, der zur Erde gefallen war, sondern ein Sklave stand mit vollem Ballbeutel dabei und versorgte die Spieler daraus. Wir bemerkten auch noch weitere ungewöhnliche Dinge. Auf entgegengesetzten Seiten des Spielkreises standen nämlich zwei Eunuchen, von denen der eine einen silbernen Nachttopf hielt. Der andere zählte die Bälle – aber nicht etwa diejenigen, die beim Prellballspiel von Hand zu Hand flogen, sondern die, die auf den Boden fielen.

Als wir nun diese Finessen bewunderten, kam Menelaos angelaufen und rief: »Das ist er! Bei dem liegt ihr zu Tisch, und zwar seht ihr schon den Auftakt zum Festschmaus.« Menelaos redete noch, als Trimalchio mit den Fingern schnipste. Auf dieses Zeichen hin hielt der eine Eunuch ihm während des Spiels den Nachttopf unter. Als er seine Blase entleert hatte, rief er nach Wasser für seine Hände,

Im Stil des Hauses

bespritzte sich die Finger ein wenig und trocknete sie an den Haaren des Knaben ab.
Es würde zu weit führen, alle Einzelheiten zu schildern. Wir gingen also in die Baderäume, erhitzten unseren Körper im Schwitzbad und gingen unmittelbar darauf zum kalten Wasser weiter. Trimalchio, von Salböl überströmt, ließ sich schon abtrocknen, nicht mit Badetüchern, sondern mit Decken aus kuschelweicher Wolle. (...) Dann hüllte man ihn in einen scharlachfarbenen Flauschmantel und hob ihn in seine Sänfte. Vier Läufer mit Brustschilden liefen ihm voraus; voraus fuhr auch ein Wägelchen, auf dem sein Liebling saß, ein ältlicher Knabe, triefäugig, häßlicher noch als sein Herr. Während er nun nach Hause gebracht wurde, lief ein Musikant mit einer Mini-Flöte direkt an seinem Kopf nebenher und spielte, als ob er ihm heimlich etwas ins Ohr flüsterte, den ganzen Weg über.
Wir gehen, schon randvoll vor Bewunderung, hinterher und kommen zusammen mit Agamemnon an seiner Haustür an. An deren einem Pfosten war ein Schild mit folgender Aufschrift befestigt: »Jeder Sklave, der ohne Geheiß des Herrn nach draußen geht, erhält hundert Hiebe.«
Im Eingang selbst aber stand ein Portier in grüner Livree, mit einem kirschfarbenen Gürtel um die Hüften, und las in einer silbernen Schüssel Erbsen aus. Über der Schwelle hing ein goldener Käfig, aus dem eine scheckige Elster die Eintretenden begrüßte.
Im übrigen wäre ich fast, während ich das alles mit offenem Mund bestaunte, aufs Kreuz geschlagen und hätte mir die Beine gebrochen. Denn links, wenn man eintritt, war nicht weit von der Kammer des Türwächters entfernt ein riesiger Kettenhund auf die Wand gemalt und darüber in Großbuchstaben: »Vorsicht, bissiger Hund!« – Meine lieben Kollegen lachten zwar noch, ich aber ließ mich, nachdem ich mich von dem Schrecken erholt hatte, nicht davon abhalten, die gesamte Wand in Augenschein zu nehmen. Dargestellt war ein Trupp von Kaufsklaven mit Beischriften, und auch Trimalchio selbst, mit lang herabwallendem Haar, wie er mit dem Merkurstab in Händen und unter Minervas Führung in Rom einzog. In der nächsten Szene, wie er Buchhaltung lernte, dann, wie er Kassierer wurde – das alles hatte der umsichtige Maler mit Untertext wiedergegeben. Am Ende der Vorhalle war dargestellt, wie Merkur ihn unters Kinn packte und ihn auf eine hohe Tribüne hob. Zugegen waren dort auch die Schicksalsgöttin Fortuna mit überquellendem Füllhorn und die drei Parzen, die goldene Fäden spannen. (...)

Selbstinszenierung

Abb. 33 Wachhund. Mosaik aus Pompeji

Als wir gerade in den Speisesaal eintreten wollten, rief einer der jungen Sklaven, der extra dafür angestellt war, aus: »Mit dem rechten Fuß!« Natürlich kamen wir ein wenig ins Trippeln, damit bloß keiner von uns vorschriftswidrig die Schwelle überschritt. Als wir uns so im Gleichschritt bewegten, warf sich ein Sklave mit heruntergerissenem Gewand uns zu Füßen und begann zu bitten, wir möchten ihn vor seiner Strafe retten: Sein Vergehen sei wirklich nicht groß, dessentwegen er in tausend Ängsten schwebe. In der Badeanstalt sei nämlich die Kleidung des Kassierers gestohlen worden, die nicht einmal zehn Sesterzen wert gewesen sei. – Wir zogen also unsere Füße wieder zurück und versuchten, den Kassierer, der im Vorraum Goldstücke zählte, zu erweichen, dem Sklaven die Strafe zu erlassen. Da setzte der eine hochmütige Miene auf und erwiderte: »Es ist nicht so sehr der Verlust, der mich ärgert, als vielmehr die Schlampigkeit dieses nichtsnutzigen Sklaven. Er hat mich um mein Abendgewand gebracht, das mir ein Klient zum Geburtstag geschenkt hatte, natürlich aus tyrischem Purpur, allerdings schon einmal gewaschen. Na ja, was soll's? Ich schenk' ihn euch!«

Wir fühlten uns durch einen solch außerordentlichen Gnadenbeweis verpflichtet und betraten den Speisesaal. Dort lief uns eben

Wie der Herr, so 's Gescherr

jener Sklave in die Arme, für den wir uns eingesetzt hatten, und ließ zu unserer Verblüffung einen wahren Kußregen auf uns niedergehen und bedankte sich dabei für unsere Menschenfreundlichkeit. »Kurz und gut«, sagte er, »ihr werdet sogleich merken, wem ihr diesen Dienst erwiesen habt: Wein, wie ihn sonst nur der Herr trinkt, ist der Dank des Mundschenks.«

Die Show beginnt: Trimalchios Auftritt

Endlich legten wir uns also zur Tafel nieder. Knaben aus Alexandria übergossen uns die Hände mit schneegekühltem Wasser. Andere folgten und beschäftigten sich intensiv mit unseren Füßen; mit ungeheurer Gründlichkeit entfernten sie die eingewachsenen Nägel. Und nicht einmal bei dieser anstrengenden Beschäftigung verstummten sie, sondern sangen dabei die ganze Zeit. Ich wollte ausprobieren, ob wohl die gesamte Dienerschaft singe, und verlangte deshalb nach einem Getränk. Aufs dienstfertigste nahm sich ein Bursche meines Wunsches an, nicht ohne dabei eine schrille Melodie zu plärren. Und so ging das bei jedem, der um eine Handreichung gebeten wurde: Man hätte glauben können, in einem Pantomimen-Tingeltangel zu sein, nicht im Speisesaal eines Hausherrn. Doch wurde jetzt eine ausgesprochen delikate Vorspeise aufgetragen. Denn alle hatten sich schon zum Speisen gelagert, mit der einzigen Ausnahme des Trimalchio, für den nach ganz neuer Mode der Ehrenplatz freigehalten wurde. Übrigens stand auf dem Hors d'œuvre-Tablett eine Eselchen-Statuette aus korinthischer Bronze mit einem Quersack, der auf der einen Seite weiße, auf der anderen Seite schwarze Oliven trug. Flankiert wurde das Eselchen von zwei Schüsseln, auf deren Rand der Name des Trimalchio eingraviert war sowie das Silbergewicht. Aufgelötete Stege trugen Haselmäuse, die mit Honig und Mohn überstreut waren. Es gab auch heiße Würstchen, die auf einem silbernen Grill lagen, und darunter syrische Pflaumen mit zerlegten Granatäpfeln.

Trimalchio ante portas

Wir waren noch bei diesen Leckerbissen, als Trimalchio selbst unter den Klängen eines Orchesters hereingetragen wurde. Der Anblick, wie er da inmitten dick gepolsterter Kissen lag, reizte uns unwillkürlich zum Lachen; denn aus seinem scharlachroten Übermantel ließ er nur den kahlrasierten Kopf herausgucken, und um den Hals, von dem das Gewand schwer herabfiel, hatte er eine Serviette mit breiter roter Borde geschlagen, deren Fransen zu beiden Seiten herunterhingen. Auch trug er am kleinen Finger der linken Hand einen mächtigen, schwach vergoldeten Ring, am letzten Glied des nächsten Fingers aber einen kleineren, der, wie mir schien, aus massivem Gold, aber ganz mit aufgelöteten, wie Sternchen aus Eisen aussehenden Ornamenten übersät war. Und um nicht nur diese Schätze zur Schau zu stellen, entblößte er den rechten Arm, den ein goldenes Armband zierte sowie eine Elfenbeinspange mit funkelndem Verschluß.

Glücklich, wer fern den Geschäften (Hor. epod. 2, 1)

Nachdem er sich dann mit einem silbernen Federkiel in den Zähnen gestochert hatte, sagte er: »Freunde, eigentlich hatte ich noch gar keine Lust, in den Speisesaal zu kommen, aber um euch durch meine Abwesenheit nicht länger hinzuhalten, habe ich mir jedes Vergnügen versagt. Ihr erlaubt aber, daß ich mein Spiel beende.« Darauf erschien ein Knabe mit einem Spielbrett aus Terebinthenholz und kristallenen Würfeln, und dann wurde ich des apartesten Details überhaupt gewahr: Denn statt weißer und schwarzer Steinchen hatte er Gold- und Silberdenare. Während er nun beim Spiel alle Kraftausdrücke von Webergesellen durchging, wurde, während wir noch mit der Vorspeise beschäftigt waren, ein Tablett mit einem Korb hereingetragen, in dem eine Henne aus Holz mit kreisförmig

Abb. 34 Römische Spielwürfel

ausgebreiteten Flügeln saß, so wie man sie beim Brüten sehen kann. Augenblicklich traten zwei Sklaven hinzu und begannen unter einem Tusch des Orchesters das Stroh zu durchwühlen. In rascher Folge brachten sie Straußeneier zum Vorschein, die sie an die Gäste verteilten. Trimalchio wandte sich dieser Szene zu und sagte: »Freunde, ich habe der Henne Straußeneier unterlegen lassen. Und ich fürchte, beim Herkules, daß sie schon ausgebrütet sind. Wir wollen trotzdem probieren, ob sie sich noch schlürfen lassen.«
Wir bekommen Eierlöffel, die nicht weniger als ein halbes Pfund wiegen, und schlagen auf die Eier ein, die in dicken Mehlteig gehüllt sind. Ich allerdings hätte meines fast weggeworfen, denn es schien mir, als wäre es schon in ein Küken übergegangen. Als ich dann aber einen Stammgast sagen hörte: »Hier muß irgend etwas Gutes drin sein!«, schälte ich mit der Hand weiter und stieß auf eine saftig-fette Wachtel, die in gepfeffertem Eidotter eingelegt war.

Schon hatte Trimalchio sein Spiel beendet, sich von all dem geben lassen und uns unüberhörbar auf die Möglichkeit hingewiesen, man könne sich, wenn man noch wolle, ein zweites Mal Honigwein nachschenken lassen, als plötzlich das Orchester ein Zeichen gab und alle Vorspeisen gleichzeitig von einem Chor singender Sklaven abgeräumt wurden. Als nun in dem Durcheinander eine Schüssel versehentlich herabfiel und ein Bursche sie vom Boden aufhob, bemerkte Trimalchio das und ließ den Jungen mit Ohrfeigen bestrafen. Er befahl, die Schüssel wieder hinzuwerfen. Unmittelbar darauf erschien der Geschirrverwalter und machte sich daran, das Silber wie den übrigen Abfall mit einem Besen hinauszukehren. Darauf traten zwei Äthiopier mit lang herabwallendem Haar ein. Sie trugen winzige Schläuche wie die, mit denen man im Amphitheater den Sand zu besprengen pflegt, und gossen uns Wein über die Hände; denn Wasser bot hier keiner an.

... zumindest sein Würfel-Spiel

Als wir dem Hausherrn wegen seiner ausgefallenen Ideen Komplimente gemacht hatten, erwiderte er: »Mars liebt das gleiche Maß für alle. Deshalb habe ich angeordnet, jedem seinen eigenen Tisch zuzuweisen. Nebenbei bemerkt, wird uns so dieses stinkige Sklavenpack weniger stickige Luft durch sein Gedränge verursachen.« Im selben Augenblick wurden sorgfältig vergipste Glasamphoren herbeigebracht, auf deren Hälsen Etiketten mit folgender Aufschrift angebracht waren: »Falerner aus dem Konsulatsjahr des Opimius, 100 Jahre alt.« Während wir die Aufschriften studierten, schlug Trimalchio die Hände zusammen und rief aus: »Du meine

Güte, so ein Wein lebt also länger als ein Menschlein! Darum wollen wir uns ordentlich vollaufen lassen! Wein heißt Leben! Hier, echter Opimianer! Gestern habe ich nicht so guten kredenzen lassen, obwohl ich viel vornehmere Gäste hatte!« (. . .)

Geld über Geld . . .

Ich konnte keinen Bissen mehr essen, sondern wandte mich meinem Nachbarn zu, um möglichst viel mitzukriegen. Ich hole weit aus und erkundigte mich, wer die Frau sei, die kreuz und quer durch den Raum laufe. »Trimalchios Frau«, antwortete er, »sie heißt Fortunata, Geld mißt die scheffelweise. Und was war sie gerad eben noch? Dein Schutzgeist wird mir verzeihen: Aus deren Hand hättest du nicht mal ein Stück Brot genommen. Jetzt aber – keiner weiß, wieso und warum – ist sie in den Himmel aufgestiegen und ist Trimalchios ein und alles. Kurz und gut, wenn sie ihm am Mittag sagt, es sei tiefe Nacht: er glaubt's! Er selbst hat keine Ahnung, was er besitzt, so ungeheuer reich ist er. Aber dieses Luder kümmert sich um alles, ist da, wo man's nicht vermuten würde. Sie ist knochentrocken, nüchtern, hat gute Einfälle – das zeigt sich an der Menge des Goldes –, aber sie ist ein übles Klatschmaul, eine Sofaelster. Wen sie liebt, liebt sie; wen sie nicht liebt, liebt sie nicht. Trimalchio selbst besitzt Ländereien, so weit der Habicht fliegt, Geld über Geld. In der Kammer seines Türwächters liegt mehr Silber, als andere auf der Bank haben. Und seine Sklavenschar erst: Mein lieber Mann! Ich glaub, beim Herkules, nicht mal ein Zehntel von denen kennt ihren Herrn! Kurz und gut, von den Lebemännern hier kann der jeden in ein Rautenblättchen einwickeln. Und denk bloß nicht, er müsse irgend etwas kaufen. Alles gedeiht auf seinem Grund und Boden: Wolle, Zitronen, Pfeffer; willst du Hühnermilch, kannst du sie kriegen! Kurz und gut, er hatte mal Wolle, die ihm nicht gut genug war, da hat er Widder aus Tarent gekauft und sie mit seiner Herde gekreuzt. Um attischen Honig auf seinem eigenen Grund und Boden zu produzieren, ließ er Bienen von Athen herbeischaffen; nebenbei werden noch die einheimischen Bienchen von den griechischen Importschätzchen veredelt. Denk' mal: Gerade in den letzten Tagen hat er schriftlich Order gegeben, ihm aus Indien Champignonsamen zu schicken. Und was Maultiere angeht: Da hat er keines, das nicht von einem Wildesel abstammt. Die gan-

Reichtum ist der Nerv aller Handlungen (Diog. Laert. 4, 48)

zen Kissen, die du da siehst: Da ist keines dabei, das nicht eine Purpur- oder Scharlachfüllung hätte. Er hat einfach alles, was das Herz glücklich macht!
Und hüte dich, die übrigen da, seine Mitfreigelassenen, zu unterschätzen! Die sitzen dick drin! Sieh dir den an, der ganz hinten am letzten Tisch liegt: Heute hat der seine Achthunderttausend. Der hat ganz bei Null angefangen. Noch vor kurzem hat der nichts anderes getan, als Holz auf dem Buckel zu tragen. Aber, wie die Leute reden – ich selbst weiß nichts Genaues, hab's nur vom Hörensagen –: Er hätte einem Kobold die Mütze geklaut und einen Schatz drunter gefunden. Ich bin wahrhaftig auf niemanden neidisch, mit dem's irgendein Gott gut gemeint hat. Aber der Kerl da ist ein Protz, der meint's verdammt gut mit sich. So hat er neulich eine Anzeige mit folgendem Text veröffentlicht: ›C. Pompejus Diogenes vermietet ab 1. Juli eine Wohnung; er selbst hat sich nämlich ein Haus gekauft.‹
Oder der da, der auf dem Freigelassenen-Sitz liegt! Wie gut ist es dem ergangen! Ich will ihm ja nichts anhängen. Seine Million hat der gesehen, aber dann kam er ziemlich ins Wackeln. Ich glaub' nicht, daß der noch Haare auf dem Kopf hat, die ihm gehören, und, beim Herkules, ganz ohne seine Schuld. Es gibt nämlich keinen besseren Menschen als ihn da, aber seine verbrecherischen Freigelassenen – die haben sich alles untern Nagel gerissen. Merk' dir bloß: Der Topf von Partnern kommt schlecht zum Kochen, und wenn die Sache mal auf die schiefe Bahn abgeglitten ist, dann sind die Freunde durch die Mitte. Und was für einen anständigen Beruf hatte er, wenn du ihn jetzt so siehst! Er war Bestattungsunternehmer. Getafelt hat er stets wie ein König: Wildschwein im Schlafrock, feinstes Gebäck, Geflügel . . . Bei dem floß mehr Wein unter den Tisch, als andere im Keller haben. Ein Traum, kein Mensch! Auch dann noch, als es mit ihm bergab ging und er fürchtete, seine Gläubiger könnten ihn für bankrott halten, kündigte er eine Versteigerung unter der Annonce an: ›C. Julius Proculus veranstaltet eine Versteigerung seiner überflüssigen Sachen.‹«

Jeder hat mal groß angefangen

Abb. 35   Geflügel, Aale. Wandmalerei in Pompeji

Überraschungen, Aufmerksamkeiten und tiefsinnige Tischgespräche

Diese netten Geschichtchen unterbrach Trimalchio; denn schon war der Gang abgeräumt worden, und die Gäste hatten gutgelaunt angefangen, dem Wein zuzusprechen und allgemein miteinander zu plaudern. Auf den Ellbogen gelehnt, verkündete er: »Diesen Wein hier solltet ihr euch gut schmecken lassen. Fische müssen schwimmen. Ich bitte euch, glaubt ihr wirklich, ich gäbe mich mit dem Abendessen da zufrieden, das ihr vorher auf dem Tablettaufsatz gesehen habt? Kennt man so den Odysseus? Ja, da staunt ihr! Aber man muß auch beim Dinieren seine Klassiker im Kopf haben! Meinem früheren Herrn seine Gebeine mögen in Frieden ruhen: Er wollte, daß ich Mensch unter Menschen sei. Mir kann man nämlich nichts Neues mehr anbringen, das Speisetablett vorhin hat's ja gezeigt. Das Firmament hier, in dem die zwölf Götter wohnen, verwandelt sich in genauso viele Sternbilder. Als erstes kommt der Widder. Also hat jeder, der unter diesem Sternbild geboren wird, viele Schafe, viel Wolle, außerdem einen harten Schädel, eine schamlose Stirn und ein spitzes Horn. In großer Zahl kommen Schulmeister und Streithammel unter diesem Sternzeichen zur Welt.«

Wir rühmen den Esprit seiner astronomischen Bildung, deshalb fügt er hinzu: »Darauf wird der ganze Himmel zum Stierchen. So werden dann Trampel und Ochsenknechte geboren und Leute, die sich selbst weiden. In den Zwillingen aber werden Zweigespanne geboren und Rindviecher und Hodensäcke und welche, die beide Wände bestreichen. Ich bin im Krebs geboren. Deshalb stehe ich auf vielen Füßen, besitze vieles zu Lande und zu Wasser, denn der Krebs paßt hierhin und dorthin. Und deshalb habe ich schon lange nichts mehr auf ihn legen lassen, um meine Nativität nicht zu drücken. Im Löwen werden Freßsäcke geboren und Herrschsüchtige, in der Jungfrau Waschlappen und Ausreißer und Sträflinge, in der Waage Fleischer, Salbenhändler und alle, die etwas abwägen, im Skorpion Giftmischer und Meuchelmörder, im Schützen Schieläugige, die nach dem Kohl schauen und nach dem Speck greifen, im Steinbock die Trübsalbläser, denen vor lauter Schwierigkeiten Hörner wachsen, im Wassermann Kneipenwirte und Wasserköpfe, in den Fischen Delikateßwarenhändler und Rhetoren. So dreht sich die Welt wie eine Mühle, und stets geschieht irgendwas Schlimmes, entweder daß Menschen geboren werden oder daß sie sterben.«
(. . .)

»Ein wahrer Weiser!«, rufen wir alle, strecken die Hände zur Decke empor und schwören Stein und Bein, daß Hipparch und Arat an ihn nicht heranreichen. Dann erschienen wieder Diener auf der Bildfläche und breiteten vor unseren Polstern Teppiche aus, auf denen Netze gestickt waren sowie Jäger auf dem Anstand mit Jagdspießen und der ganze Jagdapparat. Noch wußten wir nicht, worauf wir unsere Vermutungen richten sollten, da erscholl außerhalb des Speisesaals gewaltiger Lärm, und unmittelbar darauf stürmten lakonische

Gehobenes Feuilleton

Farbtafel 4

Abb. 36 Jagdszenen in freier Natur . . . Mosaik aus der Villa bei Piazza Armerina (Ausschnitt)

Jagdhunde herein und begannen, sogar um den Tisch herumzurennen. Ihnen folgte eine Platte, auf der ein Keiler erster Größenordnung lag, und zwar mit einer Freiheitsmütze. An seinen Hauern hingen zwei Körbchen aus Palmbast, das eine mit syrischen, das andere mit ägyptischen Datteln gefüllt. Ringsherum aber waren winzige, aus Teig geformte Ferkel gelegt, als ob sie sich nach Zitzen drängten. So erweckten sie den Eindruck, als wäre eine Wildsau aufgetischt. Die Teigferkel waren als Aufmerksamkeiten für die Gäste zum Mitnehmen gedacht.

Im übrigen trat zum Zerlegen des Keilers nicht jener »Schneider« herbei, der das Geflügel tranchiert hatte, sondern ein bärtiger Riese, der die Schenkel mit Binden umwickelt hatte und mit einem Umhang aus Damast geschmückt war. Der zog seinen Hirschfänger und versetzte dem Eber einen heftigen Stoß in die Flanke, woraufhin aus dem Riß Drosseln aufflogen. Vogelfänger mit Leimruten

. . . und Jagdszenen im Speisezimmer

Abb. 37 ebd.

standen bereit, und in ganz kurzer Zeit fingen sie die um die Tische herumflatternden Vögel ein. Trimalchio ließ daraufhin jedem sein Vögelchen bringen und fügte hinzu: »Damit ihr euch auch anseht, was für delikate Eicheln die Wildsau da gefressen hat!« Im Nu eilten Sklavenjungen zu den Körbchen, die von den Hauern des Schweins herabhingen, und verteilten die ägyptischen und syrischen Datteln genau abgezählt an die Gäste.

In der Zwischenzeit stellte ich – ich hatte ja einen etwas abgelegeneren Platz – manch eine Überlegung an, warum wohl der Keiler mit einer Freiheitsmütze hereingekommen war. Nachdem ich so allen möglichen Unsinn abgehakt hatte, fuhr ich fort, meinen Dolmetscher von vorhin mit dem zu löchern, was mir Kopfzerbrechen bereitete. »Immer zu Diensten«, erwiderte er, »das kann ich dir genau sagen; es ist nämlich gar kein Rätsel, sondern völlig klar. Dieser Keiler ist, als er gestern als Clou des Diners dienen sollte, von den Gästen entlassen worden; deshalb kehrt er heute wie ein Freigelassener zur Tafel zurück.« Ich verfluchte meine Begriffsstutzigkeit und stellte keine weitere Frage, damit es nicht so aussähe, als hätte ich noch nie inmitten feiner Leute gespeist. (. . .)

Nach diesem Gang stand Trimalchio auf und ging aufs Klo. Nachdem wir so unsere Freiheit ohne den Tafeltyrannen erlangt hatten, begannen wir, uns ungezwungen zu unterhalten. Dama machte, nachdem er einen größeren Becher verlangt hatte, den Anfang: »Ein Tag«, sagte er, »ist nichts. Du drehst dich um, und schon ist's Nacht. Deshalb gibt's nichts Besseres, als direkt vom Schlafzimmer in den Speisesaal zu gehen. Und eine hübsche Kälte haben wir gehabt! Kaum, daß mich das Bad erwärmt hat! Aber ein warmer Tropfen ist die beste Kleidung. Ich hab' kräftig gesoffen und bin ganz breit. Das Wein ist mir ins Hirn gestiegen.«

Seleucus nahm den Gesprächsfaden auf und meinte: »Also, ich, ich bade nicht jeden Tag. Das Geplansche ist nämlich die reinste Walkerei, das Wasser hat Zähne, und unser Herz löst sich von Tag zu Tag mehr auf. Aber wenn ich mir 'nen Becher Honigwein reingezogen habe, dann sag ich zur Kälte: ›Leck mich!‹ Übrigens konnte ich auch gar nicht baden; ich war nämlich heute auf einem Begräbnis. Ein netter Mensch, der gute Chrysanthus, hat seine Seele raussprudeln lassen! Gerade eben noch hat er mir guten Tag gesagt. Mir ist's, als spräche ich noch mit ihm. Gott, ach Gott! Wir laufen rum wie aufgeblasene Schläuche. Wir taugen weniger als Fliegen; Fliegen aber haben noch was Gutes, wir sind nicht mehr wert als Seifenblasen. Was, wenn der nicht so enthaltsam gewesen wäre! Fünf Tage lang hat er sich kein Wasser in den Mund geschüttet, keinen Krumen Brot. Trotzdem ist er zur großen Armee abgetreten. Die Ärzte haben ihn auf dem Gewissen, oder besser 'ne böse Schicksal! Ein Arzt ist nämlich nichts anderes als ein Seelentröster. Trotzdem, er ist prima beerdigt worden; mit 'nem Bett wie'n Lebendiger und guten Decken. Beweint worden ist er bestens – hatte ja auch etliche Sklaven freigelassen! –, auch wenn seine Frau Krokodilstränen vergossen hat! Was erst, wenn er die nicht so erstklassig bedient hätte! Aber Weib bleibt Weib: Habichts-Brut! Man sollte keine irgendwas Gutes tun, das ist genauso, als wenn du es in 'nen Brunnen wirfst. Aber 'ne alte Liebe ist wie ein Krebs!«

Er nervte uns, und Phileros rief: »Wir wollen lieber an die Lebenden denken! Der da hat, was ihm zustand. Er hat anständig gelebt, ist anständig gestorben. Worüber sollte er sich beklagen! Mit einem

Umgang mit klugen Menschen . . .

Groschen hat er angefangen, und er war sich nicht zu schade, einen Pfennig mit den Zähnen aus einem Misthaufen zu fischen. Auf diese Weise wuchs alles an, was er anfaßte, wie eine Wabe. Ich glaube wahrhaftig, der hat 100 000 hinterlassen – und zwar hatte er alles in bar. Trotzdem – ich will die Dinge beim Namen nennen, hab' ja 'ne Hundszunge runtergeschluckt: Ein Schandmaul war er, ein Quatschkopf, der reine Zank und Streit, kein Mensch! Sein Bruder – das war ein ordentlicher Kerl, kameradschaftlich zu Kameraden, mit offener Hand und leckerer Tafel. Und am Anfang, da hat er ganz schön Pech gehabt, aber die erste Weinernte hat ihn wieder auf die Beine gebracht: Der hat nämlich den Wein für soviel verkauft, wie er dafür haben wollte. Und was ihn so richtig hochgebracht hat: Er hat eine Erbschaft gemacht, aus der er mehr rausgeholt hat, als ihm eigentlich vermacht worden war. Und dieser Klotz da, bloß weil er Wut auf seinen Bruder hatte, hat sein ganzes Vermögen irgendeinem hergelaufenen Strolch vermacht! Der haut weit ab, der von seinen Verwandten abhaut! Er hörte aber nur auf das, was seine Sklaven ihm einflüsterten: Die haben ihn zugrunde gerichtet. Niemals aber wird es einer richtig machen, der anderen schnell Vertrauen schenkt, schon gar nicht ein Geschäftsmann. Trotzdem, dem ist's gut gegangen, solange er lebte. Wem's gegeben ist, dem ist's gegeben, nicht dem, für den es bestimmt ist. Echt ein Glückskind: In seiner Hand wurde Blei zu Gold. Es ist eben leicht, wenn's alles wie am Schnürchen läuft. Und was glaubst du, wieviel Jahre der mit sich rumgetragen hat? Siebzig und mehr! Aber der

. . . macht klug (Men. mon. 457)

Abb. 38 Nachstellungen (Phlyakenszene). Kelchkrater des Asteas

war fit, wurde mit dem Alter gut fertig, schwarz wie ein Rabe. Ich kannte den Kerl seit Methusalems Zeiten, ein geiler Bock war das bis zuletzt. Bei Gott, ich glaub', der hat keine Hündin in seinem Haus ausgelassen. Ja, besonders scharf war der auf junge Hühnchen, der ritt in allen Sätteln. Ich hab nichts dagegen: Schließlich war das ja das einzige, was er ins Grab hat mitnehmen können.«
(...)

Der Herr hat Bildung ... glaubt er

Solche Gespräche schwirrten umher, als Trimalchio wieder in den Raum trat, sich die Stirn abwischte, die Hände mit Duftwasser wusch und gleich darauf sagte: »Nehmt's mir nicht übel, Freunde, aber schon seit Tagen streikt mir der Bauch. Aber die Ärzte wissen nicht ein noch aus. Was mir immerhin geholfen hat, waren Granatschalentee und Pinie in Essig. Ich hoffe trotzdem, daß er bald Vernunft annimmt. Sonst dröhnt's bei mir in der Bauchgegend, man könnte denken, es brüllte ein Stier. Wenn also jemand von euch sein Geschäft machen will, braucht er sich nicht zu genieren. Keiner von uns ist ohne Loch geboren. Ich für meinen Teil glaube, es gibt keine größere Qual als anzuhalten. Das ist das einzige, was uns nicht mal Jupiter verbieten kann. Du lachst, Fortunata? Ausgerechnet du, die mir nachts ewig den Schlaf raubst? Und trotzdem verbiete ich niemandem, im Speisesaal das zu tun, was ihm Erleichterung schafft; auch die Ärzte verbieten ja anzuhalten. Oder wenn einem etwas mehr kommt, draußen steht alles bereit: Wasser, Kübel und die übrigen Kleinigkeiten. Glaubt mir, Blähungen steigen einem ins Gehirn und bringen den ganzen Körper in Aufruhr. Ich weiß, daß viele daran gestorben sind, nur weil sie sich die Wahrheit nicht eingestehen wollten.«

Gehirnblähungen

Wir bedanken uns für seine Großzügigkeit und Nachsicht, trinken aber sofort darauf ein paar Schlückchen hintereinander, um das Lachen zu unterdrücken. Dabei wußten wir noch gar nicht, daß wir uns, wie man so sagt, noch mitten im Anstieg abmühten. Denn als man unter einem Tusch des Orchesters die Tische abgeräumt hatte, wurden drei weiße Schweine hereingebracht, mit Halftern und Glöckchen geschmückt. Dem Ansager zufolge war das eine ein Jahr alt, das zweite zwei Jahre, das dritte aber schon sechs Jahre alt. Ich glaubte, Gaukler seien hereingekommen und die Schweine würden,

wie es beim Straßencircus üblich ist, irgendwelche Kunststückchen vorführen. Aber Trimalchio enttäuschte meine Erwartung, indem er fragte: »Welches von den dreien wollt ihr sofort tischfertig haben? Einen Gockelhahn, ein Pentheus-Ragout und ähnlich trauriges Zeug – das setzen einem ja Bauern vor; meine Köche dagegen sind es gewohnt, ganze Kälber im Kupferkessel gar zu machen.«
Gleich darauf ließ er den Koch rufen und befahl ihm, ohne unsere Wahl abzuwarten, das älteste Schwein zu schlachten. Mit lauter Stimme fragte er ihn: »Aus der wievielten Sklavenabteilung bist du?« Nachdem der Koch geantwortet hatte, er sei aus der vierzigsten, fragte er weiter: »Kaufsklave oder im Haus geboren?« »Keines von beiden«, erwiderte der Koch, »sondern dir von Pansa testamentarisch vermacht.« »Dann gib dir Mühe«, sagte Trimalchio, »etwas Anständiges auf den Tisch zu bringen! Wenn nicht, werde ich dich in die Abteilung der Laufburschen stecken.«
Der Koch ließ sich nach diesem Machtwort von seinem Braten in die Küche ziehen, Trimalchio aber wandte sich mit Gönnermiene wieder uns zu und sagte: »Wenn der Wein nicht gefällt, lasse ich ihn austauschen. Ihr sollt ihn euch gut bekommen lassen. Gott sei Dank brauche ich ihn nicht zu kaufen, sondern alles, was euch jetzt das Wasser im Mund zusammenlaufen läßt, wächst auf einem Landgut von mir, das ich bisher selbst noch nicht kenne. Es heißt, es grenze ans Gebiet von Terracina und Tarent. Jetzt will ich mein Grundstückchen noch mit Sizilien arrondieren, damit ich, wenn ich Lust habe, nach Afrika zu reisen, über mein eigenes Gebiet dorthin segeln kann. *Et in Sicilia ego*
Aber erzähl du mir, Agamemnon: Was für einen Streitfall hast du heute vorgetragen? Ich für meinen Teil habe, wenn ich auch öffentlich keine Prozesse führe, trotzdem Wissenschaft für den Hausgebrauch gelernt. Und damit du nicht meinst, ich käme mir zu gut vor für gelehrte Studien: Ich besitze zwei Bibliotheken, eine griechische und eine lateinische. Sag uns also, wenn du so gut sein willst, das Thema deines Vortrags!«
Kaum hatte Agamemnon gesagt: »Ein Armer und ein Reicher waren verfeindet«, da warf Trimalchio ein: »Was ist ein Armer?« – »Sehr geistreich«, sagte Agamemnon und legte irgendeinen Streitfall dar. Gleich sagte Trimalchio: »Das da, wenn's wirklich geschehen ist, ist keine Streitfrage; wenn's nicht geschehen ist, ist es gar nichts.«
Als wir diese und andere Bemerkungen mit überschwenglichstem

Lob bedachten, fuhr Trimalchio fort: »Bitte sehr, mein liebster Agamemnon, hast du etwa die zwölf Arbeiten des Herkules im Kopf oder die Geschichte von Odysseus, wie der Kyklop ihm den Daumen mit einer Zange ausgekugelt hat? Ich habe das früher als Knabe mehrfach bei Homer gelesen. Die Sibylle von Cumae habe ich mit eigenen Augen gesehen, wie sie in einer Flasche baumelte, und wenn ihr die Kinder auf Griechisch zuriefen: ›Sibylle, was willst du?‹ antwortete sie auf Griechisch: ›Ich will sterben!‹«

Ein schweinischer Gag

Er hatte noch nicht alles ausgeschwafelt, da nahm eine Platte mit einem riesigen Schwein darauf den ganzen Tisch ein. Wir gerieten ins Staunen über diese Schnelligkeit und beteuerten, nicht einmal ein Gockelhahn hätte so schnell gargekocht werden können – und das um so mehr, als uns das Schwein bei weitem größer vorkam, als es kurz zuvor den Anschein gehabt hatte. Daraufhin schaute Trimalchio immer genauer hin und platzte dann los: »Was? Was? Ist dieses Schwein nicht ausgenommen? Verdammt, es ist wahrhaftig nicht ausgenommen! Los, los, her mit dem Koch!« Als der Koch bekümmert an den Tisch getreten war und sagte, er habe das Ausnehmen vergessen, fuhr Trimalchio auf: »Was? Vergessen? Vermutlich hatte er auch Pfeffer und Kümmel nicht an den Braten getan? Ausziehen!«
Unverzüglich wird der Koch ausgezogen. Bedrückt steht er da zwischen zwei Prügelknechten. Da fingen trotzdem alle an, ein gutes Wort für ihn einzulegen und zu sagen: »Das kann doch mal vorkommen! Wir bitten dich, laß ihn laufen; wenn er das noch einmal macht, wird keiner von uns ihn in Schutz nehmen.«
Ich aber, in grausamster Strenge, konnte mich nicht zurückhalten, sondern beugte mich zu Agamemnon hinüber und flüsterte ihm ins Ohr: »Dieser Sklave muß doch ohne jeden Zweifel ein völlig nichtsnutziger Bursche sein. Kann man denn wirklich vergessen, ein Schwein auszunehmen?«
Anders Trimalchio, dessen Miene sich wieder aufgeheitert hatte. Er sagte: »Na gut, wenn du so ein schlechtes Gedächtnis hast, dann nimm es vor unser aller Augen aus!« Der Koch zog sein Hemd wieder an, griff zum Tranchiermesser und schnitt den Bauch des Schweines mit behutsamer Hand von beiden Seiten her auf. Im sel-

Das Medium ist die Botschaft

ben Augenblick weiteten sich die Schnitte durch den Druck der Last drinnen, und es kullerten Bratwürste und Blutwürste heraus ...
Nach diesem Kunststückchen spendete die gesamte Dienerschaft Beifall und rief im Chor: »Ein Hoch dem Gajus!« Und auch der Koch erhielt eine Belohnung in Form eines Trunks und eines Silberkranzes; außerdem bekam er einen Pokal auf einer Schale aus korinthischem Erz geschenkt. (...)

Testamentseröffnung zu Lebzeiten

Von diesem kleinen Streit in gute Laune versetzt, sagte Trimalchio: »Freunde, auch Sklaven sind Menschen, und sie haben die gleiche Milch getrunken wie wir, auch wenn ein böses Schicksal sie zu Boden gedrückt hat. Aber sie sollen, so wahr ich lebe, bald das Wasser der Freiheit kosten. Kurz und gut, ich lasse sie alle in meinem Testament frei. Dem Philargyros vermache ich sogar noch ein Grundstück und seine Lebensgefährtin, dem Karion außerdem ein Mietshaus und fünf Prozent und ein Bett mit allen Schikanen. Zur Haupterbin setze ich ja meine Frau Fortunata ein, und ich empfehle sie allen meinen Freunden. Und all das gebe ich jetzt bekannt, damit meine Dienerschaft mich jetzt schon so liebt, als wäre ich bereits tot.« Als alle angefangen hatten, ihrem Herrn für seine Güte zu danken, machte der endgültig Ernst und ließ eine Kopie seines Testaments herbeischaffen und las es unter ständigem Aufstöhnen der Dienerschaft ganz vor, vom ersten bis zum letzten Buchstaben.
Dann wandte er sich zu Habinnas um und sagte: »Was meinst du, teuerster Freund? Du baust mir doch das Grabmal, wie ich dir den Auftrag dazu gegeben habe? Ich möchte dich sehr darum bitten, zu Füßen meines Standbildes das Schoßhündchen aufzumalen und Kränze und Salbgefäße und alle Kämpfe des Petraetes, so daß es mir vergönnt ist, dank deiner Freundlichkeit nach dem Tode zu leben; achte außerdem darauf, daß die Anlage zur Straße hin 100 Fuß und feldeinwärts 200 Fuß lang ist. Ich will nämlich, daß rund um meine Asche alle möglichen Obstbäume stehen und Weinreben üppig. Es ist nämlich ganz falsch, zu Lebzeiten zwar auf ein gepflegtes Haus zu achten, sich aber nicht um das Haus zu kümmern, wo wir länger wohnen müssen. Und deshalb will ich, daß als allererstes dazu-

Es gibt ein Maß in den Dingen ...

geschrieben wird: Dieses Grabmal soll nicht auf den Erben übergehen!«

Im übrigen werde ich dafür sorgen, per Testament darauf zu achten, daß mir als Totem kein Unrecht widerfährt. Ich werde nämlich einen meiner Freigelassenen am Grab als Wächter aufstellen lassen, damit die Leute nicht an mein Grabmal zum Kacken laufen. Ich bitte dich außerdem: Bilde auch Schiffe in voller Fahrt mit geblähten Segeln ab und mich, wie ich in purpurgesäumter Robe mit fünf Goldringen auf der Ehrentribüne sitze und wie ich aus einem Geldsack Münzen unterm Volk ausstreue. Du weißt ja, ich hab' ein Festmahl gegeben für zwei Denare pro Kopf.

Wenn's dir recht ist, sollen auch Speisesofas abgebildet sein. Da kannst du auch das ganze Volk darstellen, wie es sich 'nen schönen Tag macht. Zu meiner Rechten stellst du eine Statue meiner Fortunata auf, wie sie eine Taube in Händen hält, und sie soll ein Schoßhündchen am Gürtel festgebunden führen. Und meinen Liebling und riesengroße Amphoren mit Gipsverschlüssen, damit kein Wein ausläuft. Und einen darfst du zerbrochen abbilden, und darüber einen Jungen, wie er heult. In der Mitte eine Uhr, damit jeder, der nach der Zeit sieht, meinen Namen liest, ob er will oder nicht. Auch die Inschrift – überlege sorgfältig, ob sie dir hinreichend geeignet erscheint: ›C. Pompejus Trimalchio Maecenatianus ruht hier. Ihm wurde in Abwesenheit ein Sitz im Sechserrat gebilligt. Obwohl er in Rom in allen Dekurien hätte sitzen können, hat er's nicht gewollt. Fromm, tapfer, treu, aus kleinen Verhältnissen aufgestiegen; er hinterließ 30 Millionen Sesterzen und hat nicht ein einziges Mal einen Philosophen gehört. Leb wohl! Danke, gleichfalls!‹«

Bei diesen Worten fing Trimalchio heftig an zu weinen. Es weinte auch Fortunata, es weinte Habinnas, schließlich erfüllte die gesamte Dienerschaft, als wäre sie zum Begräbnis geladen, den Speisesaal mit Jammern. Ja, selbst ich hatte angefangen zu heulen, als Trimalchio sagte: »Also, da wir wissen, daß wir sterben werden, warum sollen wir da nicht leben? Ich will euch lustig sehen! Los, wir stürzen uns ins Bad, auf mein Risiko, ihr werdet's nicht bereuen! Es ist heiß wie ein Backofen.«

»Ganz recht!« rief Habinnas, »aus einem Tag zwei machen, nichts mag ich lieber!« Und er sprang mit nackten Füßen auf und schickte sich an, dem strahlenden Trimalchio zu folgen. (. . .)

. . . es gibt schließlich bestimmte Grenzen (Horaz, Sat. I 1, 106)

Auch ein Grund zum Stolz

Szenen einer Ehe

Wir betraten das Bad. Es war ziemlich eng und ähnelte einem Auffangbecken für kaltes Wasser. Trimalchio stand aufrecht darin. Und nicht mal dort war es uns gestattet, uns seiner zum Himmel stinkenden Prahlerei zu entziehen. Denn fortwährend sagte er, es gebe nichts Besseres, als ohne Gedränge zu baden, und an eben diesem Ort sei früher einmal eine Badestube gewesen. Als er sich dann erschöpft niedergesetzt hatte, ließ er sich vom Widerhall des Baderaumes verleiten, sein besoffenes Maul bis zur Decke aufzureißen und die Schlager des Menelaos zu verhunzen – jedenfalls nach Aussage derer, die sein Lallen verstanden.

Genius loci

Die übrigen Gäste liefen Hand in Hand um das Becken und kreischten mit schrillem Gelächter und gewaltigem Lärm herum. Andere aber versuchten, die Hände auf dem Rücken verschränkt, Ringe vom Fußboden aufzuheben oder auf den Knien den Hals weit zum Rücken hin zu beugen und die Zehenspitzen zu berühren. Während sie so ihre Spielchen trieben, stiegen wir in die Wanne, die für Trimalchio auf Badetemperatur gebracht wurde.

Als dann der Rausch verflogen war, wurden wir in einen anderen Speisesaal geleitet, wo Fortunata Kostbarkeiten zur Schau gestellt hatte. Wir bemerkten Lampen und Fischerstatuetten aus Bronze, massive Silbertische und mit Gold überzogene Tonkelche und Wein, der vor unseren Augen durch ein Filtertuch geseiht wurde.

Darauf sagte Trimalchio: »Freunde, heute hat einer meiner Sklaven sein Bartfest gefeiert, ein unberufen ordentlicher Kerl, ein Krümelsammler. Darauf wollen wir einen heben und bis zum Morgen weitertafeln!«

Als er das sagte, krähte ein Gockelhahn los. Dieser Laut brachte Trimalchio aus der Fassung, und er ließ Wein unter dem Tisch ausgießen und sogar die Lampe mit unvermischtem Rebensaft besprengen. Sogar seinen Ring steckte er auf die rechte Hand um. »Nicht umsonst«, sagte er, »hat dieser Trompeter sein Signal gesetzt, denn entweder bricht ganz bestimmt ein Brand aus, oder irgendeiner in der Nachbarschaft gibt den Geist auf. Bloß weit weg von uns! Also, wer mir diesen Unglücksboten herbeischafft, kriegt ein Trinkgeld!«

Er hatte noch nicht ausgeredet, da wurde ein Hahn gebracht, den Trimalchio im Kessel gar zu kochen Befehl gab. (...) Wir hatten nun Appetithäppchen zu uns genommen, da schaute sich Trimal-

Abb. 39   Traubenpickender Hahn. Wandmalerei aus Pompeji

chio zur Dienerschaft um und sagte: »Was ist mit euch? Ihr habt noch nichts zu Abend gegessen? Verschwindet und laßt andere zum Dienst antreten!« Es erschien also eine neue Mannschaft; die einen riefen ihm zu: »Leb wohl, Gajus!«, die anderen: »Sei gegrüßt, Gajus!«

Kurz darauf wurde unsere Heiterkeit zum ersten Male getrübt, denn nachdem ein nicht unhübscher Bursche unter der neuen Bedienungsmannschaft den Raum betreten hatte, fiel Trimalchio über ihn her und bedeckte ihn längere Zeit mit Küssen. Da fing Fortunata, auf den Gleichheitsgrundsatz pochend, an, Trimalchio auszuschimpfen, ihn als »Miststück« und »Dreckskerl« zu titulieren, der seine Geilheit nicht unter Kontrolle habe. Als letztes schleuderte sie ihm entgegen: »Du Hund!«

Im Gegenzug warf Trimalchio, von der Schimpfkanonade in Rage versetzt, Fortunata einen Becher ins Gesicht. Die schrie auf, als hätte sie ein Auge verloren, und faßte sich mit zitternden Händen ins Gesicht. Auch Scintilla war ganz bestürzt und drückte die bebende Freundin schützend an ihren Busen. Damit nicht genug, hielt ihr auch ein dienstbeflissener Bursche ein Kännchen mit kaltem Wasser an die Backe. Fortunata beugte sich über ihn und fing an zu stöhnen und zu heulen.

Beati possidentes

»Was soll das denn?« polterte Trimalchio als Reaktion darauf los. »Die Flötennutte hat wohl das Gedächtnis verloren? Vom Verkaufsgerüst habe ich sie runtergeholt, sie zum Menschen unter Menschen gemacht. Aber sie, sie bläht sich auf wie ein Frosch und spuckt sich nicht in den Busen. Ein Klotz ist das, keine Frau! Aber einer, der in der Baracke geboren ist, kann sich ein richtiges Haus nicht mal im Traum vorstellen. So wahr ich meinen Schutzgeist geneigt stimmen möchte, ich werde dafür sorgen, daß diese Stiefel-Kassandra in ihre Schranken verwiesen wird. Dabei hätte ich Zweigroschen-Blödmann eine mit zehn Millionen kriegen können! Du weißt, daß ich nicht lüge. Der Salbenhändler Agatho hat mich noch kürzlich beiseite genommen und gesagt: ›Ich gebe dir einen guten Rat: Laß dein Geschlecht nicht aussterben!‹ Aber ich, immer schön anständig, um bloß nicht leichtlebig zu erscheinen, habe mir die Axt selber ins Bein gejagt. Schon recht, ich werde dafür sorgen, daß du mich noch mit bloßen Nägeln aus der Erde kratzen wirst. Und damit dir auf der Stelle dämmert, was du dir eingebrockt hast: Habinnas, ich will nicht, daß du eine Statue von der da auf mein Grabmal setzt, damit mir wenigstens, wenn ich tot bin, das Gezanke erspart bleibt. Das reicht nicht! Damit ihr klar ist, daß ich ihr übel mitspielen kann: Ich will nicht, daß sie mich küßt, wenn ich tot bin!«

Nach diesem Donnerwetter bemühte sich Habinnas in bittendem Ton, ihn von seiner Wut wieder abzubringen. »Keiner von uns ist ohne Fehl«, sagte er, »wir sind Menschen, keine Götter.« Dasselbe sagte unter Tränen auch Scintilla. Indem sie seinen Schutzgeist beschwor, bat sie ihn eindringlich, sich doch besänftigen zu lassen. Da vermochte Trimalchio die Tränen nicht länger zurückzuhalten. »Bitte, Habinnas,« sagte er, »so wahr ich wünsche, daß du dein Hab und Gut genießt: Wenn ich irgendwas verkehrt gemacht habe, dann spuck mir ins Gesicht. Einen grundanständigen Knaben habe ich geküßt, nicht wegen seiner Figur, sondern weil er so brav ist. Durch zehn kann er teilen, Bücher liest er vom Blatt ab, eine thrakische Fechterausrüstung hat er sich von seinem Taschengeld besorgt, einen Lehnstuhl aus eigener Tasche angeschafft und zwei Schöpfkellen. Und der soll's nicht wert sein, mein Augenstern zu sein?! Aber Fortunata verbietet's. Das könnte dir so passen, du Stöckelprinzessin, was? Ich rate dir, koch dir selbst zusammen, was dir schmeckt, du Geier, und bring mich nicht in Wut, mein Herzchen! Sonst kriegst du meinen Dickschädel zu spüren! Du kennst mich: Was ich einmal beschlossen habe, das steht fest wie aufs Brett genagelt.«

Trimalchio – in eroticis ein Platoniker

Vom Frosch zum König – Stationen einer Karriere

»Aber wir wollen ans Leben denken! Ich bitte euch, Freunde: Macht's euch gemütlich! Denn auch ich bin mal so dran gewesen wie ihr jetzt, aber dank meiner Tüchtigkeit habe ich das hier erreicht. Köpfchen – das ist alles, was den Menschen ausmacht; alles andere ist Firlefanz. Gut einkaufen, gut verkaufen – das ist die Devise, da können auch andere ruhig was anderes sagen. Ich platze vor Wohlergehen. Aber du, Schnarchliese, heulst du immer noch? Ich werde schon dafür sorgen, daß du dein Schicksal bejammerst. Aber, wie ich gerade schon gesagt habe: Zu diesem Wohlstand hat mir meine Sparsamkeit verholfen. Als ich aus Kleinasien kam, war ich so groß wie der Kandelaber hier. Kurz und gut, tagtäglich habe ich mich an ihm gemessen, und um schneller einen bärtigen Schnabel zu kriegen, habe ich die Lippen mit Lampenöl eingeschmiert. Trotzdem war ich vierzehn Jahre lang der Süße meines Herrn. Was *Multitalent* einem der Herr befiehlt, ist keine Schande. Trotzdem, ich habe auch die Herrin zufriedengestellt. Ihr wißt, was ich meine, aber ich schweige; ich gehöre nicht zu den Angebern.

Im übrigen bin ich dann, wie die Götter so wollen, zum Herrn im Haus geworden. Seht ihr, ich hab' einfach das Hirnchen meines Herrn in den Griff gekriegt. Wozu viele Worte? Er hat mich gemeinsam mit dem Kaiser zum Erben eingesetzt, und ich habe ein Vermögen bekommen wie ein Senator. Aber niemand kriegt niemals den Hals voll. Ich spürte den dringenden Wunsch, Handel zu treiben. Um euch nicht mit langen Reden zu langweilen: Ich hab fünf Schiffe bauen lassen, sie mit Wein beladen – der wurde damals gegen Gold aufgewogen – und sie nach Rom geschickt. Man könnte glauben, ich hätte den Befehl dazu gegeben: Alle haben Schiffbruch erlitten; Tatsache, nicht gelogen. An einem einzigen Tage hat Neptun 30 Millionen geschluckt. Ihr glaubt, ich hätte aufgegeben? Weiß Gott, der Verlust hat mich gar nicht gekratzt, so als wäre nichts passiert. Ich habe neue bauen lassen, größere und bessere und glücklichere. Da gab's keinen, der mich nicht einen mutigen Mann genannt hätte. Ihr wißt, ein großes Schiff hat große Kraft. Ich hab' wieder Wein laden lassen, Speck, Bohnen, Parfüm und Sklaven. Bei dieser Gelegenheit hat sich Fortunata anständig benommen: Sie hat ihr ganzes Gold, ihre ganzen Kleider verkauft und mir hundert Goldstücke auf die Hand gegeben. Das war die Hefe für mein Vermögen. Was die Götter wollen, das geschieht schnell.

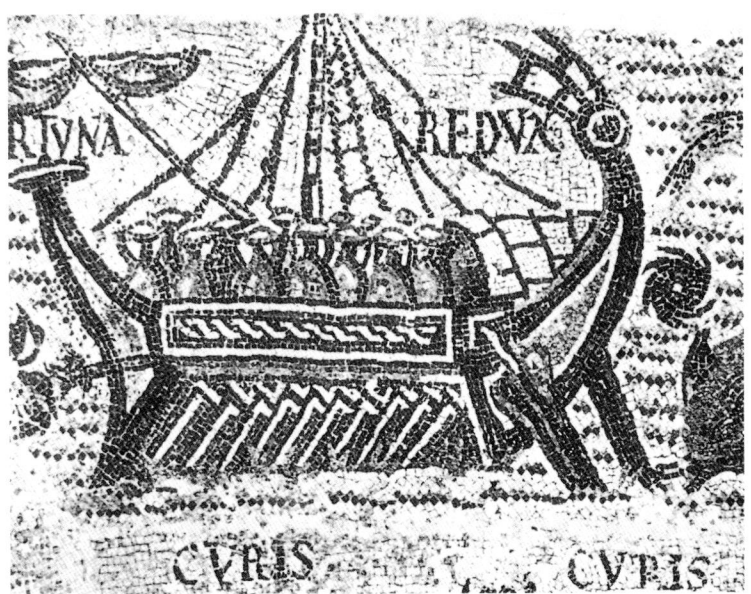

Abb. 40   Mit Amphoren beladenes Schiff. Mosaik aus Tebessa

Bei einer einzigen Fahrt habe ich zehn Millionen eingesackt. Sofort habe ich alle Grundstücke zurückgekauft, die meinem Herrn gehört hatten. Ich baue ein ordentliches Haus, kaufe mir Sklaven zusammen und Zugvieh. Alles, was ich anfaßte, wuchs wie 'ne Wabe.

Abb. 41   Schiffsunglück. Sarkophagdarstellung

Nachdem ich mehr hatte als meine ganze Heimatgemeinde zusammen, Hände vom Tisch! Ich bin aus dem Handel ausgestiegen und habe angefangen, über Freigelassene Geld zu verleihen. Und als ich überhaupt keine Lust mehr hatte, meinen Handel weiterzuführen, hat mich ein Astrologe im Gewissen geredet, den es zufällig in unsere Stadt verschlagen hatte, ein Kerlchen aus Griechenland namens Serapa; einer, der selbst den Göttern Ratschläge gab. Der hat mir Dinge gesagt, die ich sogar schon vergessen hatte; der hat mir alles klitzeklein dargelegt – hätte nur noch gefehlt, daß er mir sagte, was ich am Tag zuvor gegessen hatte. Man hätte meinen können, der hätte seit ewigen Zeiten mit mir zusammengelebt. Bitte, Habinnas – du bist doch dabeigewesen, glaub' ich –, als er mir eröffnet hat: Du hast mit deiner Herrin dies und jenes gemacht. Du hast wenig Glück mit deine Freunde. Niemand dankt dir, wie's sich gehört. Du besitzt ausgedehnte Ländereien. Du nährst eine Schlange an deinem Busen. Und, was ich euch lieber nicht sagen sollte, daß mir jetzt noch dreißig Jahre, vier Monate und zwei Tage zu leben bleiben. Außerdem werde ich bald eine Erbschaft machen. Das sagt mir meine innere Schicksalsstimme.

Wenn es mir aber noch glückt, meine Grundstücke mit Apulien zu verbinden, dann hab ich's im Leben weit genug gebracht. Inzwischen habe ich, während Merkur über mir wacht, dieses Haus hier gebaut. Ihr wißt ja, früher war es eine Bruchbude. Jetzt ist es ein Tempel. Er hat vier Speisesäle, zwanzig Schlafzimmer, zwei Marmorkolonnaden, oben eine Zimmerflucht, ein Schlafgemach, in dem ich selber schlafe, das Boudoir dieser Schlange hier, eine repräsentative Portiersloge; der Gästeflügel kann hundert Leute aufnehmen. Kurz und gut, wenn Scaurus hierhin gekommen ist, hat er nirgendwo lieber Quartier genommen – und dabei hat er am Meer ein Haus von seinem Vater. Und da gibt's noch viele andere Sachen, die ich euch gleich vorführen werde. Glaubt mir: Wenn du 'nen Groschen hast, bist du soviel wert wie'n Groschen; hast du was, dann giltst du was. So ist euer Freund, der mal Frosch war, jetzt ein König.

Inzwischen, Stichus, bring mir meine Luxus-Kleider her, in denen ich beerdigt werden will. Bring mir auch Parfüm und eine Kostprobe von dem Krug, aus dem mal meine Gebeine gewaschen werden sollen.«

Stichus verlor keine Zeit, sondern brachte eine weiße Decke und eine purpurgesäumte Toga in den Speisesaal. Trimalchio forderte

. . . was einer Drohung gleichkommt

Farbtafel 6

uns auf zu fühlen, ob sie aus guter Wolle gearbeitet seien. Dann sagte er schmunzelnd: »Sieh bloß zu, Stichus, daß keine Mäuse drangehen oder Motten; sonst laß ich dich bei lebendigem Leib verbrennen. Ich will mit Glanz und Gloria zur Bestattung getragen werden, damit mir das ganze Volk Segenswünsche nachruft.« Gleich darauf öffnete er ein Fläschchen mit dem Nardenöl, parfümierte uns alle und sagte: »Ich hoffe, mir wird das im Tod genausoviel Freude machen wie zu Lebzeiten.« Außerdem ließ er sogar noch den Totenwein in einen Krug gießen und sagte: »Stellt euch vor, ihr seid zu meiner Leichenfeier eingeladen!«

Die Geschichte wurde langsam zum Kotzen, als Trimalchio schwerfällig in seinem ekelhaften Suff einen neuartigen Ohrenschmaus, Hornisten nämlich, in den Speisesaal bringen ließ. Der Länge nach ausgestreckt und unter sich eine Vielzahl von Kissen, rief er aus: »Stellt euch vor, ich wäre tot. Tragt was Hübsches vor!« Die Hornisten legten mit einem Trauermarsch los wie auf einer Beerdigung. Insbesondere ein Sklave jenes Beerdigungsunternehmers, der in dieser Gesellschaft der ehrenwerteste Gast war, blies so laut, daß er die ganze Nachbarschaft aufschreckte. Deshalb rückte die Feuerwehr an und brach plötzlich in dem Glauben, Trimalchios Haus stehe in Flammen, die Haustür auf und fing an, kraft ihres Amtes mit Wasser und Beilen Tumult zu machen. Auf diese Weise erhielten wir eine überaus willkommene Gelegenheit; wir flunkerten Agamemnon ein bißchen vor und nahmen Reißaus, als wäre wirklich ein Feuer ausgebrochen... (Petron, Satyrika 26–34, 37–43, 47–49, 71–78)

Schrilles Finale

Bissiges, Böses, Obszönes
Glanzstücke antiker Epigrammatik

Martial – der Voyeur im Amt des Sittenwächters

Das Epigramm: Ursprünglich war es eine Auf- oder Inschrift, ein knapper, zunächst eher schmuckloser Text, der Weihgeschenke und Statuen, Altäre und Gräber erläuterte. Daß wir darunter heute meist eine pointierte, geistreich-witzige Literatursorte verstehen, liegt an Martial. Er führte die antike Epigrammatik zu ihrem Höhepunkt; er setzte durch die ebenso kunstvolle Form wie den meist satirisch-aggressiven Inhalt seiner Kurzgedichte Maßstäbe, die genrebestimmend werden sollten.

Martials Muse macht es ihrem modernen Leser nicht leicht – aus einem recht ungewöhnlichen Grund: Er möchte zwar lachen, wagt es zuweilen aber nicht. Weil man über dergleichen nicht mehr lacht: Die Verspottung körperlicher Mängel wie Kahlköpfigkeit, schlechte Zähne, Schweißgeruch, Kleinwüchsigkeit oder Häßlichkeit. Oder weil man die Nase zu rümpfen hat ob der Direktheit und mitunter unflätigen Drastik, mit der Martial über Sexualität und sexuelle Ausschweifungen spricht. Er kann zotig und obszön sein, dieser bissige Satiriker – und zwar keineswegs nur, wie er selbst einmal vorgibt und wie es moderne Interpreten zu seiner »Ehrenrettung« gern darstellen, aus verletzter Moralität heraus. Dafür ist seine Freude am Derb-Obszönen viel zu offensichtlich; da spricht nicht so sehr der Mahner aus ihm wie der Voyeur. Und daß er sich eingebildet hätte, mit seinem beißenden Sarkasmus und seiner schonungslosen Aufdeckung sexueller »Verirrungen« irgend etwas verändern zu können, dafür gibt es keinerlei Indizien. Seine Befriedigung findet er in der »Enthüllung«, wenn sie mit sprachlicher Brillanz und überraschendem Witz einhergeht.

Lust an der Enthüllung

Sosehr sich der Spötter manchmal als Sittenwächter gibt, so sehr hat er diese genußsüchtige, sinnlichen Freuden zugetane, eitle Großstadt-Gesellschaft des 1. Jahrhunderts n. Chr. gebraucht. Sie war seine Inspiration und sein Resonanzboden zugleich; er sonnte sich darin, berühmt und ob seiner bissigen Attacken gefürchtet zu sein – ein urbaner und zugleich aneckender Dichter, dessen rhetorische Virtuosität und prägnante Pointe die Grobheit seiner Sarkasmen doch wieder etwas glätten.

Daß er daran Gefallen findet, seiner Zeit einen ungeschminkten Sittenspiegel in humorvoller Form vorzuhalten, mindert den dokumentarischen Wert seiner Gedichte nicht. Sie schildern uns den Alltag des kaiserzeitlichen Roms, führen Typen aus den unterschiedlichsten Milieus vor und decken Schwächen einer Gesellschaft auf, in der Habgier und Erbschleicherei, Prozessiererei und Parasitentum, Heuchelei und Protzerei offenbar ihren festen Platz hatten. Wenn Martials aggressive Karikaturen dieser »Laster« auch heute noch humorvoll wirken, so nicht zuletzt, weil sich auch heutige Wirklichkeit und allzu Menschliches in ihnen spiegeln.

Man merkt manchen dieser Epigramme kaum an, daß sie schon fast 2000 Jahre alt sind – so lebendig, spritzig und aktuell wirken sie. Martial hat das scharfe Auge des genauen, unbestechlichen Beobachters, der aufmerksam registriert und das Registrierte dann mit souveräner Sprachkunst in eine poetisch perfekte Form gießt.

Fähigkeit und Notwendigkeit dieser »Recherche« liegen sicher auch in seiner Biographie begründet. Martial war Spanier, um 40 n. Chr. in Bilbilis geboren und erst im Jahre 64 nach Rom gekommen – die glanzvolle, attraktive Hauptstadt des Imperiums, deren Schattenseiten der weitgehend mittellose Dichter indes auch hautnah erfuhr. Martial mußte sich als Klient durchschlagen, mußte immer wieder an Gönner mit der Bitte um Geld- oder Sachspenden herantreten. Ein nicht geringer Teil seines aus über 1500 Epigrammen bestehenden Œuvres ist wenig erfreuliche, penetrant wirkende Bettelpoesie – gewissermaßen geistiges Antichambrieren, das ihn indes nur zeitweise der leidvollen Erfahrung des tatsächlichen Antichambrierens – der morgendlichen Begrüßung vermögender Herren – enthoben hat. Die Bitterkeit und Aggression, die manche Verse prägen, sind gewiß als Ausfluß seiner Frustration über seine meist bedrängte materielle Lage zu werten. Für die Arroganz und Heuchelei, mit der man ihm oft genug entgegengetreten sein mag, hat er sich auf seine Weise gerächt: In seinem bösen Witz zahlte er es der »feinen« Gesellschaft heim, was sie ihm bewußt oder unbewußt antat. Allerdings als allgemein-exemplarische, nicht persönliche Retourkutsche: Die Namen der verspotteten und verhöhnten Personen sind in aller Regel fiktiv.

Laß es nur Mäzene geben

131

Kein Zweifel: Martial hatte Erfolg, aber das verbesserte seine persönlichen Lebensumstände nur zeitweise. Seine – von Peinlichkeiten nicht freien – panegyrischen Verse sicherten ihm zwar das Wohlwollen der Kaiser Titus und Domitian, seit dem Regierungsantritt Nervas (96 n. Chr.) wehte indes ein anderer Wind. Martial geriet ins Abseits, und im Jahre 98 verließ er resigniert die Hauptstadt und ging zurück nach Spanien, wo er um 104 persönlich enttäuscht, aber nicht vergessen starb.

Martial war ein sensibler, wie es scheint auch ein verletzlicher Mensch. Daß er so rüde »austeilen« konnte, ändert nichts an dem Sachverhalt. Andere Gedichte, die zum Thema dieses Buches nicht passen und deshalb bei der Auswahl unberücksichtigt blieben, zeigen ihn als empfindsamen, warmherzigen Menschen, dem weder romantische Heimatverbundenheit noch heiter-verständnisvolles Mitgefühl fern sind und der auch Nachdenkliches zu Papier bringt. Dieser »andere« Martial gehört ebenso zu seiner komplexen, widersprüchlichen Persönlichkeit wie der treffsichere, freche, zynische Spötter, der auch vor Geschmacklosigkeiten nicht zurückschreckt.

Mein Buch »schmeckt nach Mensch« (Martial über Martial)

Wobei allerdings die moderne Vorstellung von »Geschmacklosigkeit« nicht immer mit der des Altertums identisch ist: Das Herziehen über körperliche Mängel war durchaus nicht so verpönt, sondern diente zum Beispiel auch in der tagespolitischen Auseinandersetzung als willkommene Argumentations-Munition. Mehr an mittlerweile charakteristischer »Exkulpation« Martials soll nicht geleistet werden – jeder Leser mag sich sein eigenes Urteil über den Humor und Witz eines Martial bilden, von dem zumindest *eines* zweifelsfrei gesagt werden kann: Die römische Antike hat ihn ausgesprochen goutiert. Und übrigens nicht nur sie: Die vielfältige Martial-Rezeption in Mittelalter und Neuzeit zeigt, wie sehr sich das Epigramm als Kunstform literarischen Humors in der Nachfolge seines bedeutendsten Repräsentanten durchgesetzt hat.

»Nun gefall'n mir meine Lieder so recht . . .«

Vom Sterben und Beerben und von anderen Dingen

Auch ein Trost

Wenn ich mich recht entsinn', Aelia, hattest du einst vier Zähne,
  zwei stieß ein Husten aus, dann weit're zwei Husten II.
Schon kannst sorglos du an allen Tagen nun husten,
  nichts mehr kann anrichten dort Husten Numero drei. I 19

Ungewöhnliche Aufwertung

Bauches Last hast du entsorgt ohne Scham im Gold – ach das arme!
  Bassus, du trinkst nur aus Glas, teurer ist's so, was du kackst.
  I 30

Urheberschutz

Was du da vorliest, ist, Fidentinus, sicher mein Büchlein,
  liest du jedoch schlecht vor, dann beginnt's, deines zu sein. I 38

Eine Begabung, zwei Berufe

Neulich war er noch Arzt, jetzt ist Totenträger Diaulus,
  was als Bestatter er tut, tat er zuvor auch als Arzt. I 47

Flüstern am falschen Ort

Du plapperst allen stets ins Ohr hinein, Cinna,
auch was du plappern dürftest vor 'ner großen Schar,
du lachst ins Ohr, gibst ab dein Urteil, schweigst und schreist;
und so verwurzelt sitzt die Krankheit tief in dir,
daß oft ins Ohr du, Cinna, selbst den Kaiser lobst. I 89

Die Zeiten ändern sich . . .

Schlecht sangst du, als du, Aegle, wardst begattet,
singst jetzt gut, aber bist nicht mehr zum Küssen. I 94

Abb. 42   Helena und Paris. Krater des Berliner Malers

Kuraufenthalt mit Folgen

Züchtig und alter Sabinerart verpflichtet – so war Laevina,
　strenger noch selbst als ihr Mann, der schon durchaus sittenstreng,
während mal sie genießt den Lukriner, mal den See von Averna
　und oft vom warmen Bad Baiaes verwöhnen sich läßt,
da entbrennt sie in Glut, verläßt den Mann für den Jüngling:
　Kam als Penelope her, geht nun als Helena fort.　　　I 62

Wie fördere ich Untreue?

Keinen gab's in der Stadt, der je hätte anrühren wollen
　deine, Caecilian, Ehefrau völlig umsonst,
damals, solang es erlaubt. Doch seit Wächter postiert sind, gewaltig

Heißer Tip　ist da der Beischläfer Schar: Bist schon ein Mensch mit Ideen!
　　　　　　　　　　　　　　　　　　　　　　　　　I 73

Abb. 43   Liebespaar mit Hund. Gallorömisches Terrakottarelief

Geschmacksverirrung

Deine Lippen leckt dir und den Mund, Manneia, dein Hündchen.
  Wundern tut es mich nicht, frißt der Hund gerne Kot.   I 83

Neuartige Erwerbsquelle

Daß du ständig schreist, daß den Anwälten stets du ins Wort fällst,
  machst, Aelius, du nicht umsonst: Geld nimmst du, nur daß du
  schweigst.   I 95

Definition einer Gattung

Wem's nicht genügt haben mag, Epigramme selbst hundert zu lesen,
  dem ist an Bosheit nichts, Caecidianus, genug!   I 118

Überraschende Ent-Schuldung

Sextus, du schuldest mir nichts, nichts schuldest du, Sextus,
  ganz ehrlich!
  Schulden hat nämlich nur der, der, Sextus, rückzahlen kann!   II 3

Ödipus läßt grüßen

Ah, wie zärtlich du bist, Ammian, zur Mutter!
Wie ist zärtlich zu dir, Ammian, die Mutter!
»Bruder« heißt du bei ihr, und sie heißt »Schwester«.
Namens-Leichtsinn wozu? Was reizt euch daran?
Warum paßt es euch nicht zu sein, was ihr seid?
Spiel und Spaß sei's für euch, so meint ihr? Ganz falsch!
Wer als Mutter will Schwester sein in einem,
will nicht Mutter noch will sie sein die Schwester.   II 4

Hübsche Vielseitigkeit

Deklamierst recht hübsch, Prozesse führst, Atticus, hübsch du,
   hübsch, was historisch du schreibst; hübsch die Gedichte von dir.
Mimen verfaßt du hübsch, verfaßt auch hübsch Epigramme.
   Hübsch in Grammatik bist du, hübsch auch in Astrologie.
Singen – auch das kannst du hübsch, du tanzt auch, Atticus,
                                          recht hübsch.
Hübsch bist im Lyraspiel du, hübsch auch im Spiel mit dem Ball.
   Wenn du auch nichts gut machst, dagegen hübsch alles tun willst –
was du bist, sag ich dir: Groß nur als Dilettant.   II 7

Multum, non multa!

Verräterisches Parfüm

Was soll ich sagen dazu? Deine Küsse riechen nach Myrrhe,
   und es geht auch nie eig'ner Geruch von dir aus.
Eben das ist mir suspekt: Daß du, Postumus, immer so gut riechst,
   Postumus, der riecht nicht gut, der so gut immer riecht.   II 12

Klartext

Küsse gibst du den einen, den anderen, Postum, die Rechte.
   Fragst du: »Was lieber? Wähl aus!« – Ich ziehe die Rechte
                         dann vor.   II 21

Auf einem Krummbeinigen

Da du doch Beine hast, die ähneln den Sicheln des Mondes,
   könntest im Trinkhorn du, Phoebus, dir baden die Füß'!   II 35

Auch ein Ertrag!

Was mir das Landgut einbringt, fragst du, Linus, das bei Nomentum?
   Dies bringt das Landgut mir ein: Dich, Linus, seh ich
                                         dort nicht!   II 38

Überflüssiger Eingriff

Das, Glyptus, so schon nicht stand, verschnitten ist's jetzt noch,
                                         das Schwänzlein.
  Wahnsinn'ger, wozu der Stahl? Warst doch schon eh ein Kastrat.
                                                                              II 45

Teure Wasserverdrängung

Dasius, der hat's gelernt, bei Badenden abzukassieren:
  Busenzuschlag für drei fordert' er: Spatale gab's.   II 52

Straf-Logik

Hyllus, du Knabe, du bumst die Frau eines Krieger-Tribunen;
  fürchtest dabei wohl nur Strafe, die Knaben geziemt.
Weh dir, während du spielst, wird man dich kastrieren!
                                                  Sagst du mir:
»Das ist gar nicht erlaubt!« – Ist denn, was du tust, erlaubt?
                                                                      II 60

Hintergedanken?

Daß du die Brust dir enthaarst, die Schenkel und auch die Arme,
  daß dein Schwänzchen geschor'n kürzeres Haar nur umsäumt,
das, Labienus, tust du, jeder weiß, deiner Freundin zulieb.   *Wie*
  Wem, Labienus, zulieb, daß du den Hintern enthaarst?   II 62   *feinsinnig*

Geschäftiges Nichtstun

Wo die Begegnung auch sei, stets rufst du mir, Postumus, dies zu:
  Dies ist dein erstes Wort, dies kommt: »Was machst du?« sofort.
Dies sagst du, magst du mir auch zehnmal in der Stunde begegnen:
  Du hast, glaube ich, nichts, Postumus, du, was du machst!   II 67

Halbblind und blind

Quintus liebt Thais. Welche Thais? Die Thais, die ein Auge hat nur.
Ein Auge fehlt der Thais, jenem dagegen fehl'n zwei. III 8

Ausnahmen bestätigen die Regel

Freunden ist alles gemeinsam (Diog. Laert. 8,10)

Güter hast du allein, allein hast du, Candidus, Gelder,
goldene hast du allein, Becher aus Flußspat allein,
Massiker hast du allein, des Opimius Caecuber gleichfalls.
Hast auch allein dein Herz, auch allein den Verstand.
Alles hast du allein; glaub nicht, ich wolle es leugnen!
Doch deine Frau teilst du, Candidus, mit aller Welt. III 26

Folge-Geruch

Wunderst dich, daß es da riecht aus Marius' Öhrchen gewaltig?
Du machst das, Nestor, doch: Gackerst ihm ständig ins Ohr.
III 28

Grenzen des Betrugs

Täuschst einen Jüngling vor mit gefärbten Haaren, Laetinus,
Rabe bist so plötzlich du, der du ein Schwan grad noch warst.
alle betrügst du nicht: Proserpina weiß, daß du grau bist:
Sie wird die Maske vom Kopf dir beizeiten schon ziehen. III 43

Nichts!

Nichts, sagst du, was es auch sei, sei das, was du willst,
                                                  dreister Cinna.
Wenn du, Cinna, nichts willst, schlag ich dir, Cinna,
                                                  nichts ab! III 61

Animierender Tausch

Bist nun Aufidias Buhle, Saevinus, der einst du ihr Mann warst;
der dein Rivale einst war, jener da ist nun ihr Mann.
Warum gefällt dir als Fremde die Frau, die als eigne mißfiel dir?
Kriegt etwa nicht dir in Ruh' Steifheit genügend das Glied? III 70

Frommer Wunsch

All' ihre Freundinnen hat, Fabian, Lycoris begraben.
  Möchte sie Freundin doch auch meiner Frau einmal sein! IV 24

Warum so zögerlich?

Voll hast du doch die Regale mit fertiggestellten Büchern:
  Warum gibst du davon, Sosibian, nichts heraus?   *Jeder denkt*
Sagst: »Meine Lieder werden die Erben edieren«. Wann denn?   *an sich . . .*
  Zeit wär's, Sosibian, daß schon jetzt man dich liest.   IV 33

Zier-Rat

Zier dich, Galla! Die Liebe wird fad, wenn die Freuden nicht warten!
  Aber, Galla, paß auf! Zier dich auch nicht zu lang!   IV 38

Der Schal als Schutz

Was umgibst du den Hals mit dem Wollschal, wenn du uns vorträgst?
  Besser käme zupaß unseren Ohren der Schal!   IV 41

Erb-Fallen

Schickst gewaltige Gaben an Greise und Witwen, und dafür
  willst du, daß ich dich nenn »freigebig«, Gargilian?
Schmutziger ist doch nichts, nichts schändlicher als du alleine,
  der du Fallen vermagst Gaben zu nennen von dir.
So verlockt trugreich die Angel gierige Fische,
  so täuscht törichtes Wild klug auch der Köder zum Fraß.   *. . . nur*
Was Schenken wirklich ist, was Spenden ist, werd' ich dir sagen.   *ich denk an*
  Wenn du's nicht weißt, so schenk, Gargilianus, nur mir! IV 56   *mich*

Unlautere Motive

Lädst mich für hundert Pfennig zum Mahl ein, selbst speist
  du bestens.
Lädst du mich, Sextus, zum Mahl, oder daß neidisch ich werd?
  IV 68

Folgerichtig

Sechstausend schicktest du mir, um zwölftausend hatt' ich gebeten;
    daß ich zwölftausend bekomm, fordr' ich das Doppelte halt.
IV 76

Deklamationsfieber

Maron, du deklamierst im Fieber. Das ist doch Wahnsinn!
    Falls du's nicht weißt, bist du, Maron, mein Freund, nicht gesund.
Krank deklamierst du, im Fieberrausch deklamierst du.
    Wenn du schwitzen nicht kannst anders, dann ist es recht.
»Groß ist das trotzdem«, meinst du. Du irrst! Wenn den Körper
    Fieber verbrennt glühend heiß, ist's, Maron, groß,
                    wenn du schweigst.   IV 80

Selbst schuld!

Nichts ist schlimmer als du, wenn's dir gut geht, Naevolus, aber
    nichts ist besser als du, Naevolus, bist du besorgt.

Reiz der   Geht's dir gut, dann grüßt du niemand, verachtest uns alle;
Knechtschaft   niemand gilt dann dir als frei; niemand für dich als gebor'n.
Bist du besorgt, dann schenkst du, begrüßt mich als Herrn
                            und Gebieter,
lädst mich auch ein. So sei, Naevolus, ständig besorgt!   IV 83

Vorwärtsverteidigung

Schön, sagst du, Bassa, seist du, du sagst, du seist noch
                            ein Mädchen.
    Das, Bassa, sagt doch stets eine, die das gar nicht ist.   V 45

Visite

Schlapp war ich, du aber kamst begleitet von einhundert Schülern,
    auf der Stelle zu mir, Symmachus, mit ihnen all'n.
Einhundert Hände befühlten, vom Nordwind erstarrt, meinen
                            Körper,
    Fieber hatte ich nicht, Symmachus, hab's aber jetzt!   V 9

Abb. 44   Kaninchen. Wandmalerei aus Pompeji

Macht Hasenfleisch schön?

Wenn du, Gallia, mir einen Hasen mal sendest, dann sagst du:
»Sieben Tage lang schön, wirst du, Marcus, nun sein!«
Wenn du mich nicht verlachst, wenn wahr ist, mein Licht, was du kündest,
   dann hast, Gallia, du, nie einen Hasen verzehrt.   V 29

Tarnung

Klar ist das Trinkglas für uns, aus Feldspat ist, Ponticus, deines.
   Grund dafür ist, daß nicht klarer Kelch zwei Weine zeigt.   IV 85

Wasserstoffsuperoxyd

Haar von nordischem Stamm übersend' ich dir, Lesbia, hiermit,
   daß du nun weißt, wie sehr dein Haar blonder noch ist.   V 58

Furcht vor Geschenken

Warum ich meine Bücher dir nicht schenke?
Wünschst du doch sie so oft dir, forderst oft sie.
Wundert's, Theodor, dich? Der Grund ist wichtig:
Daß du nicht deine Bücher mir dann auch schenkst!   V 73

Reaktionen

Hunderttausend Sesterzen zu leih'n mir, bat ich dich, Phoebus,
 als du sagtest zu mir: »Willst du denn überhaupt nichts?«
Forschst nun, zweifelst und zögerst, marterst mich zehn lange Tage,
 marterst auch dich nun so lang. Schon bitt' ich, Phoebus:
  »Sag' nein!« VI 20

Gipfel des Unglücks

Nichts hast du elender je␣sehn als den schwulen Sabellus,
 Matho, wo doch zuvor nichts jemals fröhlicher war.
Diebstähle, Flucht und Tod von Sklaven, Brände und Trauer,
 beugen den Mann, und seitdem treibt's auch, der Arme,
  mit Frau'n. VI 33

Anregung

Ist doch dein Schwänzchen so lang, wie, Papyl, deine Nase
      auch lang ist,
 daß du, wenn du erregt, unten dran riechen auch kannst. VI 36

Abb. 45 Herme mit Vogel auf Penis. Pelike des Perseus-Malers

Falscher Beifall

»Bravo!« Wenn das so laut die Schar der Klienten dir zuruft,
    dann bist, Pomponius, nicht du beredt, sondern dein Mahl!
        VI 48

Alptraum

Grad noch war er im Bad mit uns, hat ganz heiter getafelt,
    doch am Morgen danach fand man Andragoras tot.
Fragst nach der Ursache du, Faustina, so plötzlichen Todes?:
    Hatt' er Hermokrates doch träumend gesehen – den Arzt.   VI 53

Die Ärzte allein dürfen . . .

Rasieren leichtgemacht

Phoebus, mit Salbe lügst du, du habest noch echte Haare;
    schlichte Glatze wird so zugemalt mit falschem Haar.
Einen Barbier für dein Haupt zu bemühen ist deshalb nicht nötig:
    dich vermag zu rasier'n, besser, Phoebus, ein Schwamm!   VI 57

Nie allein!

Titus, nicht ohne Eber speist unser Caecilianus;
    Caecilianus hat so stets einen trefflichen Gast.   VII 59

Lohn des Epigrammatikers

Lobt doch, liebt und summt vor sich hin mein Rom meine Bücher,
    jede Tasche trägt mich, auch jede Hand hält mich.
Siehe, rot wird da einer, blaß wird er, stutzt, gähnt und haßt mich:
    Das will ich: Nun gefall'n mir meine Lieder so recht.   VI 60

Wann Hinterbliebene wirklich klagen . . .

Weißt doch, man angelt nach dir, weißt auch, wer da angelt, ist gierig.
    Und du weißt, Marian, was, der da angelt, wohl will.
Trotzdem schreibst du ihn in den letzten Willen als Erben,
    Törichter, und setzt ihn, Wahnsinn'ger, an deinen Platz.
»Trotzdem! Große Geschenke schickt' er!« – Aber am Haken!
    Kann denn lieben der Fisch den, der ihn angelt bald drauf?
Soll er, wenn du mal tot, mit ehrlichen Schmerzen dann klagen?
    Wenn du willst, daß er klagt, gib, Marianus, ihm nichts!   VI 63

. . . einen Menschen ungestraft umbringen (Plinius n. h. IX 1)

Nomen et nomen – nicht immer!

Bis um Lupercus' Gesicht der Barbier Eutrapelus 'rumkommt
   und seine Wangen verschönt, wächst ihm der nächste Bart nach.
(Eutrapelus: sprechender Name »der Hurtige«)   VII 83

Erschwingliche Frechheit

Hab aus Versehen dich mit richtigem Namen gegrüßt heut,
   und dich, Caecilian, nicht »meinen Herrn« genannt.
Fragst du, wie teuer mir nun diese Freiheit denn wohl zu stehn kam?
   Hundert Pfennig nur sind's, die sie mir heute geraubt.   VI 88

»Wenn du was brauchst . . .«

»Wenn du was brauchst, du weißt: Du brauchst mich nicht lange
                                zu bitten!,
   sagst an 'nem einzigen Tag, Baccara, du zwei-, dreimal.
Spricht mich barsch dann an und mit strenger Stimme Secundus:
   hörst es, weißt aber nicht, Baccara, was ich nun brauch.
Mietzins verlangt man von mir, vernehmlich und klar, du stehst
                                    bei mir,
   hörst es, weißt aber nicht, Baccara, was ich nun brauch.
Klag ich, daß ich nur hab' einen dünnen, zerschlissenen Mantel,
   hörst es, weißt aber nicht, Baccara, was ich nun brauch.
Das brauch ich jetzt: Daß ein Schlag dich plötzlich trifft und
                                  du stumm wirst,
   daß du nicht mehr sagen kannst, Baccara: »Wenn du was
                                brauchst«.   VII 92

Geruchsmagie

Salbe war es grad noch, was das Onyxfläschchen bewahrte,
   Papylus riecht kaum daran, sieh, da ist's Brühe, die
                                 stinkt!   VII 94

Zynische Reklamation

Narr sollt' er sein; ich kauft' ihn für zwanzig Tausender von dir.
   Gib mir mein Geld zurück, Gargilian: Er ist klug!   VIII 8

»Der könnte auch Lüfte anbinden, der Liebende schilt, und dem ständig sprudelnden Wasser verbieten zu fließen«
Farbtafel 2   Symposion. Campanischer Krater

◁ Dionysos (vom Wirt an die frische Luft gesetzt?) ergeht sich am Fuße des Vesuvs
  Farbtafel 1   Wandmalerei aus Pompeji

»Mischt den sorgenlösenden Wein, trinkt ihn, weit weg, die Schläfen mit Blumenkränzen umwunden, verweigert schönen Mädchen nicht die Freuden der Liebe«
Farbtafel 3   Gelageszene. Wandgemälde aus Herculaneum

Jagdszenen
Farbtafel 4   Mosaik aus der Villa bei Piazza Armerina   ▷

Farbtafel 5
Theaterszene mit Straßenmusikanten.
Mosaik aus der sogenannten »Villa des
Cicero« bei Pompeji

»... früher war es nur eine Bruchbude. Jetzt ist es ein Tempel. Er hat vier Speisesäle, zwanzig Schlafzimmer, zwei Marmorkolonnaden, oben eine Zimmerflucht, ein Schlafgemach, in dem ich selber schlafe, das Boudoir dieser Schlange hier ... Glaubt mir, hast du was, dann bist du was«
Farbtafel 6   Prachtvilla. Wandgemälde aus Boscotrecase

Investition

Wer dir, Gaurus, viel schenkt, der du reich bist und hoch schon *Cum*
                                                                im Alter, *ira* . . .
   wenn du noch klug etwas merkst, heißt das nichts anderes
                                                     als »Stirb!« VIII 27

Traum-Paar

Fabius bringt seine Frauen ins Grab, Chrestilla die Männer,
   Todesfackeln schwingt er, sie auch, sobald sie gefreit.
Venus, verein' diese Sieger, dann wird die Sache so enden:
   Daß Libitina zugleich beide mit sich nehmen kann.
(Libitina: Todesgöttin)   VIII 43

Ein zu hoher Preis

Du bewunderst allein, Vacerra, alte
Dichter, lobst sie auch nur, wenn tot sie liegen.
Soviel, bitte verzeih, Vacerra, ist's mir
nicht wert, dir zu Gefallen schon zu sterben.   VIII 69

Beim Wort genommen

»Sag mir, Marcus, die Wahrheit, bitte sag' sie.   . . . *et*
Gibt's doch nichts, was ich lieber hören möchte!«   *studio*
So sprichst du, wenn du vorträgst deine Büchlein,
und auch, wenn du verteidigst den Mandanten.
Darum, Gallicus, bittest du mich stets sehr.
Hart für mich wär' es, wollt' ich's dir verweigern.
Was noch wahrer als wahr ist, also höre:
Wahres, Gallicus, hörst du gar nicht gerne.   VIII 76

Unter den Blinden . . .

Jede Vettel zur Freundin hast du oder
jede Häßliche, übler noch als Vetteln.
Diese nimmst als Begleitung, schleifst du mit dir
durch Gelage und Hallen und Theater.
So bist schön du, Fabulla, bist ein Mädchen.   VII 79

Gruß-Wechsel

Afer, nachdem du zurück von den libyschen Stämmen, da wollt' ich
  »Sei willkommen bei uns!« sagen dir fünf Tage lang.
»Hat keine Zeit« oder »schläft« erfahr' ich, kam zweimal und dreimal.
  Jetzt ist's genug! Du verschmähst: »Sei willkommen!?« –
                                              Leb wohl!   IX 6

Auch eine Erbschaft!

Das eine gab ihm der Gott . . .

Nichts hinterließ, Bithynicus, dir, dem du doch gegeben,
  jährlich, Bithynicus, sechs Tausender, wenn ich nicht irr'.
Mehr vermachte er keinem, Bithynicus, brauchst nicht zu klagen;
  hat er dir jedes Jahr doch so sechstausend vermacht.   IX 8

Interessenkollision

Heiraten willst du den Priscus? Kein Wunder, Paula, bist schlau ja;
  Priscus will dich nicht frein? Ja, auch er ist ganz schlau.
(Priscus: sprechender Name »Uralt«)   XI 10

Geständnis

Schrieb ihren sieben Männern aufs Grab die Frevlerin Chloë
  »Das hier hab ich gemacht!« – Was könnte ehrlicher sein?   IX 15

Bau-Sparen

Gellius ist stets am Bau'n; er legt mal Schwellen, dann wieder
  paßt er der Tür Schlüssel an, kauft auch noch Riegel dazu.
Jetzt erneuert er diese, dann tauscht er aus jene Fenster.
  Wenn er nur bauen kann, macht er alles dafür.
So kann Gellius dann, wenn ein Freund ihn um Geld bittet, sagen
  nur ein einziges Wort, jenes berühmte: »Ich bau!«   IX 46

Selbst ist der Mann!

. . . das andere versagte er (Hom. Il. 16,250)

Der du besitzt eine Gattin, die schön und keusch und noch Jungfrau.
  Was erbittest, Fabull, du da das Dreikinderrecht?
Was du bittflehend erstrebst von unserem Herrscher und Gotte,
  wirst du dir geben auch selbst, wenn erigieren du kannst!   IX 66

Auf einen Brüll-Pädagogen

Was haben wir miteinander zu tun, du verdammter Schulmeister?
    Knaben und Mädchen zugleich ist doch dein Kopf so verhaßt!
Noch hat der Hahn im Kammschmuck die Stille nicht unterbrochen,
    da donnerst du schon los wütend in Wort und in Schlag.
So erschallt schwer das Erz, wenn der Amboß kräftig geschlagen,
    und wenn als Standbild der Schmied anpaßt den Anwalt
                                              dem Pferd.
Sanfter tobt da der Lärm im Rund des Amphitheaters,
    wenn der Anhänger Schar zujubelt siegreichem Schild.
Schlaf erbitten wir Nachbarn – genug wär ein Teil jeder Nacht uns! –,
    denn mal wach sein ist leicht, schwer aber, schlaflos zu sein.
Schick deine Schüler nach Haus! Willst, Schwätzer, du soviel
                                              bekommen,
    wie du bekommst, daß du schreist, dafür, daß du endlich
                                             schweigst?   IX 68

Schulen sind Werkstätten der Humanität (Comenius)

Sittenverfall

Tullius rief einst aus: »Oh Sitten! Ach, welche Zeiten!«,
    als Catilina versucht' gottlosen Frevel und Mord,
als Schwiegervater und -sohn mit furchtbaren Waffen sich stritten
    und die Erde dann troff traurig von viel Bürgerblut.
Warum rufst du *jetzt* aus: »Oh Sitten!« Warum: »Ach, oh Zeiten!«
    Was gefällt dir denn nicht, Caecilianus, was ist's?
Führender Männer Gewalt, den Wahn der Waffen – das gibt's nicht.
    Sicherem Frieden darf man, sicherer Freude vertrau'n.
Nicht die unseren machen's, daß widerlich dir sind die Zeiten,
    sondern, Caecilian, *deine* Sitten: die sind's!   IX 70

Überraschendes Zugeständnis

Da platzt einer vor Neid, mein liebster und wertester Julus,
    weil ganz Rom mich liest, deswegen platzt er vor Neid.
Platzen tut er vor Neid, weil stets jemand in jeder Menge
    zeigt mit dem Finger auf mich; deswegen platzt er vor Neid.
Platzen tut er vor Neid, weil beide Kaiser gegeben
    mir das Dreikinderrecht; deswegen platzt er vor Neid.
Platzen tut er vor Neid, weil am Stadtrand gehört mir ein Landgut
    und auch ein Häuschen in Rom; deswegen platzt er vor Neid.

Platzen tut er vor Neid, weil ich angenehm bin meinen Freunden,
 weil ich als Gast gern gesehn; deswegen platzt er vor Neid.
Platzen tut er vor Neid, weil geliebt ich, weil ich geschätzt bin;
 platzen soll doch vor Neid jeder, der platzet vor Neid! IX 97

Zum Beerben zu jung

Heiraten will Paula mich, aber ich möchte Paula nicht freien;
 ist sie ein altes Weib doch! – Ja, wenn noch älter sie wär! X 8

Mythisches Alter

Daß du, als Brutus noch Konsul, geboren seist, Lesbia, schwörst du.
 Lüge! Bist du gebor'n, als, Lesbia, Numa regiert'?
Das ist Lüge gleichfalls! Denn deine Jahrhunderte künden's,
 daß aus Prometheus' Lehm – so sagt man ja – du auch stammst.
X 39

Agrarische Nutzfläche – einmal anders

Glücks- Birgt, Phileros, dir doch der Acker die siebente Frau schon:
zahl 7   Keiner hat mehr als du Ackerertrag, Phileros! X 43

Bloß nicht müde werden!

Wunderst du dich, warum Afer nicht geht, um zu schlafen?
 Siehst doch die Frau, mit der, Caecilianus, er ruht! X 84

Dementi

Galla, dir schickt dein Mann das Kind dir zurück, auch dein Buhle;
 beide leugnen, glaub' ich, daß sie dir je beigewohnt. X 95

Pech

Während Papyrus, das leicht entzündlich, zum Haufen gestapelt,
 während Myrrhe und Zimt weinend die Ehefrau kauft,
schon ist die Gute bereit, bereit sind Trage und Salber,
 mich setzt als Erben schon ein Numa – da wird er gesund! X 97

Abb. 46   Vögel und Schalentiere. Wandmalerei aus Pompeji

Man kann nicht alles haben . . .

Aper kauft sich ein Haus, aber keines, das selbst eine Eule
  haben wollte: So schwarz, baufällig auch ist das Haus.
Ganz in der Nähe jedoch besitzt Maro, der Reiche, die Gärten:
  Speisen wird Aper recht gut, wohnen dagegen wohl nicht.   XI 34

Einleuchtendes Paradox

Lädst dreihundert dir ein, die ich nicht kenne,
fragst, weshalb ich nicht komme, dich verwundert,
trotz der Einladung, klagst und streitest heftig:
Speise eben, Fabullus, nicht so gern alleine.   XI 35

Schäferstündchen gegen Bezahlung

Lesbia schwört, daß umsonst noch keiner mit ihr hätt's getrieben.
    Recht hat sie! Denn wenn sie's treibt, pflegt sie es auch
              zu bezahl'n.   XI 62

Einseitige Korrespondenz

Weiß, Faustus, nicht, warum du schreibst so zahlreichen Mädchen.
    Dies nur weiß ich bestimmt: Kein Mädchen schreibt dir zurück.
              XI 64

Deutlicher Hinweis

Lebend gibst du mir nichts. Sagst, willst nach dem Tode mir geben.
    Bist du, Maro, kein Narr, weißt du, was ich nun erhoff.   XI 67

Lauwarmes Lob

Um nicht die Würd'gen zu loben, da lobt Callistratus alle.
    Wem niemand schlecht erscheint, wer kann da gut für ihn sein?
              XII 80

Späte Miete

Niemand wohnt gratis bei dir, ist er reich nicht und auch ohne Kinder.
    Mehr Miete zahlt gleichwohl, Sosibianus, kein Mensch.   XI 83

Erstaunlich!

So groß ist deine Keuschheit, Saphron, im Fühlen und Reden,
    daß mich verwundert, daß du Vater zu werden vermocht.
              XI 103

In vino veritas? – Nicht immer!

Alles versprichst du, wenn du die ganze Nacht hast getrunken.
    Morgens hältst du dann nichts; Pollio, trink in der Früh!   XII 12

Ersatzteil-Probleme

Zähne und Haare benutzt du – schämst dich dafür nicht – gekaufte.
    Was willst du tun mit dem Aug'? Laelia, *das* kauft man nicht!
              XII 23

Abb. 47   Öffentliche Toilette in Dougga/Tunesien

Kontaktanbahnung

In allen Klos verbringt Vacerra manche Stund.
Er sitzt den ganzen Tag dort, wenn du fragst, warum:
Nach Speisen steht Vacerras Sinn, nach Kacken nicht.   XI 77

Man trifft sich . . .

Sehr doppeldeutig . . .

Zehnmal erkrankst du im Jahre oder sogar noch viel öfter,
 und das schadet nicht dir, uns aber wohl, Polycharm.
Denn sooft du genest, verlangst du Geschenke von Freunden.
 Scham diktier's dir: Sei nur einmal noch krank, Polycharm!
XII 56

151

Erkenntnisschock

Spötter war Fabian bei allen Brüchen,
grad noch fürchteten diesen alle Hoden,
wenn geschwollene Brüche er verhöhnte
so, wie's zwei von der Art Catulls nicht könnten.
Plötzlich sah er jedoch in Neros Thermen,
armer Kerl!, mal sich selbst – worauf er stumm ward. XII 83

Nasenbesitzer

Nase hat Tongilian. Ich weiß es, leugne's mitnichten;
    Tongilian hat jedoch außer der Nase sonst nichts. XII 88

Die Grenzen des Teilens

Teilst, Magulla, mit deinem Mann das Bettchen,
auch den Lustknaben teilst du dir mit ihm doch.
Weshalb teilst, sag mir, du nicht auch den Mundschenk?
Seufzst da auf, nicht zu Unrecht: Fürchtest Gift wohl! XII 91

*Abb. 48
Mundschenk.
Relief*

Helden des Stadions und andere Witzfiguren . . .
Aus griechischen Spottepigrammen

Im 11. Buch der »Anthologia Graeca«, einer Sammlung von rund 3700 griechischen Kurzgedichten, finden sich ca. 200 Spottgedichte, die den Epigrammen Martials in Inhalt und literarischer Technik recht nahestehen. Angegriffen werden auch hier Fehler und Schwächen von Zeitgenossen, auch hier geht der invektivische Spott zum Teil hart zur Sache. Eine besonders dankbare Zielgruppe dieser epigrammatischen Angriffslust sind die Athleten.
Beklagen dürfen sich die Sportler über dieses satirische Interesse an ihren Leistungen nicht: Sie alle stehen als Profis gewissermaßen auf dem Präsentierteller, und wer seinen Lebensunterhalt so verdient, muß auch die bissigen Kommentare eines kritischen Publikums in Kauf nehmen, das die Athleten an ihren eigenen Ansprüchen mißt. Als besonders scharfzüngiger Zuschauer, der die Schwächen einzelner Sportler – und auch die Fragwürdigkeit schwerathletischer Disziplinen – in seinen Spottepigrammen schonungslos entlarvt, ragt Lukillios hervor. Wie die meisten anderen seiner Dichterkollegen, die im folgenden zitiert werden, schrieb er im 1. Jh. n. Chr. Mehr wissen wir allerdings über ihn nicht – außer daß er seinem römischen Pendant Martial durchaus das Wasser reichen konnte. Doch urteile jeder Leser selbst . . .

Sportler-Schicksale

Standhafter Läufer

Nur Erasistratos hat, den Läufer, neulich die Erde,
   als alles andre erbebt, nicht in Bewegung gesetzt.Lukillios AP XI 83

Der Läufer als Schnecke

Ob Perikles das Stadion durchlaufen hat oder durchmessen,
   keiner weiß es so recht. Heilige Langsamkeit du!
Schon erklang im Ohr das Startseil, schon wurd' ein andrer
   siegreich bekränzt. Perikles war keine Handbreit vom Start!

Anonymos AP XI 86

Abb. 49   Stationen einer Karriere im Gesicht verewigt. Der Faustkämpfer. Bronzestatue

Boxer-Visage

Der sich jetzt so präsentiert: Olympikos hatte einst, Kaiser,
  Nase, Brauen und Kinn, Ohren und Lider wie wir.
Seit er sich einschrieb jedoch als Boxer, verlor er das alles;
  selbst vom Erbe sein Teil ging ihm dadurch verlor'n:
Denn als sein Bruder dem Richter ein Bild von ihm überreichte,
  urteilte der ihn als fremd, da er nichts Ähnliches fand.

Non vivere, sed valere vita:

Lukillios AP XI 75

Warnung vor dem Spiegelbild

Da einen solchen Rüssel du hast, Olympikos, geh nicht
  zu einer Quelle mal hin, schau auch nie ins klare Naß!
Wenn du nämlich dort siehst wie Narzissus dein wirkliches Antlitz,
  gehst du zugrunde alsbald, haßt auf den Tod dich dann selbst.

Lukillios AP XI 76

Anstiftung zum Meineid

Als sich im zwanzigsten Jahr Odysseus nach Hause gerettet,
  da erkannte sein Hund Argos sofort die Gestalt.
Aber nachdem du geboxt, Stratophon, nur ganze vier Stunden,
  warst du den Hunden zwar noch, nicht aber Menschen bekannt.
Wenn du es willst, dann schau dein Gesicht dir doch an mal
                                                    im Spiegel.
»Ich bin Stratophon nicht!« wirst du selbst sagen und schwör'n.

Nicht wer lebt, der lebt, sondern wer gesund ist (Martial VI 70,15)

Lukillios AP XI 77

Faustkämpfer als Pantoffelheld

Hört als Faustkämpfer auf, dann feiert Kleombrotos Hochzeit;
  Nemea und Korinth – Schläge wie dort kriegt er hier.
Selbst die Olympischen Spiele übertrifft die streitbare Alte;
  Schaudern erfaßt ihn zu Haus mehr als im Stadion einst.
Holt er nur Luft, dann wird mit Wettkampf-Schlägen gegerbt er,
  daß er Stöße ihr gibt; gibt er sie, wird er gegerbt.

Lukillios AP XI 79

Abb. 50   Laufwettbewerb. Panathenäische Amphora der Berliner Malers

Siebter Platz in einem Felde von sechs

Langstrecke lief Charmas einst in Arkadien gegen fünf andre.
  Merkwürdig zwar, doch wahr: Ging als Siebter durchs Ziel.
»Wie«, wirst du fragen vielleicht, »als der Siebte von Sechsen?«
                                                    Doch kam noch
  Mut ihm zu machen, ein Freund eilig im Mantel herbei.
So geschah's, daß er Siebter wurde. Hätt' er noch fünf Freunde,
  käme er, Zoilos, wohl erst als der Zwölfte ins Ziel.

Nikarchos II. AP XI 82

Konkurrenten-Dank

Konkurrenten waren's, die hier erbauten ein Denkmal
  Apis, dem Boxer. Wieso? Keinen je hat er verletzt.

Lukillios AP XI 80

Abb. 51 Ringerschule. Bauchamphora des Phrynos-Malers

ZYNISMEN À LA CARTE

Ein todsicherer Arzt

Markus, der Arzt, hat gestern ein Zeusbild aus Marmor betastet.
Sei er auch Marmor und Gott, heut erhält Zeus schon sein Grab.
Lukillios AP XI 113

Alarm in der Unterwelt

Tot ist Eutychides, der Liedermacher. Nun fliehet,
  Seelen im Hades, er kommt, bringt seine Lieder gleich mit.
Testamentarisch verfügt ist's: Zwölf Zithern mit ihm zu verbrennen
  und fünfundzwanzig dazu Kisten mit Noten von ihm.
Nun steht der Tod euch endgültig bevor. Wohin soll einer flüchten,
  weiter noch, wenn unten dort Eutychides auch noch herrscht?
                                            Lukillios AP XI 133

Erotischer Grammatikunterricht

Repetitio   Als Grammatiker hat Zenonis den Langbart Menander,
est mater   auch ihren Sohn hat sie, sagt man, ihm gern anvertraut.
studiorum   Nächtelang hört er nicht auf, mit ihr nunmehr einzuüben
    Fälle und Konjunktion, Konjugation und Figur. Lukillios AP XI 139

Gefährliches Weisheitssymbol

Bester, du glaubst, ein Bart, der könne zum Weisen dich machen,
 deswegen pflegst du ihn so, Fliegen wehrt er dir ab.
Schneid' ihn rasch ab! Ich rat's dir! Ein solcher Bart schafft
                                                        nicht Weisheit,
 wohl aber bringt er dir Läuse in großer Zahl ein.
Ammianos AP XI 156

Pech gehabt

»Jetzt hat mein Stündchen geschlagen«, sprach Aulos der
                                                        Stubengelehrte,
 als sein Geburtshoroskop er für sich selbst hat erstellt.
»Nur vier Stunden hab ich noch zu leben.« Da kam schon
                                                        die fünfte:
 Nichts hat er wirklich gewußt: Weiterzuleben galt es!
Scham erfaßt' vor Petorisis ihn; da griff er zum Stricke.
 Stirbt er auch hoch in der Luft, stirbt er als Pfuscher gleichwohl.
Lukillios AP XI 164

Sterben ist preiswerter . . .

Sterbend machte sein Testament Hermokrates der Geizhals,
 setzt für seinen Besitz selbst sich als Erben ein.
Lange dacht' er, wie er da lag, wieviel Geld er den Ärzten
 schulde, falls er genas, auch wie teuer das Kranksein.
Als er dann fand, es sei teurer um eine Drachme die Rettung,
 »Sterben erbringt mehr Gewinn«, sprach er und brachte sich um.
Da liegt er nun und hat nur noch einen Obolos. Aber
 freuen tun sich alle die, die seine Güter ererbt.   Lukillios AP XI 171

Den Ärzten ein Schnippchen geschlagen

Todesursache Neid

Als Diophon, der Neidhammel, sah, daß am höheren Kreuze
 höher noch hing als er selbst der neben ihm, da war's aus.
Lukillios AP XI 192

◁ *Abb. 52 Erotische Szene. Oinochoe des Schuvalow-Malers*

Abschreckung

Wenn man Antipatra nackt den Parthern zur Schau gestellt hätte,
wären sie weiter als bis Herakles' Säulen geflohen.

Ammonides AP XI 201

*Abb. 53 Phlyaken-
posse. Kelchkrater
Gruppe von Louvre*

Erst begraben, dann schmusen

Moschos, ganz schlau, hat begraben die Alte und gefreit eine
Jungfrau,
   hat die Mitgift jedoch ganz für sich reklamiert.
Lob verdient sein Verstand! Denn er allein hat verstanden,
   wen man zum Schmusen und wen man zum Beerben sich nimmt.

Anonymos AP XI 202

Frommer Wunsch

Sei dir da unten im Grab die Erde leicht, armer Nearch!
   Dann fällt's den Hunden auch leicht, dich dort herauszuscharr'n.

Ammianos AP XI 226

Hintern oder Mund!

Mund und Hintern von dir – sie riechen ganz gleich, Theodoros,

sie unterscheiden zu könn'n, wär' für die Ärzte ganz toll.
Solltest draufschreiben du nicht, was Hintern bei dir und was
                                                                  Mund ist?
Jetzt nämlich kommt's mir so vor, daß, wenn du redest, du furzt.
                                                Nikarchos II. AP XI 241

Auf einem Seelenverkäufer unterwegs

Heißa, wir fahren zur See, Dionys! Und das Schiff ist befrachtet
   ganz mit Meerwasser schon, von allen Seiten strömt's rein.   *Wasser hat*
Ausgeschöpft sind schon Tyrrhenis, die Adria, Issos, Ägäis;   *doch Balken*
   dies ist kein Schiff mehr, es ist Ozeans hölzerner Quell.
Kaiser, greife zum Schwert! Dionysios herrscht nämlich nicht mehr
   nur übers Schiff, sondern ist auch Beherrscher der See.
                                                Lukillios AP XI 247

Gynäkophobien

Jedes Weib schafft Verdruß; es bietet nur zwei schöne Stunden:
   Eine im Hochzeitsgemach, eine beim Totengeleit.
                                                Palladas AP XI 381

Auch eine Methode . . .

Plappernd aus stinkendem Maul vertrieb der Beschwörer
                                        den Daimon,
nicht mit der Macht seines Fluchs, sondern mit der des Gestanks.
                                                Lukianos AP XI 427

Kabinettstückchen antiken Humors

Homer: Unauslöschliches Lachen erscholl da vom Munde der Götter ...

So ein handfester Krach – der kommt auch in den besten Familien vor. Und da macht die hehre Götterfamilie auf dem Olymp keine Ausnahme. Als Hera von einer heimlichen Unterredung ihres Gatten mit Thetis, der Mutter Achills, erfährt, ist es soweit: Sie macht Zeus eine Szene, woraufhin der »Vater der Menschen und Götter« derart in Wut gerät, daß er seiner Frau eine Tracht Prügel in Aussicht stellt, wenn sie sich nicht sofort füge. Eine peinliche Szene – und um so peinlicher, als sie sich vor den Augen aller Götter abspielt. Denen schlägt der Ehestreit geradezu auf den Magen, und erst die Vermittlungsbemühungen Hephaists stellen die olympische Harmonie wieder her. Wobei ihm die erlauchte Runde seine diplomatischen Künste schlecht dankt: Die Erinnerung daran, wie Zeus ihn einst in hohem Bogen aus dem Olymp geworfen hat, und sein darauf zurückgehendes Hinken wirken, als er dienstfertig die Rolle des Mundschenks übernimmt, so komisch, daß die Götterversammlung schließlich in das sprichwörtlich gewordene »homerische Gelächter« ausbricht.

Göttliche Faxen

So geht es bei Homer in der Welt der Götter zu: Sie unterscheiden sich in ihrem Gefühlsleben und ihren Reaktionen nicht von den Menschen, sie sind ebenso rachsüchtig und schadenfroh, ebenso zänkisch und eifersüchtig. Eigentlich sollte es so ja nicht sein – von diesem Gedanken kann man sich kaum freimachen. Aber gerade aus dieser Spannung zwischen Erwartung und – homerischer – Realität erklärt sich das Sympathische an diesen Göttergestalten und nicht zuletzt auch die belustigende Wirkung, die solch »ungöttliches« Verhalten zu allen Zeiten auf die Hörer und Leser Homers gehabt hat.

Abb. 54   Götterversammlung mit Zeus und Hera. Amphora

EHEKRACH AUF DEM OLYMP

So setzte sich Zeus dort nieder auf den Thron. Aber es war Hera
nicht verborgen geblieben, wie mit ihm Rat gehalten hatte
die silberfüßige Thetis, die Tochter des greisen Meeresbeherrschers.
Alsbald sprach sie Zeus Kronion mit kränkenden Worten an:
»Welcher Gott hat wieder mit dir, Listenreicher, Rat gehalten?
Stets ist es dir lieb, wenn du von mir getrennt bist,
heimlich ersonnene Pläne zu genehmigen, und niemals wagtest du,
mir offen zu verkünden, was du zu tun gedachtest.«

Ihr antwortete darauf der Vater der Menschen und Götter:
»Hera, hoffe nicht darauf, alle meine Pläne zu erfahren!
Unangenehm werden sie für dich sein, auch wenn du meine Frau bist.
Zwar soll, was dir zu hören sich ziemt, in Zukunft

Eifersucht ist eine Macht . . .

keiner von den Göttern früher erfahren als du;
was ich aber ohne Wissen der Götter zu beschließen gedenke,
das alles sollst du nicht auskundschaften noch erfragen!«

Darauf erwiderte die Kuhäugige, die Herrin Hera:
»Was für ein Wort hast du da, schrecklicher Kronos-Sohn,
                              gesprochen!
Keineswegs habe ich dich jemals ausgehorcht oder befragt,
sondern ganz in Ruhe beschließt du, was immer du willst.
Doch bin ich jetzt sehr in Furcht, daß dich beschwatzt hat
die silberfüßige Thetis, die Tochter des greisen Meeresbeherrschers.
Denn in der Frühe saß sie bei dir und umfaßte deine Knie.
Ihr hast du, glaube ich, wahrhaftig zugesagt, daß du Achill
ehren wirst, viele Griechen aber bei den Schiffen vernichten wirst.«

. . . die mit Eifer sucht . . .

Ihr antwortete der Wolkensammler Zeus und sagte:
»Seltsame du! Immer vermutest du, und nichts von mir bleibt
                              dir verborgen.
Erreichen aber kannst du trotzdem nichts, vielmehr wirst
                              meinem Herzen
du nur ferner stehen, und das wird für dich noch furchtbarer sein.
Und wenn das so ist, dann wird es mir eben so belieben!
Du aber setz dich und schweig und gehorche meinem Wort!
Kaum werden dir sonst helfen all die Unsterblichen im Olymp,
wenn ich auf dich zutrete und die unberührbaren Hände an
                              dich lege!«

So sprach er. Da erschrak die Kuhäugige, die Herrin Hera,
und setzte sich nieder und schwieg und zähmte ihr wild
                              pochendes Herz.
Aufgebracht waren im Hause des Zeus die Götter, die
                              Bewohner des Himmels.
Von ihnen begann Hephaist, der Kunstberühmte, so zu sprechen,
seiner Mutter zuliebe, der lilienarmigen Hera:

»Heillos ist das, was ihr tut, und nicht mehr zu ertragen,
wenn ihr zwei euch der Sterblichen wegen so streitet
und vor den Göttern so ein Geschrei aufführt! Und keine Freude
werden wir mehr am edlen Mahle haben, wenn das Gemeinere
                              sich durchsetzt.
Der Mutter rate ich, auch wenn sie selbst genug Verstand hat,
                              das einzusehen,

unserem geliebten Vater gefällig zu sein, dem Zeus, damit
                                                    nicht wieder
schilt der Vater und uns die Mahlzeit vergrault.
Denn wenn er's wollte, könnte der blitzeschleudernde Olympier
uns von den Sitzen schleudern; er ist ja bei weitem der Stärkste.
Wende du dich also mit freundlichen Worten an ihn,
dann wird uns der Olympier alsbald wieder geneigt sein!«

So sprach er, sprang auf, reichte den doppelhenkligen Becher
der geliebten Mutter und sagte zu ihr:
»Ertrage es, teure Mutter, und halte an dir, magst du auch
                                                    betrübt sein;
damit ich nicht mit eigenen Augen sehen muß, wie du, die geliebte,
Schläge bekommst. Dann könnte ich dir, so leid es mir täte,
nicht beispringen. Denn schwer ist's, sich dem Olympier
                                                    zu widersetzen.

. . . was Leiden schafft

Schon einmal, als ich versuchte, dich vor ihm zu schützen,
packte er mich am Fuß und warf mich hinaus von der
                                                    göttlichen Schwelle.
Einen Tag lang flog ich, doch als die Sonne unterging,
stürzte ich auf Lemnos herab, und nur wenig Leben war noch in mir.
Dort pflegten die Sintier mich nach dem Sturze.«

So sprach er, da lächelte die weißarmige Hera,
lächelnd auch nahm sie aus den Händen des Sohnes den Becher.
Der aber schenkte den Göttern allen von links nach rechts
ein, den süßen Nektar aus dem Mischkrug schöpfend.
Unauslöschliches Gelächter aber erhob sich unter den seligen
                                                    Göttern,
als sie sahen, wie Hephaist eifrig im Saale umherhinkte.
                                                    (Homer, Ilias I 536–600)

Aristophanes: Wie das Gesetz es befiehlt . . .

Kratinos, Eupolis und Aristophanes bildeten die Trias der berühmtesten Komödiendichter des Altertums; von diesen Vertretern der »Alten Komödie« sind uns nur Stücke des Aristophanes erhalten. Stellt sich die spätere »Mittlere« und »Neue Komödie« mehr als heiteres bürgerliches Lustspiel dar, so ist die »Archaia« viel aggressiver, viel direkter und viel derber. Sie strotzt vor Lebenskraft und kennt keine Hemmungen – im Sprachlichen nicht und auch nicht in ihren giftigen Angriffen auf Politiker und Literaten, Feldherren und Philosophen. Und sie ist eben auch eine ganz wichtige politische Instanz: Nirgendwo zeigt sich die Liberalität der athenischen Demokratie deutlicher als in der staatlich gewissermaßen institutionalisierten und damit geschützten sarkastischen Kritik, mit der die Komödiendichter ohne Einschränkung alles und jedes aufs Korn nehmen durften – die Demokratie und den Demos inklusive, die ihnen diese Freiheit garantierten. Die Komödie will teils direkt auf die Politik beziehungsweise die politische Diskussion Einfluß nehmen und scheut sich deshalb auch nicht vor tagespolitischen Einmischungen, teils arbeitet sie mit utopischen Gegenentwürfen, um auf diese Weise die Unvollkommenheiten und Mängel der bestehenden Verhältnisse plastisch herauszuarbeiten und der Lächerlichkeit preiszugeben. Auf diese Weise leistet sie einen unschätzbaren Beitrag zur politisch-moralischen Hygiene einer lebendigen Demokratie, aus deren Vitalität sie ihrerseits ihre unbändige Frische und freche Selbstverständlichkeit bezieht. Insofern ist es nicht erstaunlich, daß ihr Höhepunkt mit der Glanzzeit Athens im 5. Jahrhundert v. Chr. zusammenfällt.

Die Komödie ist andererseits Bestandteil des Staatskultes. Genauer gesagt: der ausgelassenen Feiern zu Ehren des Dionysos, die zugleich Feste der Fruchtbarkeit waren. Daraus erklären sich ihr unflätig-obszöner Charakter, ihr uneingeschränktes Bekenntnis zum menschlichen Sexualtrieb, ihre volkstümlich-derbe Diktion, die selten ohne Anleihe bei der Gossensprache auskommt. Die Sexualität ist für die Komödiendichter – und ihr Publikum! – eine unerschöpfliche Quelle humorvoller Einfälle, komischer Situationen und deftiger Gags. Wer darauf mit Entrüstung und Prüderie reagiert – wie zum Beispiel manche englischen Herausgeber, die *Ad usum Delphini* gekürzte Aristophanes-Ausgaben vorlegen, in denen die »unanständigsten« Stellen ausgelassen sind –, verkennt einen wesentlichen Grundzug, ja tragenden Pfeiler der Alten Komödie. Erfrischend lapidar hat all diesen selbsternannten Tugendwächtern der berühmte Wilamowitz-Moellendorff ins Stammbuch geschrieben: »Wer den Phallus nicht ehrt, ist die Komödie nicht wert!«

Die im folgenden ausgewählte Passage stammt aus dem Spätwerk des Aristophanes. Die »Ekklesiazusen« sind wahrscheinlich im Jahre 392 aufgeführt worden. Wenn auch nicht mehr mit demselben polemisch-politischen Engagement wie in der Situation vor

404 v. Chr. (Niederlage Athens im Peloponnesischen Krieg), so rechnet Aristophanes doch auch hier mit dem politischen Establishment ab. Grundidee der Komödie ist die Ablösung des unfähigen, korrupten Männerregiments durch die athenischen Frauen. Sie werden fortan in der Ekklesia, der Volksversammlung, die Beschlüsse fassen; im Rahmen eines kompletten Rollentausches werden fortan die Männer ins häusliche Abseits gestellt. Gleichzeitig wird die Einführung einer kommunistischen Güter- und Lebensgemeinschaft beschlossen, die – Stichwort »Weibergemeinschaft« – vielen Männern zunächst attraktiv erscheint. Aber das Ganze hat einen Pferdefuß, und daraus entwickelt sich die komische Turbulenz, die A. Lesky so charakterisiert: »Ganz toll und ganz aristophanisch – aber das ist eine Tautologie – geht es bei der Verwirklichung eines wichtigen Programmpunktes zu, der den Frauen dadurch gleichen Anteil am Liebesgenuß sichern will, daß die alten vor den jungen zum Zuge kommen.«
Zunächst aber die Reaktion zweier Männer, die im »Staatsstreich« der Frauen durchaus Positives zu erblicken vermögen:

Im Klammergriff liebestoller Greisinnen

Blepyros: Wie also lautet der Beschluß?
Chremes: Den Frauen den Staat zu übertragen: denn das allein sei in Athen noch nie dagewesen.
Blepyros: Und es ward beschlossen?
Chremes: Ich sag's dir ja.
Blepyros: Und alles wird nun auf sie übertragen, worum sich zuvor die Bürger kümmerten?
Chremes: So verhält es sich!
Blepyros: Nicht ich, sondern meine Frau geht also künftig zum Gericht?
Chremes: Und du wirst auch deine Lieben nicht mehr ernähren, sondern deine Frau.
Blepyros: Und nicht mehr ist's mein Werk, am frühen Morgen aufzustöhnen?
Chremes: Nein, beim Zeus! Das alles kommt den Frauen jetzt zu. Du aber wirst hübsch zu Hause bleiben, ohne dich zu beklagen, und dort wohlig furzen.
Blepyros: Nur eins ist mühsam für Männer in unserem Alter, daß

die Frauen, wenn sie die Zügel des Staates übernommen haben, uns dann auch zwingen können mit Gewalt . . .
Chremes: Was zu tun?
Blepyros: Sie zu beschlafen.
Chremes: Und wenn wir's nicht können?
Blepyros: Geben sie uns kein Frühstück.
Chremes: So tu's, bei Gott, lieber, damit du Frühstück kriegst und zugleich Bewegung!
Blepyros: Gezwungen ist es schrecklich.
Chremes: Aber wenn's dem Staate frommt, dann muß es jeder Mann tun!

So wohlig sich die beiden das dolce far niente vorstellen, das durch den gesetzlich beschlossenen Rollenwechsel auf sie zukommt, so haben sie doch schon richtig erkannt, wo für sie bei der neuen Ordnung der Haken ist. In der Tat hat die Frauenversammlung in puncto Sexualität ganze legislatorische Arbeit geleistet. Damit die älteren, unattraktiven Frauen nicht zu kurz kommen, hat sie Schwerwiegendes verfügt: Jeder Mann, der sich der holden Jung-Weiblichkeit zuwenden will, muß sich zunächst um eine Alte kümmern. Zu welchen Problemen das in der Praxis führt, malt Aristophanes in einer Szene aus, die in ihrer derben Anschaulichkeit überaus komisch wirkt – nicht zuletzt, weil sie an die Schadenfreude der Zuschauer appelliert, die sich in genüßlichem Voyeurismus zurücklehnen und abwarten können, ob es dem bemitleidenswerten Opfer im letzten Augenblick gelingen wird, sich aus den Fängen sexhungriger Greisinnen zu befreien. Vergebens hat der junge Mann versucht, den Nachstellungen einer Alten zu entkommen:

Alte: Ich laß dich nicht gehen!
Jüngling: Du bist verrückt, Alte!

> Erst die Pflicht . . .

Alte: Schwatz nicht! Ich nehm dich jetzt mit in mein Bett.
Jüngling (zum Publikum): Wozu kauft man denn Haken für Eimer? Damit man so 'ne Alte in den Brunnen hinunterlassen und den Eimer wieder hochziehen kann.
Alte: Mach dich nicht über mich lustig, frecher Kerl, sondern komm jetzt hinter mir her!
Jüngling: Das muß ich nicht, falls du dem Staat nicht ein Fünftel Prozent Steuer für meine Dienste entrichtet hast.
Alte: Und *wie* du mußt, bei Aphrodite! Was macht's mir für'n Spaß, mit solchen Jüngelchen ins Bett zu gehen!

Abb. 55   Herakles und Geropso. Skyphos des Pistoxenos-Malers

Jüngling: Aber ich hasse es, mit so alten Weibern zu schlafen; nie kriegst du mich 'rum!
Alte: (zieht ein Schriftstück heraus) Beim Zeus, das hier wird dich aber zwingen!
Jüngling: Was ist das?
Alte: Der Volksbeschluß, nach dem du mit mir kommen mußt.
Jüngling: Lies vor, worum's da geht!
Alte: Klar lese ich's dir vor. – Die Frauen haben beschlossen: Wenn ein junger Mann eine junge Frau begehrt, darf er sie nicht eher stoßen, bevor er's nicht zuerst einer Alten besorgt hat. Wenn er das aber vorher nicht will, sondern nur hinter der Jungen her ist, dann soll es den älteren Frauen erlaubt sein, den Jüngling ungestraft an den Hoden zu packen und ihn mit sich zu zerren.
Jüngling: Oh weh, ich werde heute noch zum Prokrustes!
Alte: Unseren Gesetzen ist nämlich Folge zu leisten.
Jüngling: Was aber, wenn ein Nachbar oder der Freund vorbeikommt – und mich errettet?
Alte: Kein Mann ist auch nur über einen Scheffel mehr Herr.

. . . dann die Kür

Jüngling: Sich durch Eid aus der Affäre ziehen geht nicht mehr?
Alte: Keine Tricks mehr möglich!
Jüngling: Dann schütz ich vor, Kaufmann zu sein.
Alte: Sieh dich bloß vor!
Jüngling: Was muß ich also tun?
Alte: Einfach mir folgen!

Zwischen Skylla ...

Jüngling: Und das muß ich wirklich?
Alte: Unvermeidlich!
Jüngling: Streue erst einmal Oregano-Spitzen über dein Bett, brich vier Weinranken ab und breite sie aus, lege Trauerbänder aus und stell Ölflaschen bereit, stell auch eine Schale Wasser vor die Tür!
Alte: Du kaufst mir bestimmt auch noch einen Kranz.
Jüngling: Ja sicher, beim Zeus, wenn du ein paar Wachslichter noch überlebst. Denn drinnen, denk ich, fällst du gleich sofort zusammen.

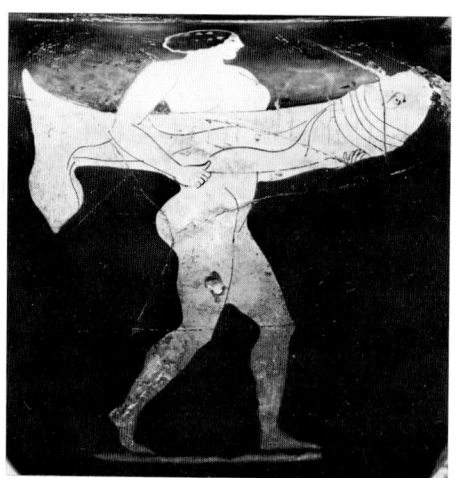

Abb. 56 *Frau mit Riesenphallus. Kolonettenkrater des Pan-Malers*

(Aus der Tür eines anderen Hauses tritt das Mädchen, das der junge Mann eigentlich hatte besuchen wollen.)

Mädchen: Wohin schleppst du ihn?
Alte: In *mein* Haus bring ich ihn!
Mädchen: Du bist nicht bei Verstand! Er ist viel zu jung, um mit dir zu schlafen. Könntest du doch eher seine Mutter als seine Frau

sein. Wenn ihr euch nach *dem* Gesetz richtet, werdet ihr die ganze Welt mit Ödipussen füllen.
Alte: Luder du! Purer Neid gab dir diese Worte ein. Aber du wirst es mir büßen!

(Ernüchtert tritt die Alte ins Haus.)

Jüngling: Das war ein Liebesdienst, bei Zeus dem Retter, mir diese Alte vom Halse zu schaffen, mein Zuckerpüppchen. Für diese Wohltat werd ich dir bis zum Abend großen und dicken Dank abstatten!

(Sie wollen ins Haus des Mädchens gehen, als plötzlich eine zweite Alte auf der Bildfläche erscheint:)

2. Alte: He du, wo schleppst du den da, gegen das Gesetz, hin?! Es steht da schwarz auf weiß, daß er erst einmal mit mir schlafen muß!
Jüngling: Oh weh, ich Unglücksrabe! Wo bist du denn herausgekrochen, garstiges Scheusal? Das Scheusal ist ja noch übler als die erste Alte!
2. Alte: Los, komm hinter mir her!
Jüngling: (zum Mädchen): Ich flehe dich an: Laß um Gottes willen nicht zu, daß die da mich abschleppt!
2. Alte: Nicht ich schleppe dich weg, sondern das Gesetz!
Jüngling: Oh, nein, sondern ein mit Blutgeschwülsten übersätes Monstrum!
2. Alte: Nun komm endlich, mein Schätzchen, und hör auf zu schwatzen!
Jüngling: Laß mich eben erst beiseite gehen, damit ich wieder zu mir komme. Wenn nicht, dann mach ich hier, du wirst es sehen, vor lauter Angst was Braunes.
2. Alte: Nur Mut! Komm, kannst dich drinnen entleeren!
Jüngling: Mehr, als ich selber will, fürcht' ich. Laß mich dir doch zwei tüchtige Bürgen stellen!
2. Alte: Kein Bedarf!

(Sie will ihn mit sich zerren, da taucht eine dritte Alte auf.)

3. Alte: He du, wohin willst du mit der da?
Jüngling: Von mir aus nirgendwo hin, aber ich werde abgeschleppt! Wer du auch seist, der Himmel segne dich dafür, daß du nicht untätig dabei zusiehst, wie ich verheizt werde. – Ach du Schreck! O Her-

. . . und Charybdis

*Abb. 57
Jüngling auf der
Flucht. Schale*

kules, o ihr Pane, o ihr Korybanten, o Dioskuren! Die da ist ja ein noch viel garstigeres Scheusal als diese! Was für ein Ungeheuer ist das, was mir da über den Weg läuft? Ein Affe, über und über mit Bleiweiß beschmiert? Oder eine Alte, die von den Toten wiederauferstanden ist?

3. Alte: Spotte nicht, sondern folge mir!
2. Alte: Nein, mir!

(Beide zerren an ihm.)

3. Alte: Ich laß dich nie im Leben los!
2. Alte: Ich auch nicht!
Jüngling: Ihr reißt mich in Stücke, verfluchte Hexen!
2. Alte: Mir mußt du folgen nach dem Gesetz!
3. Alte: Nicht, wenn eine andere, noch häßlichere Alte auf der Bildfläche erscheint!
Jüngling: Wenn ich erst mal unter euch zugrunde gerichtet werde, wie soll ich denn dann zu der Schönen kommen?
3. Alte: Das ist deine Sache! Erst mußt du hier deine Pflicht tun.
Jüngling: Wen von euch beiden soll ich denn zuerst vornehmen, um von dem widerlichen Geschäft wegzukommen?
2. Alte: Das weißt du nicht? Mir nach!
Jüngling: Laß mich doch erst mal los!

Service above self

3. Alte: Los komm, hinter mir her!
Jüngling: Wenn *die* mich losläßt!
2. Alte: Ganz sicher werd' ich dich nicht loslassen!
3. Alte: Und ich auch nicht!
Jüngling: Ihr wärt gefährliche Fährleute!
2. Alte: Wieso?
Jüngling: Ihr würdet eure Passagiere in Stücke reißen.
2. Alte: Halt jetzt die Klappe und komm!
3. Alte: Bei Zeus, du kommst mit mir!
Jüngling: Dies muß ganz klar nach dem Gesetz des Kannonos entschieden werden: Nacheinander muß ich euch vornehmen. Wie soll ich denn mit zwei Rudern arbeiten können?
2. Alte: Fein, iß nur zuvor einen Topf voll Zwiebeln!
Jüngling: Oh je, schon bin ich nah zur Tür geschleppt!
3. Alte: (zur 2. Alten) Das wird dir aber nichts nützen! Ich werd' mit dir zusammen ins Haus fallen.
Jüngling: Großer Gott, bloß nicht! Ein Unglück ist immer noch besser als zwei!
3. Alte: Bei Hekate! Was macht's, ob du willst oder nicht?!
Jüngling: Weh, dreimal weh, wenn man gezwungen ist, es einem verfaulten Weib die ganze Nacht, den ganzen Tag lang zu besorgen, und wenn ich mit der fertig bin, dann noch der Kröte da, die einen Schminktopf auf den Backen trägt! Bin ich nicht ein Pechvogel? Bei Zeus dem Retter, ein unglücklicher, elender Mann, der ich mit diesen Bestien da eingesperrt werde! Wenn mir aber bei diesen Huren etwas Menschliches passiert, während ich in die Bucht einfahre, dann begrabt mich vor der Einfahrt; und überzieht die Alte hier bei lebendigem Leib mit Teer, gießt heißes Blei ihr um die Füße bis zum Knöchel und stellt sie als Tränenkrug auf mein Grab!

(Aristophanes, Ekklesiazusen 445–472; 1000–1111)

Theophrast: Das Lächeln der Selbsterkenntnis

Sie kommen sehr unauffällig daher, die dreißig »Charakterskizzen« (Ἠθικοὶ χαρακτῆρες, »ethische Charaktere«) des Theophrast (ca. 371 – ca. 287 v. Chr.). Aber es ist wohl gerade das schlichte, auf jeden rhetorischen Putz verzichtende sprachliche Gewand, das sie so echt und lebensnah erscheinen läßt. Mit wenigen Strichen

arbeitet Theophrast den jeweils beherrschenden Wesenszug eines
»Typus« plastisch heraus; Alltagssituationen dienen ihm dabei als
Folie; in ihrer mehr oder minder – meistens minder – souveränen
Bewältigung erweist sich der Charakter des Porträtierten. Unmerklich gehen genaue Beobachtung und Beschreibung der Realität in
ridikülisierende Karikatur über. Es sind die menschlichen Schwächen, die Theophrast mit geradezu sachlichem Spott entlarvt, und
er bereitet dem Leser Vergnügen damit, daß er ihn zum distanzierten Zeugen des Fehlverhaltens der Porträtierten, ihres Unfugs und
der nicht selten komischen Wirkungen ihres Handelns werden läßt.
Wobei das mit der Distanz so eine Sache ist – denn das Lächeln,
das uns diese kleinen, unprätentiösen Studien des Menschlich-Allzumenschlichen entlocken, gilt ja nicht nur unseren lieben Mitmenschen, die wir in den Skizzen wiedererkennen, sondern ist hier und
da wohl auch das Lächeln der Selbsterkenntnis – oder sollte es zumindest sein.

Der Nörgler

Die Nörgelei ist ein unziemliches Tadeln dessen, was man geschenkt bekommen hat. Der Nörgler aber ist einer,
– der zu dem Überbringer einer Essensportion, die ihm ein Freund geschickt hat, sagt: »Das Süppchen und das Fläschchen Wein hast du mir mißgönnt; deshalb hast du mich nicht zum Essen eingeladen.«
– Wird er von seiner Freundin herzlich geküßt, so sagt er: »Ich frage mich, ob du mich auch von ganzem Herzen so liebst.«
– Auf Zeus ist er schlecht zu sprechen, nicht weil es regnet, sondern weil es zu spät regnet.
– Findet er auf der Straße einen Geldbeutel, dann sagt er: »Einen Schatz habe ich aber noch nie gefunden!«
– Hat er nach langem Feilschen mit dem Händler einen Sklaven günstig gekauft, so sagt er: »Ich frage mich, ob das was Gescheites ist, das ich da so günstig erworben habe.«
– Meldet ihm einer die frohe Kunde, ihm sei ein Sohn geboren worden, so sagt er: »Du solltest hinzufügen: ›Und damit ist die Hälfte deines Vermögens hin‹; dann erst sagst du die Wahrheit!«
– Hat er einen Prozeß gewonnen und dabei alle Stimmen bekom-

Abb. 58

Abb. 58
... damit ist die
Hälfte des
Vermögens hin.
Komischer Schau-
spieler mit Baby.
Terrakotta

men, dann wirft er seinem Anwalt vor, bei der Abfassung der Klageschrift habe er viele gerechte Argumente ausgelassen.
- Ist ihm von Freunden ein Darlehen zusammengebracht worden und sagt einer: »Sei froh!«, so antwortet er: »Wieso das? Weil ich das Geld einem jeden zurückzahlen muß und mich obendrein noch bedanken muß, als hätte man mir eine Wohltat erwiesen?«

(Theophr. 17)

Der Kleinliche

Die Kleinlichkeit ist eine übertriebene Sparsamkeit in allen Gelddingen. Der Kleinliche aber ist einer,
- der mitten im Monat einen halben Obolos fordert und dafür sogar ins Haus kommt.
- Bei einem Gelage zählt er die Becher, wieviel jeder getrunken hat, und spendet der Artemis am wenigsten von allen Gästen.
- Rechnet ihm einer vor, er habe etwas billig eingekauft, so behauptet er, er habe noch zuviel bezahlt.
- Hat ein Sklave einen alten Topf oder eine Schüssel zerbrochen, so zieht er ihm den »Schaden« von seiner Verpflegung ab.
- Ist seiner Frau ein Groschen heruntergefallen, so ist er imstande, die gesamte Einrichtung auf den Kopf zu stellen und die Liegen, Truhen und Decken zu durchsuchen.
- Wenn er etwas verkauft, gibt er es so teuer ab, daß der Käufer keinen Nutzen davon hat.

Abb. 59
- Er läßt es nicht zu, daß jemand Feigen aus seinem Garten ißt, über sein Feld geht oder eine von den heruntergefallenen Oliven oder Datteln aufhebt.
- Die Grenzsteine überprüft er tagtäglich, ob sie noch an der richtigen Stelle stehen.
- Er ist ein Meister darin, Verzugszinsen und Zinseszins einzutreiben.
- Bewirtet er Nachbarn, so setzt er ihnen das Fleisch in kleine Stückchen geschnitten vor.
- Geht er Fleisch einkaufen, so kommt er ohne etwas zurück.
- Seiner Frau verbietet er, irgend jemandem Salz, Lampendocht, Kümmel, Oregano, Gerstenkörner, Kopfbinden und Opferteig zu borgen, sondern er sagt: »Diese Kleinigkeiten machen aufs Jahr gesehen viel aus.«

(Theophr. 10)

Abb. 59 Olivenernte. Halsamphora des Antimenesmalers

Der Taktlose

Taktlosigkeit ist der Begriffsbestimmung nach ein Verhalten im Umgang mit anderen, das Unbehagen ohne greifbaren Schaden verursacht. Der Taktlose aber ist einer,
- der zu einem, der gerade eingeschlafen ist, hineingeht und ihn weckt, um sich mit ihm zu unterhalten.
- Er hält Leute auf, die im Begriff sind zu verreisen.
- Er bittet Besucher zu warten, bis er seinen Spaziergang gemacht hat.
- Er nimmt der Amme das Kind weg, kaut ihm vor und füttert es selbst, redet es schmatzend mit Kosenamen an und nennt es »Papas Gaunerstückchen«.
- Beim Essen erzählt er, er habe Nieswurz getrunken und sich so

- oben und unten gereinigt, und die Galle in seinem Stuhl sei schwärzer gewesen als die Suppe auf dem Tisch.
- In Gegenwart des Hauspersonals pflegt er zu fragen: »Sag, Mama, was war das für ein Tag, als du die Wehen bekamst und mich gebarst?«
- Über sich selbst sagt er, er sei angenehm *und* unangenehm. Man stoße nicht leicht auf einen Menschen, der nicht beide Eigenschaften habe.
- Er sagt, sein Zisternenwasser sei kühl und sein Garten habe viel zartes Gemüse, sein Koch bereite das Essen schmackhaft zu und sein Haus sei ein Gasthaus, weil stets voller Leute, und seine Freunde seien das Faß ohne Boden: Zwar sorge er gut für sie, aber er könne sie nicht füllen.
- Hat er Gäste zu Besuch, so zeigt er ihnen, was sein Parasit für einer ist. Er ermuntert sie zum Trinken und sagt, das Vergnügen für die Anwesenden stehe schon bereit, und wenn sie es wünschten, werde ein Sklave das Mädchen gleich aus dem Bordell holen, »damit wir uns alle von ihr etwas auf der Flöte vorblasen und uns erfreuen lassen«.

(Theophr. 20)

Herodas: Klassische Erziehungsprobleme

O Zeiten, o Sitten

Schule – das ist ein leidiges Thema seit Tausenden von Jahren. Kinder, die sich den Anforderungen ihrer Lehrer verweigern und lieber alles andere tun als den Unterricht zu besuchen; Eltern und Lehrer, die ob dieser Lernunlust und Schulmüdigkeit schier verzweifeln, meinen sie es doch mit den uneinsichtigen Kleinen und Halbwüchsigen nur gut! Es ist dieser geradezu klassische Konflikt, den Herodas in seinem köstlichen Sketch über den Schulschwänzer und Lausbuben Kottalos, seinen grimmigen Lehrer Lampriskos und seine noch unerbittlichere Mutter Metrotime aufgegriffen hat – ein fast zeitloses, sehr realistisches Stück, auch wenn man heute etwas andere Konsequenzen aus der schulischen Lustlosigkeit des Kottalos und seiner unbezwingbaren Neigung zum Glücksspiel zöge . . . Die ebenso lebensnahe wie zum Schmunzeln einladende Szene »Der Lehrer« ist den »Mimjamben« eines hellenistischen Dichters entnommen, dessen Œuvre weitgehend verloren ist – und dessen Name nicht einmal ganz klar ist. Er hieß entweder Herodas oder

Abb. 60 Schulunterricht. Schale des Douris

Herondas, stammte vermutlich von der Insel Kos und hat seine sketchartigen Dialoge im Umfang von meist um die hundert Verse wohl zwischen 275 und 265 v. Chr. verfaßt. Die Gattung der Mimjamben ist zwischen der Komödie und dem derberen, possenartigen Mimus angesiedelt, der in der römischen Kaiserzeit zum beliebtesten Bühnenstück avancierte. Im Unterschied zu diesen beiden Formen ist es jedoch zweifelhaft, ob der Mimjambus tatsächlich szenisch aufgeführt worden ist. Eher ist wohl mit dem Vortrag durch einen einzigen Sprecher zu rechnen, der durch Intonation, Gestik und Mimik die einzelnen Rollen voneinander abzugrenzen verstand. Aber auch als reines Lesestück hatte der Mimjambus seinen Reiz, wie die folgende Szene aus dem Alltag des griechischen Schulwesens zeigt.

PRÜGELPÄDAGOGIK AUF ELTERNWUNSCH

Auftretende Personen:
Metrotime, Bürgerin
Kottalos, ihr Sohn
Lampriskos, Schulmeister
Einige weitere Schüler des Lampriskos als »Folterknechte«

Metrotime:
So wahr ich möchte, daß dir die lieben Musen, Lampriskos,
Genuß und Freude am Leben schenken,
leg diesen Bengel übers Knie und verbleue ihn, bis ihm die Seele,
die schlechte, kaum noch auf den Lippen hängen bleibt!
Ausgeplündert hat er mir armen Frau das Haus
mit seinem Spiel um Geld, denn Würfel reichen ihm
nicht mehr, Lampriskos, er stürzt sich ja immer mehr
noch ins Unglück. Wo die Wohnung seines Lehrers liegt –
und da fordert der bittere dreißigste das Schulgeld,
da kann ich noch so heulen wie Nannakos –
das kriegt man kaum aus ihm heraus; die Glücksspielhölle aber,
wo sich die Eckensteher herumdrücken

Alles schon mal dagewesen

und die entlaufenen Sklaven, die weiß er flugs einem jeden zu zeigen.
Und die arme Tafel, die ich jeden Monat
mühsam mit Wachs ausglätte, liegt verwaist
am letzten Fuß des Bettes, direkt an der Wand.
Erblickt er sie, so schaut er sie an, als wär's die Unterwelt,
und nicht schön beschreibt er sie, sondern zerkratzt sie nur ganz.
Die Würfel aber, noch heller glänzend
liegen sie in ihren Beuteln und Netzen
als das Ölgefäß, das wir zu allem gebrauchen.
Beim Lesen aber, da kennt er nicht mal die Silbe A,
wenn sie ihm jemand fünfmal laut vorsagt.
Als ihm sein Vater neulich »Marona« diktierte,
machte dieser tüchtige Knabe
»Simona« draus; da hab' ich mich selbst
als blöde bezeichnet, daß ich ihn nicht
Esel treiben lernen lasse statt die Kunst des Schreibens,
damit er mir mal beisteht, wenn's mir im Alter schlechtgeht.
Wenn wir ihn aber Verse deklamieren lassen,
wie man's mit Kindern tut, entweder ich oder sein Vater
– ein alter Mann schon, der Mühe hat mit Ohren und Augen –,
dann tröpfelt's aus ihm heraus wie aus 'nem durchlöcherten Krug
»Apollon« . . . , »Jäger« . . . ; »das«, sag' ich dann, »kann auch
                                                                 die Oma,
Unseliger, dir sagen, die nicht lesen kann,
oder irgendein dahergelaufener Phryger.« Wollen wir aber mal
ein deutliches Wörtchen mit ihm reden, dann kennt er drei Tage lang
sein Zuhause nicht mehr, sondern plündert die Oma aus,

eine alte Frau, die selbst nicht genug zum Leben hat,
oder er sitzt auf dem Dach, schlenkert mit den Beinen
und beugt sich runter wie ein Affe.
Was glaubst du, wie mir Armen das zu Herzen geht,
wenn ich das sehe?! Der da ist mir egal,
aber alle Ziegel zerbröckeln wie Pfefferkuchen,
und wenn der Winter kommt, zahle ich unter Tränen
drei halbe Obolen für jeden Ziegel.
Aus einem Munde nämlich sagt die ganze Nachbarschaft:
»Der Metrotime ihrer war's; der Kottalos hat das angerichtet!«
Und es ist wahr; so wahr, daß man die Zähne dagegen nicht
                                                      auseinanderkriegt.
Guck dir nur an, wie er seine ganze Kleidung zu räudigen Lumpen
hat verkommen lassen, lungert im Wald herum; wie ein delischer
Reusenfischer auf dem Meer, so faul vertrödelt er sein Leben.
Den siebten und zwanzigsten des Monats aber, die Feiertage,
                                                      die kennt er
besser als die Sterngucker, und nie überkommt ihn der Schlaf,
wenn er weiß, daß ihr ein Schulfest feiert.
Darum, Lampriskos, so wahr dir diese Musen hier Erfolg im Leben
schenken und dir Gutes widerfahren soll,
gib ihm nicht weniger als ...

Lampriskos:
Du brauchst mich nicht weiter zu bitten, Metrotime,
denn er wird schon nicht zuwenig kriegen. Wo steckst du, Euthies,
wo du, Kokkalos, und du, Phillos? Nehmt den Kerl da mal schnell
auf eure Schultern und wartet nicht wie Akesaios auf Vollmond!
Löblich die Streiche, die du dir geleistet hast, Kottalos!
Es reicht dir nicht mehr, mit Würfeln aus Knochen zu spielen
wie die anderen da; nein, du läufst in die Spielhölle,
um da mit den Eckenstehern um Geld zu würfeln?!
Ich werd' dich zahmer als ein Mädchen machen,
daß du nicht mehr piep sagen kannst, wenn du's so haben willst.
Wo ist das scharfe Leder, der Ochsenschwanz,
mit dem ich die Kerle gefesselt meiner Spezialbehandlung unterziehe?
Los, her damit in meine Hand, bevor mir die Galle steigt!

Kottalos:
Nein, Lampriskos, bei den Musen flehe ich dich an,
bei deinem Bart und dem Leben deiner Mutter:
Verdrisch mich nicht mit dem scharfen Leder, nimm das andere!

Lampriskos:
Nein, Kottalos, du bist ein solcher Taugenichts, daß nicht mal
                                                        ein Händler
was Rühmenswertes an dir fände; nicht mal dort,
wo die Mäuse Eisen fressen.
Kottalos:
Wie viele, Lampriskos, wie viele willst du mir, ich flehe dich an,
verpassen?
Lampriskos:
Frag mich nicht, frag die da!
Kottalos:
Mütterchen, wie viele gebt ihr mir?
Metrotime:
Bei meinem Leben,
du kriegst so viele, wie dein böses Fell nur ertragen kann.
Kottalos:
Hör auf! Genug, Lampriskos!

Doppelt
gibt, wer
schnell gibt
*(Publilius
Syrus)*

Lampriskos:
Hör du selber auf mit deinen üblen Streichen!
Kottalos:
Nie wieder, nie wieder werd' ich's tun!
Ich schwör's dir, Lampriskos, bei den lieben Musen!
Lampriskos:
Was der noch für ein großes Maul hat!
'Ne Maus steck' ich dir ins Maul, wenn du noch weiter muckst!
Kottalos:
Sieh, ich bin schon still. Aber bitte, ich flehe dich an, töte mich nicht!
Lampriskos:
So, Kokkalos, laßt ihn jetzt los!
Metrotime:
Hör noch nicht auf, Lampriskos! Prügle ihn, bis die Sonne sinkt!
Lampriskos:
Nein, genug jetzt ...
Metrotime:
Aber der Kerl ist listiger als eine Wasserschlange,
und er muß auch auf jeden Fall noch für die Bücher was kriegen;
'ne Kleinigkeit von weiteren zwanzig, auch wenn er besser lesen
wollte als die Muse Klio selbst.

Ob Kottalos die kennt?

Kottalos:
Ätsch!
Lampriskos:
Du solltest lieber deine Zunge hüten, indem du sie in Honig wäschst!
Metrotime:
Ich werde es seinem Alten alles ganz haarklein erzählen,
　　　　　　　　　　　　　　　　Lampriskos,
wenn ich gleich nach Hause komme, und ich werde wiederkommen
und Fesseln mitbringen, damit ihn mit festgeschlossenen Füßen
die Musen hüpfen sehen, die er so verachtet.

(Herodas frg. 3)

◁ *Abb. 61 Straflektion. Lekythos des Sandalen-Malers*

Plautus: Die Aufarbeitung eines unfreiwilligen Ehebruchs

Neben dem etwas jüngeren Terenz war Plautus (ca. 240–184 v. Chr.) der berühmteste Komödiendichter der Römer. Die Anregungen für seine Stoffe entnahm er der Neuen Griechischen Komödie, die er in Rom heimisch machte. Seine Stücke sind indes mehr als bloße Übersetzungen griechischer Vorbilder; der Erfolg des Plautus beruhte ganz wesentlich darauf, daß er sie mit einer Art römischen Kolorits versah, das die Zuschauer ansprach. Seine oft derbe, volkstümliche Sprache unterscheidet ihn vom feiner und dezenter schreibenden Terenz; sie hat ihm aber sicher ebenso wie die drastische Ausmalung komischer Szenen und die treffsicheren Milieu- und prägnanten Charakterzeichnungen die Sympathien seines Publikums eingebracht.

Abb. 62   Büste des Plautus

21 500 Verse
Humor

Die berühmteste Komödie aus der umfangreichen literarischen Produktion des Plautus – die 21 überlieferten Stücke stellen nur einen Teil davon dar – ist der »Amphitruo«; jedenfalls die erfolgreichste, was ihre Nachwirkung angeht. Es ist eine klassische Doppelgänger-Komödie, die ihren Ausgang von einem der vielen amourösen Abenteuer des höchsten Gottes nimmt: Jupiter schlüpft in die

Gestalt des thebanischen Feldherrn Amphitruo (griechisch: Amphitryon). Zusammen mit dem Götterboten Merkur, der die Rolle des Dieners Sosia übernimmt, nähert er sich, während der wahre Amphitruo noch auf einem Kriegszug ist, »seiner« nichtsahnenden Gattin Alcumena (Alkmene). Ungestört genießt der Doppelgänger mit ihr eine Liebesnacht, die er noch verlängert, indem er die Sonne einen Tag lang nicht aufgehen läßt. Daß er in dieser Nacht mit Alcumena den Herkules zeugt, ist für die Plautinische Komödie sekundär. Der Komödiendichter – und seine Zuschauer – kommen anderweitig auf ihre Kosten: Die Konstellation birgt eine Fülle komischer Verwicklungen und Mißverständnisse in sich, die durch die Rückkehr des wahren Amphitruo ausgelöst werden. Zwar ist der »Amphitruo« für die Komödien des Plautus insofern nicht repräsentativ, als er nur hier ein mythologisches Sujet aufgreift, doch macht schon ein Blick auf die Rezeptionsgeschichte – Amphitryon-Komödien aus der Feder unter anderm von Molière, Dryden, Kleist, Giraudoux und Hacks – gewissermaßen die »komische Fruchtbarkeit« des Stoffes deutlich, bei dessen Gestaltung der Dichter virtuos alle Register seiner heiteren Muse zu ziehen vermag. Daß die komische Wirkung ganz wesentlich auf dem Mehr-Wissen der Zuschauer gegenüber den von Jupiter marionettenhaft eingesetzten menschlichen Hauptakteuren beruht, erweist sich gerade in der folgenden Szene, in der der wirkliche Amphitruo sich über den kühlen Empfang durch seine Frau beschwert:

One more night

Wer deliriert hier eigentlich?

Amph.: Alcumena, nur eines will ich dich fragen.
Alkm.: Nur zu, frag, was du willst.
Amph.: Hat Torheit dich befallen oder Hochmut dich gepackt?
Alkm.: Wie kommst du, mein lieber Mann, dazu, mich solchen Unsinn zu fragen?
Amph.: Weil du mich früher, wenn ich kam, zu begrüßen pflegtest und in der Weise anzusprechen, wie es keusche Frauen gegenüber ihren Männern üblicherweise tun. Anstoß nahm ich, daß du bei meiner Ankunft zu Hause diesmal diese Sitte so vergaßt.
Alkm.: Beim Kastor, ich habe dich doch gestern gleich, als du hier ankamst, sowohl begrüßt als auch mich gleichzeitig intensiv nach deinem Wohlergehen erkundigt, mein lieber Mann, und deine

Abb. 63 Zeus besucht Alkmene (Phlyakenszene). Glockenkrater, dem Asteas zugeschrieben

Hand ergriffen und dir einen Kuß gegeben.
Sos.: Du willst den hier gestern so begrüßt haben?
Alkm.: Und auch dich, mein lieber Sosia!
Sos.: Amphitruo, ich hatte gehofft, die da werde dir ein Knäblein gebären. Aber sie geht nicht schwanger mit einem Knaben.
Amph.: Sondern?
Sos.: Mit Wahnsinn!
Alkm.: Aber ich fühle mich ganz gesund und bitte die Götter nur, daß ich ebenfalls gesund einen Knaben zur Welt bringe. Aber dir wird's schlecht ergehen, wenn mein Mann seine Pflicht tut: Für diese freche Deutung wirst du, Unglücksprophet, dann kriegen, was dir zusteht!
Sos.: Ja, ja, einer Schwangeren muß man einen Apfel und Ärger geben, damit sie was zu knabbern hat, wenn – wenn's anfängt, ihr in den Kopf zu steigen.
Amph.: Du hast mich also hier gesehen?
Alkm.: Wie ich schon sagte: Ja, wenn ich's unbedingt zehnmal wiederholen soll.
Amph.: Im Traum vielleicht.
Alkm.: Im Gegenteil! Ganz wach – genauso wach, wie du es warst.
Amph.: Weh mir!
Sos.: Was hast du?

Amph.: Meine Frau deliriert!
Sos.: Sie ist erregt von schwarzer Galle. Nichts anderes bringt Menschen so schnell zum Delirieren.
Amph.: Wann hast du's zum ersten Mal gespürt, Weib, daß es dich erwischt hat?
Alkm.: Beim Kastor, ich bin völlig klar und gesund!
Amph.: Warum behauptest du dann ständig, du habest mich gestern hier gesehen, wo wir doch heute nacht im Hafen angekommen sind? Dort hab ich zu Abend gegessen, habe auch dort im Schiff die ganze Nacht ausgeruht und habe keinen Fuß hier ins Haus gesetzt, seitdem ich mit dem Heer von hier gegen die Teloboer aufgebrochen bin und sie besiegt habe. *Erinnerungslücken*
Alkm.: Aber nein! Mit mir hast du gespeist und mit mir geruht.
Amph.: Was ist?
Alkm.: Ich sage die reine Wahrheit.
Amph.: Jedenfalls in diesem Punkte bestimmt nicht; ob bei anderen Dingen, weiß ich nicht.
Alkm.: Gleich in der Morgendämmerung bist du zum Heer von hier weggegangen.
Amph.: Wie bitte?
Sos.: Sie sagt ganz richtig, woran sie sich erinnert: Sie erzählt dir einen Traum.

Im folgenden erwähnt Alcumena die goldene Schale, die Amphitruo ihr als Geschenk mitgebracht habe. Amphitruo muß feststellen, daß die Schale tatsächlich nicht mehr in dem versiegelten Kästchen liegt, in dem er sie aufbewahrt hat. Als Alcumena ihm das Geschenk auch noch vor Augen hält, wird auch Sosia unsicher. Er argwöhnt, sein Herr habe sich nachts heimlich vom Schiff zu Alcumena geschlichen – für den fassungslosen Amphitruo das Signal, die »Inquisition« seiner Frau wiederaufzunehmen:

Amph.: Du sagst also, ich sei gestern hier angekommen?
Alkm.: Genau das, und bei deiner Ankunft hast du mich gleich begrüßt, und ich dich, und ich habe dir einen Kuß gegeben.
Amph.: Schon der Anfang da mit dem Kuß gefällt mir nicht. – Erzähl' weiter! *Das Verhängnis...*
Alkm.: Dann hast du ein Bad genommen.
Amph.: Und nach dem Bad?
Alkm.: Hast du dich zu Tisch gelegt.
Sos.: Schön! Bestens! Frag' nur weiter!

Amph.: Unterbrich sie nicht! – Rede nur weiter!
Alkm.: Das Abendessen wurde aufgetragen, du hast mit mir gespeist, und ich lag neben dir.
Amph.: Auf derselben Liege?
Alkm.: Auf derselben!
Sos.: Wehe, *das* Mahl gefällt mir nicht.
Amph.: Laß nur! Sie soll ihre Darstellung weiterführen. Was geschah nach dem Essen?

... nimmt seinen Lauf

Alkm.: Du sagtest, du wollest schlafen gehen. Der Tisch wurde abgeräumt, und dann sind wir schlafen gegangen.
Amph.: Und wo hast du geschlafen?
Alkm.: Im selben Bett wie du, mit dir zusammen im Schlafzimmer.
Amph.: Du bringst mich um!
Sos.: Was ist dir?
Amph.: Die da hat mir gerade den Todesstoß versetzt.
Alkm.: Was hast du denn, bitte?
Amph.: Sprich mich nicht an!
Sos.: Was ist dir?
Amph.: Ich bin des Todes: Die Keuschheit meiner Frau da ist verletzt worden, während ich weg war.
Alkm.: Ich flehe dich an, beim Kastor, warum muß ich, mein lieber Mann, solches Gefasel von dir hören?
Amph.: Ich dein Mann? Nenn mich nicht so, du Falsche, mit falschem Namen!
Sos.: Das bleibt hängen, wenn er denn vom Manne schon zur Frau geworden ist.
Alkm.: Was hab ich denn getan, daß man mir so etwas vorhalten kann?
Amph.: Du selbst bekennst doch deine Schandtaten offen, und mich fragst du, was du verbrochen hast?
Alkm.: Was habe ich dir gegenüber verbrochen, wenn ich als deine Frau mit dir zusammen war?
Amph.: Du willst mit mir zusammengewesen sein? Was ist dreister als diese unverschämte Person?! Wenigstens solltest du dir, wenn du's schon nicht hast, Schamgefühl borgen.
Alkm.: Die Schandtat, die du mir vorwirfst, ist unserer Familie fremd. Du kannst mich der Unkeuschheit bezichtigen, nachweisen aber kannst du mir nichts!

Auch der Treueschwur Alcumenas überzeugt Amphitruo nicht. Er will der Sache auf den Grund gehen. Für den Fall, daß er seiner Frau die Untreue nachweisen kann, droht er ihr die Scheidung an. Während sich Amphitruo um einen Zeugen bemüht, der seine Abwesenheit bestätigen kann, schlüpft Jupiter wieder in seine Rolle. Er ist bemüht, die Dinge wieder ins Lot zu bringen.

Alkm.: Da seh ich ihn wieder, der mich Arme gerade noch der Unzucht und Schande geziehen hat.
Jupiter: Ich will mit dir reden, Frau. Was wendest du dich ab?
Alkm.: Das ist so meine Art: Von jeher war es mir zuwider, meinen Feinden ins Gesicht zu sehen.
Jupiter: Ach, wieso denn »Feinden«?
Alkm.: So ist es, ich sag die Wahrheit; es sei denn, du bezichtigst mich, auch hier die Unwahrheit zu sagen.
Jupiter: Du bist allzu verschämt.
Alkm.: Nimmst du wohl gefälligst deine Hand von mir?! Denn ganz gewiß solltest du, wenn du gesund und recht bei Trost bist, mit der, die du für unzüchtig hältst und lauthals erklärst, weder im Scherz noch im Ernst ein Gespräch führen, wenn du nicht dümmer bist als der größte Dummkopf.   *Quod licet Iovi*
Jupiter: Wenn ich es gesagt habe, bist du's trotzdem nicht; ich glaub's auch nicht, und ich bin deshalb zurückgekommen, um mich bei dir zu entschuldigen. Denn nie hat mir etwas mehr Kummer bereitet als zu hören, du seist mir böse. Du wirst mich fragen: ›Warum hast du's gesagt?‹ Ich werd's dir erklären. Bei Gott nicht, weil ich dich für unkeusch gehalten hätte, sondern ich wollte dich nur auf die Probe stellen, wie du reagieren würdest und wie bereit du wärest, das auf dir sitzen zu lassen. Es war alles im Spaß, was ich zu dir vorhin gesagt habe, nur zum Scherz. Frag' ruhig diesen Sosia hier.
Alkm.: Warum bringst du denn meinen Vetter Naucrates nicht, den du vorhin als Zeugen dafür in Aussicht stelltest, daß du nicht hierher gekommen seist?
Jupiter: Wenn irgendwas nur im Spaß gesagt wurde, ist es nicht recht, daß du's so ernst aufnimmst.
Alkm.: Ich weiß nur, wie das alles meinem Herzen Schmerz bereitet hat.
Jupiter: Bei deiner Rechten, Alcumena, ich bitte und beschwöre dich: Verzeih mir das alles, vergib mir, sei nicht mehr böse!
Alkm.: Deine Worte da habe ich durch meine Keuschheit unnötig

Abb. 64   Alkmene mit Jupiter als Sturm. Glockenkrater des Phyton

gemacht; jetzt will ich, da ich mich unkeuscher Taten enthalten habe, mich auch von unkeuschen Reden abwenden. Mag's dir wohl ergehen, magst deine Sachen hier für dich haben, gib mir nur meine Mitgift wieder. Gewährst du mir Begleiter?
Jupiter: Bist du nicht recht bei Trost?
Alkm.: Wenn du keine gewährst, werde ich eben allein gehen; als Begleiterin werde ich die Keuschheit mitnehmen.

Personalunion beim Schwur

Jupiter: Bleib! Ich werde dir mit einem Schwur, wie du ihn verlangst, versichern, daß ich dich für eine keusche Gattin halte. Wenn ich falsch schwöre, dann sollst du, höchster Jupiter, dem Amphitruo auf ewig zürnen!
Alkm.: Oh, sag lieber: Er sei ihm gnädig!

Jupiter: Bin zuversichtlich, daß er's sein wird. Denn der Eid, den ich dir gegenüber ablegte, ist wahrhaftig. – Bist du mir noch immer böse?
Alkm.: Nein.

Natürlich ist das nur ein vorläufiger »Waffenstillstand«, denn es ist ja der falsche Amphitruo, der den Versöhnungseid gewissermaßen auf sich selbst abgelegt hat. Mit ihrem wirklichen Ehemann steht Alcumena noch weiteres Ungemach bevor, bevor sich die Affäre nach vielen Mißverständnissen und Verwicklungen (einige Szenen sind in der Überlieferung verlorengegangen) aufklärt und der häusliche Frieden wiederhergestellt ist. (Plautus, Amphitruo 708–937)

Horaz: Nervtöter, Schwätzer, Kletten

Ibam forte Via Sacra . . . : So beginnt die berühmte Schwätzersatire des Horaz. In Gedanken versunken geht er auf der Heiligen Straße spazieren, da schlägt das Schicksal grausam zu in Gestalt eines Plagegeistes, der sich wie eine Klette an den Dichter hängt. Verzweifelt bemüht sich Horaz, den ungebetenen Begleiter wieder loszuwerden. Vergebens. Die Schwatzhaftigkeit des Kerls wird nur noch von seiner Dreistigkeit übertroffen. Meisterhaft führt Horaz (65–8 v. Chr.) den dramatisch-amüsanten Spannungsbogen über Dutzende von Versen hinweg, bevor er ihn überraschend löst. Auch wenn sich die Satire in einer Passage zur Eloge auf Maecenas, den berühmten Förderer des Horaz und anderer Dichter der augusteischen Zeit, wandelt, bleibt sie im ganzen doch ein köstliches, unvergängliches Kabinettstückchen antiken Humors, in dem menschliche Schwäche aus zwei sehr unterschiedlichen Perspektiven heraus auf sympathisch milde Weise entlarvt wird.

Römische Skizzen

»Nichts gewährt das Leben den Sterblichen ohne Mühe und Arbeit . . . «

Ging ich doch jüngst auf der Heiligen Straße, wie üblich über irgendein Verslein nachsinnend, ganz in Gedanken versunken; da läuft einer herbei, der mir nur dem Namen nach bekannt ist, greift meine Hand und fragt: »Wie geht's, mein Allerliebster?« – »Soweit ganz gut«, antworte ich, »und dir wünsch' ich alles, was du dir wünschst.« – Als er Anstalten macht, sich mir anzuschließen, komme ich ihm zuvor: »Ist noch was?« – Er aber erwidert: »Du solltest mich kennen; ich gehöre zur Schicht der Gebildeten!« – Darauf ich: »Um so mehr werde ich dich schätzen.« – Verzweifelt versuche ich, von ihm wegzukommen: Mal beschleunige ich den Schritt, mal bleibe ich stehen, flüstere meinem Sklaven irgend etwas ins Ohr, indessen der Schweiß mir bis zu den Knöcheln hinab floß. »Ach, Bolanus, du Glücklicher mit deinem Temperament!« sagte ich leise zu mir, während jener irgendwelches Zeug plapperte, sich rühmend über Stadtviertel, über die Stadt ausließ.

Wen die Götter lieben ...

Wie ich ihn so ohne Antwort ließ, sagte er: »Du bemühst dich verzweifelt darum, von mir wegzukommen. Ich hab' das schon längst bemerkt. Aber das wird dir nicht helfen, ich werde mich weiter an dich halten und dir folgen, wohin dein Weg von hier aus führt«. – »Das ist doch nicht nötig«, antworte ich, »daß du meinetwegen Umwege in Kauf nimmst; ich habe vor, einen Bekannten aufzusuchen, den du nicht kennst; jenseits des Tibers, weit draußen liegt er krank darnieder, nicht weit von den Gärten Caesars.« – »Ich habe nichts anderes zu tun, und bequem bin ich auch nicht: Ich werde weiter mit dir gehen!«

Da lasse ich die Öhrchen hängen wie ein verdrossenes Eselchen, wenn ihm eine zu schwere Last aufgebürdet ist. Er aber fängt an: »Wenn ich dich richtig einschätze, dann wirst du den Viscus nicht lieber zum Freund haben als mich und auch den Varius nicht; denn wer könnte mehr Verse dichten und geschwinder als ich? Wer seinen Körper geschmeidiger bewegen? Und singen kann ich, daß selbst Hermogenes mich beneidet!«

Hier war die Gelegenheit, ihm ins Wort zu fallen: »Du hast doch eine Mutter, Verwandte, denen an deinem Wohlergehen liegt?« – »Keinen einzigen! Ich hab' sie alle ins Grab gebracht!« – »Die Glücklichen! Jetzt bin nur ich noch übrig! Bring die Sache zu Ende! Denn mir steht ein trauriges Schicksal bevor, das mir als Knaben einst eine alte Sabellerin aus göttlicher Urne verheißen hat: ›Diesen wird weder grausiges Gift dahinraffen noch das Schwert eines Feindes, weder Schmerz in den Seiten oder Husten noch lähmende Fußgicht; ein Schwätzer wird ihn irgendeines Tages vernichten. Meide er bloß, wenn er klug ist, die Schwätzer, sobald er ins Erwachsenenalter getreten ist!‹«

... der stirbt jung

Erreicht war der Vesta-Tempel; die Hälfte des Vormittags war schon vorbei, und zufällig mußte mein Begleiter in einer Bürgschaftssache einer Vorladung folgen. Im Falle seines Nichterscheinens hätte er den Prozeß verloren. »Wenn du mir einen Gefallen tun willst«, sagte er, »leiste mir hier ein bißchen Beistand!« – »Ich will tot umfallen, wenn ich zu stehen vermag oder vom bürgerlichen Recht etwas verstehe; außerdem hab ich's eilig, du weißt, wohin.« – »Ich bin im Zweifel, was ich machen soll«, sagte er, »ob ich dich oder mein Geld aufgeben soll.« – »Mich bitte!« – »Das werd' ich nicht tun!« erwiderte er und begann voranzuschreiten. Und ich folge, hart wie es ist, dem Sieger die Stirn zu bieten.

»Wie steht Maecenas mit dir?« nimmt er den Faden wieder auf. »Ein Mann, der nur mit wenigen Umgang pflegt und klaren Verstand hat!« – »Keiner hat sein Glück geschickter genutzt. Du hättest einen großen Fürsprecher, der auch mit der zweiten Rolle zufrieden wäre, wenn du meine Wenigkeit bei ihm einführen würdest. Es müßte mit dem Teufel zugehen, wenn du nicht alle anderen verdrängtest!« – »Wir verkehren dort nicht so miteinander, wie du glaubst! Reiner als dieses ist kein anderes Haus und auch nicht weiter von solchen Intrigen entfernt. Es ist keineswegs hinderlich, sag ich, wenn einer reich ist oder gebildeter; jeder hat dort den ihm angemessenen Platz.« – »Großartiges erzählst du da, kaum zu glauben!« – »Und doch verhält es sich so!« – »Du heizt mich um so mehr in meinem Wunsche an, ihm ganz nahe zu sein.« – »Du brauchst nur zu wollen, bei deinen Vorzügen wirst du ihn für dich erobern. Denn er ist der Mann, sich bezwingen zu lassen; deshalb macht er die erste Annäherung auch so schwer.« – »Ich werd's an nichts fehlen lassen; seine Sklaven werde ich mit Geschenken bestechen, und ich werde nicht aufgeben, wenn ich heute ausgeschlossen bleibe. Ich werde nach geeigneteren Gelegenheiten suchen, werde ihm auf den Straßen grüßend entgegengehen, werde ihm mein Geleit anbieten. Nichts gewährt das Leben den Sterblichen ohne Mühe und Arbeit.«

Während er so schwätzt, da läuft uns Fuscus Aristius über den Weg, ein lieber Freund von mir, der den anderen auch zur Genüge kannte. Wir bleiben stehen. »Woher kommst du?« und »Wohin soll's gehen?« fragt er und antwortet mir auf die gleichen Fragen. Ich fing an, an seiner Toga zu zupfen, ihn in seine auffällig gefühllosen Arme zu kneifen, ihm winkend, die Augen verdrehend, zu bedeuten, er solle mich erlösen. Der boshafte Witzbold lacht und tut so, als merke er nichts; mir kocht die Leber vor Galle. »Sagtest du nicht, du wolltest etwas unter vier Augen mit mir besprechen?« –

Wer leidet...

. . . vergißt nicht (Cicero)

»Ich kann mich gut daran erinnern, aber ich will es dir zu einem günstigeren Zeitpunkt sagen. Heute ist Neumonds-Sabbat, und du willst doch wohl nicht die beschnittenen Juden verhöhnen?!« – »Ich habe keinerlei religiöse Skrupel«, sage ich. – »Aber ich! Ich bin da ein bißchen schwächer, einer aus der Menge. Du wirst verzeihen; ich sag's dir ein andermal!« Daß mir die Sonne heute morgen so schwarz aufgegangen ist! Der Schuft macht sich davon, läßt mich unterm Messer zurück!
Zufällig läuft da meinem Nervtöter sein Prozeßgegner über den Weg. »Wohin willst du dich aus dem Staube machen, Halunke?!« schreit er ihn an. Und zu mir gewandt: »Darf ich dich zum Zeugen nehmen?« Da halt' ich ihm hin mein Öhrchen! Er schleppt ihn vor Gericht; bei beiden Parteien großes Geschrei, allseits großer Auflauf. So hat mich Apollo gerettet.   (Horaz, Sat. I 9)

Ovid: Himmlische und irdische Affären

Wie Mars und Venus beim Ehebruch ertappt werden und sich der gesamte Olymp an dem köstlichen Anblick weidet, den das hilflose Paar dank des vom betrogenen Ehemann Vulkan kunstvoll installierten Schlingengewirrs abgibt, ist an sich schon ein vergnüglicher Stoff. In seiner *Ars amatoria* malt Ovid (43 v.–17 n. Chr.) die Geschichte geradezu ironisch-genüßlich aus, indem er die beteiligten Götter aus einer behaglichen Voyeurspose mit feinem Spott überzieht: So schnell läßt sich also der »tapferste« Kriegsgott ablenken! Und Sol, der Sonnengott, gibt sich als Verräter her – statt sich mit ein bißchen Erpressung selbst ein Liebesabenteuer mit Venus zu verschaffen! Und da ist dann noch einer unter den Göttern, der dem vielbelachten Kriegsgott hämisch anbietet, statt seiner die »Last« zu übernehmen. Spott schließlich auch für Vulkan, den betrogenen Ehemann: Sein ingeniöser Schachzug nützt ihm nichts; denn nach der Aufdeckung des Skandals treiben es die beiden Buhlen nur um so offener . . . – eine pointenreiche, witzige Darstellung der berühmt-berüchtigten Liebesaffäre im Himmel, bei deren Lektüre nur einem das Lachen vergangen sein dürfte: Kaiser Augustus, mit dessen religiös-moralischem Restaurationsprogramm dieser heiter-frivole Auszug aus der *chronique scandaleuse* des Olymps nicht gar so gut harmonierte.

We are not amused

Den Metamorphosen des Ovid ist die an den »olympischen Ehebruch« anschließende »Liebeswerbung eines Kyklopen« entnommen. Richtige Selbsteinschätzung ist seine Sache nicht – aber wie sollte es auch! Er ist hoffnungslos verliebt, der struppige, häßliche, einäugige Kyklop Polyphem, verliebt in die schöne Nereus-Tochter Galatea. Eine Leidenschaft, die unerfüllt bleibt angesichts der Kluft, die das ungleiche »Paar« trennt, und die dadurch noch angestachelt wird, daß Galatea einen anderen liebt. Gleichwohl, der Kyklop gibt nicht auf: Er wirbt für sich mit einem »Ständchen«, das in seiner grotesken Überspitzung und seiner von verzweifelter Entschlossenheit geprägten unfreiwilligen Komik fast schon wieder rührende Züge hat. Er wirkt merkwürdig hilflos und selbstsicher zugleich, dieser unglücklich Verliebte, der so gar nichts von einem Casanova hat, dessen Schmeicheleien und Überredungskünste die Spröde am Ende doch noch umstimmen könnten. Die Persiflage auf Liebeswerbung, die Ovid hier zu unserem, der Zuhörer und Leser, Ergötzen betreibt, stellt sich, betrachtet man sie vom Blickwinkel Polyphems aus, als tragikomischer Realitätsverlust dar und setzt bei allem Schmunzeln über manches Schwülstige, Törichte und Groteske doch auch Sympathien für diesen Anti-Helden *in eroticis* frei.

Wer den Schaden hat ...

Man erzählt sich eine Geschichte, die im ganzen Himmel berühmt ist wie keine zweite: Wie Mars und Venus durch die Listen Vulkans ertappt worden sind. Vater Mars, dem unbändige Liebe zu Venus keine Ruhe ließ, hatte sich vom furchtbaren Heerführer in einen Liebhaber verwandelt, und Venus verhielt sich gegenüber seinen Bitten nicht bäurisch und unzugänglich – keine Göttin ist ja sanfter als sie. Ach, wie oft soll sie sich frivol über den Hinkefuß ihres Mannes lustig gemacht haben und über die vom Feuer oder von seiner kunstfertigen Arbeit schwieligen Hände! Vor den Augen des Mars ahmte sie Vulkan nach, und das stand ihr; und ihr nicht geringer Liebreiz verband sich mit ihrer Schönheit.
Zunächst aber verstanden sie es stets, ihr Beilager gut geheimzuhalten. Ihre Schuld war noch voll sittsamen Schamgefühls. Durch den Verrat Sols – wer könnte den Sonnengott täuschen? – wurde Vulkan bekannt, was seine Frau da trieb. Welch schlechtes Vorbild, Sol, gibst du ab! Hol dir doch von ihr eine Belohnung: Sie hat auch dir etwas zu geben, wenn du schweigst!

Opera buffa Vulkan verteilt rings um das Lager und darüber unsichtbare Schlingen, die Augen trügt sein Werk. Er gibt vor, nach Lemnos zu reisen; die Liebenden kommen zum Stelldichein: Beide liegen nackt da, in den Schlingen verfangen. Jener ruft die Götter zusammen: Wie sie so ertappt daliegen, bieten sie ein Schauspiel. Venus konnte, so glaubt man, kaum die Tränen zurückhalten. Sie können ihre Gesichter nicht verdecken und nicht einmal die Hände über die Körperteile legen, die Anstoß erregen. Da sagt einer lachend: »Auf mich, tapferster Mars, übertrage deine Fesseln, wenn sie dir zur Last sind!«
Nur auf deine Bitten, Neptun, löst Vulkan die gefangenen Körper; Mars begibt sich nach Thrakien, Venus nach Paphos. Und nachdem du das fertiggebracht hast, Vulkan, tun sie ungehemmter, was sie zuvor verdecken wollten, und es fehlt ihnen jedes Schamgefühl.

(Ovid, Ars amatoria II 561–592)

Ein Monstrum auf Freiersfüssen

Leuchtender du, Galatea, als das Blatt des weißen Ligusters, blühender als Wiesen, schlanker als die hochaufragende Erle, blanker als Glas, munterer als ein zartes Böckchen, glatter als Muscheln, die die ständige Brandung abgerieben hat; angenehmer als die Sonne im Winter und der Schatten im Sommer, edler als Obst, schöner anzuschauen als die hohe Platane, glänzender als Eis, süßer als die reife Traube, weicher als Schwanengefieder und geronnene Milch und, wenn du nur nicht fliehst, schöner als ein bewässerter Garten; aber auch, Galatea, wilder als ungezähmte Jungstiere, härter als die alte Eiche, trügerischer als das Meer, biegsamer als Weidenruten und helles Rebengerank, unbeweglicher als diese Klippen, unbändiger als ein Strom; stolzer als der gepriesene Pfau, verletzender als Feuer, rauher als Stechwurz, grimmiger als eine Bärin mit Jungen; tauber als die Wellen, erbarmungsloser als die Schlange, auf die man getreten, und, was ich wollte, ich könnt's dir vor allem anderen wegnehmen, flüchtiger nicht nur als der Hirsch, der vom lauten Hundegebell gejagt wird, sondern auch als die Winde und der geflügelte Hauch der Luft!
Wüßtest du's aber recht, dann verdrösse es dich zu fliehen, selbst würdest du dein Zögern verdammen und würdest dich anstrengen, mich bei dir zu halten. Ich besitze Höhlen, die im gewachsenen Fels

hängen, ein Teil des Berges; Höhlen, in denen man weder mitten im Sommer die Hitze merkt noch den Winter; Äpfel besitze ich, die schwer an den Zweigen lasten, Trauben besitze ich, die goldgleich an langen Ranken hängen; purpurne besitze ich ebenfalls. Für dich spare ich die einen auf und auch die anderen. Du selbst wirst mit deinen Händen die im Schatten des Waldes gewachsenen weichen Erdbeeren sammeln, du selbst wirst die im Herbst reifen Kornelkirschen und Pflaumen pflücken, nicht nur diejenigen, die blau mit schwärzlich glänzendem Saft sind, sondern auch die veredelten und die, die frischem Wachs ähnlich sehen. Und nicht wird es dir, wenn du meine Frau bist, an Kastanien mangeln und an Früchten des Erdbeerbaumes: ein jeder Baum wird dir dienen.
Dieses Vieh hier ist alles mein, viele Kühe grasen auch noch überall in den Tälern, viele bedeckt der Wald, viele sind im Stall in den Höhlen. Und ich könnte dir, solltest du etwa danach fragen, gar nicht sagen, wie viele es sind: Vieh zählen nur Arme! (. . .) Und

Abb. 65 Kyklop, Odysseus mit Gefährten.
Kelchkrater des Kyklopenmalers

es werden dir nicht nur billige Freuden und Geschenke zufallen, wie sie dir jeder gibt, Ziegen, Hasen, ein Böckchen oder ein Paar Tauben oder ein vom Baumwipfel herabgeholtes Nest: Zwillinge habe ich gefunden, die mit dir spielen könnten, einander ganz ähnlich, daß du sie kaum unterscheiden kannst, Junge von einer zottigen Bärin ganz oben aus den Bergen. Ich fand sie und sagte: »Die da verwahre ich für meine Herrin!«

La belle ...
Nun komm schon, erhebe dein leuchtendes Haupt aus dem blauen Meer, komm schon, Galatea, und verschmähe meine Geschenke nicht! Ganz gewiß kenne ich mich, und neulich noch sah ich mein Spiegelbild im klaren Wasser, und die Gestalt, die ich da sah, hat mir gefallen! Sieh nur, was für ein Riese ich bin! Größer als dieser Körper ist nicht der Jupiters im Himmel – denn ihr sprecht immer davon, daß irgendein Jupiter dort herrscht; in großer Fülle fällt mir das Haar ins grimmige Gesicht und umschattet die Schultern wie ein Wald. Daß der Leib mir so dicht von harten Borsten starrt, sieh nicht als häßlich an: Häßlich ist der Baum ohne Blätter, häßlich das Pferd, wenn keine gelbliche Mähne seinen Hals umhüllt; Gefieder bedeckt die Vögel, zur Zierde gereicht dem Schaf seine Wolle; Bart und struppige Borsten auf dem Leib zieren den wahren Mann.

Zwar habe ich nur ein einziges Auge mitten auf der Stirn, das aber ist so groß wie ein riesiger Schild. Wie? Sieht nicht die große Sonne dies alles auf Erden aus dem Himmel? Gleichwohl hat sie nur eine einzige Scheibe! Hinzu kommt, daß mein Vater in eurem Meer herrscht: Ihn mache ich dir zum Schwiegervater. Erbarme dich nur, erhöre die Bitten eines demütig Flehenden. Denn dir allein unterliege ich. Der ich Jupiter und den Himmel verachte und den zerschmetternden Blitz, dich, Nereide, fürchte ich: Grimmiger als der Blitzstrahl ist dein Zorn.

Und ich ertrüge es eher, mich verschmäht zu sehen, wenn du alle Männer fliehen würdest. Aber warum weist du den Kyklopen zurück und liebst Acis und ziehst Acis meinen Umarmungen vor? Aber mag er sich selbst gefallen, mag er, sowenig es mir paßt, auch dir gefallen, Galatea: Ich brauche nur eine Gelegenheit, dann wird

... et la bête
er zu spüren bekommen, daß meine Kräfte diesem riesigen Körper entsprechen! Dann werde ich ihm bei Bewußtsein die Eingeweide aus dem Leibe reißen und seine auseinandergerissenen Glieder über die Felder verstreuen und über deine Wogen – *so* mag er sich mit dir vereinen! Denn ich glühe, und durch die Kränkung brennt das Feuer in mir nur noch heftiger; es scheint mir, als trüge ich in mir den in die Brust mir samt seinen Kräften versetzten Ätna, aber du, Galatea, du läßt dich nicht erweichen!

(Ovid, Metamorphosen XIII 789–869)

Seneca: »Von allen Seiten umdröhnt mich Lärm ...«

Philosophische Reflexion setzt nicht unbedingt Ruhe und Abgeschiedenheit voraus, meint Seneca (ca. 4 v.–65 n. Chr.); auch wenn uns tosender Lärm umbrande, könnten wir zu innerer Ruhe und geistiger Entspannung finden. Zur Veranschaulichung dieser These beschreibt er ein Erlebnis, das ihm auf einer Reise im süditalischen Badeort Baiae widerfahren ist – nicht nur eine amüsante Genrestudie, sondern auch ein köstliches Beispiel unfreiwilligen Humors:

Philosophie in der Badeanstalt

Sieh nur, von allen Seiten umdröhnt mich Lärm unterschiedlichster Art; ich wohne nämlich direkt über einer Badeanlage. Stelle dir nun alle Arten von Geräuschen vor, die dich dazu bringen können, deine Ohren zu hassen: Hier trainieren Kraftprotze und schwingen ihre mit Blei beschwerten Hände. Während sie sich abmühen oder jedenfalls so tun, als müßten sie sich ab, höre ich Stöhnen, jedesmal wenn sie den angehaltenen Atem wieder ausstoßen, Zischlaute und ganz gepreßtes Atmen. Dort treffe ich akustisch auf einen Faulpelz, der sich mit gewöhnlichem Einsalben zufriedengibt, und da höre ich dann das Klatschen der Hand, die auf die Schultern schlägt; je nach dem, ob sie flach oder hohl aufschlägt, ändert sich das Geräusch.

Wenn dann aber ein Ballspieler unvermutet hinzukommt und anfängt, die Bälle zu zählen, ist's um mich geschehen. Denk dir noch einen Streithammel dazu und einen ertappten Dieb und einen, der sich im Bade selbst gern singen hört, denk dir auch die noch hinzu, die mit gewaltigem Klatschen des aufspritzenden Wassers ins Schwimmbecken springen. Bei denen ist, wenn schon nichts anderes, dann wenigstens die Stimme echt. Stell dir aber daneben noch einen Achselhaarausrupfer vor, der unablässig seine dünne, schrille Stimme ertönen läßt, um auf sich aufmerksam zu machen, und der erst dann still ist, wenn er einen hat, dem er die Haare auszupft – wobei er dann den anderen zwingt, an seiner Stelle loszuschreien. Und dann noch die unterschiedlichsten Ausrufe der Getränkeanbieter, der Wurstverkäufer, der Zuckerbäcker und aller Betreiber von Garküchen: Jeder preist seine Ware in seiner persönlichen, auffallenden Stimmlage an! (Seneca, ep. mor. 56, 1–2)

Ruhe bitte – Kurort

Juvenal: »Tausend Gefahren der grimmigen Stadt ...«

Rom war in der Kaiserzeit eine Millionenstadt, die den sozial Schwächeren unter ihren Einwohnern – und das war die große Mehrheit – das Leben schwermachte. Sie litten unter typischen Großstadtproblemen wie Gedränge und Verkehrsstaus, Krach und Dreck, Rücksichtslosigkeit und Kriminalität. In seiner dritten Satire zeichnet Juvenal (ca. 60–ca. 130 n. Chr.) ein anschauliches Bild von den »tausend Gefahren«, die dem kleinen Mann in der Hauptstadt drohen, angefangen von katastrophalen Unglücken wie Bränden und Hauseinstürzen bis hin zu Tritten im Gewühl der Menschenmassen, die sich durch die verwinkelten Straßen drängen, und fliegenden Nachttöpfen, die arglosen Passanten in der Nacht auflauern. Eine humorvolle Genrestudie, die durch Überspitzung und Karikierung amüsant wirkt, zugleich aber auch ein wichtiges kulturgeschichtliches Dokument – denn bei aller sarkastisch-unterhaltsamen Überzeichnung besteht kein Zweifel daran, daß die Darstellung Juvenals die Mißstände in der Wirklichkeit des hauptstädtischen Alltags zutreffend wiedergibt, jedenfalls aus der Sicht der ärmeren Römer.

Schwer ist es, keine Satire zu schreiben (Iuv. Sat. 1, 30)

GROSSSTÄDTERS KLAGE

Farbtafel 5

Hier stirbt der Kranke meist an Schlafmangel (zur eigentlichen Entkräftung führte die unverdaute Speise, die im brennenden Magen kleben blieb) – denn welche Mietwohnung läßt den Schlaf zu? Schlafen kann man in der Stadt nur, wenn man großen Reichtum besitzt. So beginnt die Krankheit. Das ständige Rollen der Räder im engen Gewirr der Gassen und das Fluchen beim Maultierzug, der im Gewühl steckengeblieben ist, rauben sogar einem Drusus und den Kälbern des Meeres den Schlaf. Ruft die Pflicht, läßt sich der Reiche befördern – die Menge weicht zurück –, und hoch über den Köpfen eilt er dahin in seiner gewaltigen Schiffssänfte, und, wie's ihm gerad' beliebt, liest er, schreibt er oder hält drinnen ein Nickerchen; denn Schlaf ermöglicht das geschlossene Fenster der Sänfte.

Trotzdem kommt er früher ans Ziel; wenn *wir* es eilig haben, wogt uns vorn eine Menschenwelle entgegen, und von hinten drängt die Masse in unabsehbarer Kolonne gegen unsere Lenden; der eine

stößt mit dem Ellbogen, der andere mit 'nem harten Brett, der bohrt dir 'nen Balken in den Kopf, der andere 'ne Tonne. Die Beine hat man dick mit Dreck besudelt; bald tritt mich von überall 'ne riesige Sohle; bald sitzt mir im Zeh der Schuhnagel eines Soldaten.
Siehst du nicht, mit wieviel Rauch da ein Picknick gefeiert wird? Hundert Gäste, und jedem folgt seine eigene Küche. Corbulo hätte seine liebe Müh, all die riesigen Gefäße zu schleppen, all die Sachen hoch oben auf den Kopf getürmt, die da in aufrechter Haltung ein unglückliches Sklaven-Bürschlein trägt, das im Lauf noch das Feuer anfacht.
Tuniken, gerade geflickt, reißen sofort wieder auf; mit ihrem langen Stamm schwankt die Tanne auf dem Wagen, der sich da nähert, ein anderer Lastwagen befördert Pinienstämme, und hoch oben schwanken sie bedrohlich auf die Masse zu. Denn wenn eine Achse zusammenbricht, die ligurischen Marmor transportiert, und den umgestürzten Steinberg über und über auf die Menge ergießt, was bleibt von den Körpern da übrig? Wer findet die Glieder, findet die Gebeine wieder? Zur Gänze geht der zermalmte Leichnam des Volkes da unter, so spurlos wie die Seele. (. . .)
Schau nun auf die anderen und unterschiedlichen Gefahren bei Nacht, wie groß der Abstand ist zu den hohen Dächern, von wo das Hirn eine Scherbe trifft, sooft brüchige und kaputte Töpfe aus den Fenstern fliegen mit einer Wucht, die sie beim Aufprall in den Pflasterstein drückt und ihn zersprengt. Für weltfremd könnte man dich halten oder für jemanden, der zuwenig mit einem plötzlichen Schicksalsschlag rechnet, wenn du abends zum Essen gehst, ohne dein Testament gemacht zu haben: So viele Todesfallen lauern da, wie in dieser Nacht Fenster offenstehen, unter denen du vorbeikommst. Wünsch dir deshalb und nimm den bescheidenen Wunsch mit auf den Weg, daß sie zufrieden sein möchten, breite Nachttöpfe herabzuschütten.

Gelobt sei, was hart macht

Ein betrunkener Raufbold, der heute zufällig noch keinen verprügelt hat, fühlt sich bestraft. Er durchleidet die Nacht des trauererfüllten Peliden, unruhig liegt er bald auf seinem Gesicht, bald dreht er sich auf den Rücken. Anders also findet er keinen Schlaf, manchem bringt erst eine Keilerei die Bettruhe. Doch mag er auch von noch so jugendlichem Ungestüm sein und vom Wein glühen, an jenen traut er sich nicht heran, dem auszuweichen ein Mantel aus Scharlach und ein großer Pulk von Begleitern empfehlen und außerdem eine Menge Fackeln und ein eherner Leuchter.

Mich aber, dem der Mondschein heimzuleuchten pflegt oder das kurze Licht einer Kerze, deren Docht ich sorgfältig und sparsam reguliere, mich pöbelt er an. Schau, wie das elende Handgemenge sich entwickelt, wenn das noch ein Handgemenge ist, wo der eine nur schlägt und der andere nur einsteckt. Er steht dir gegenüber und befiehlt: »Stehenbleiben!« Da mußt du gehorchen; denn was willst du tun, wenn ein Wüterich dich zwingt, der noch dazu stärker ist?! »Woher kommst du?« schreit er los. »Von wessen Essig, von wessen Bohnen bist du so aufgebläht? Was für ein Schuster hat mit dir Schnittlauch und das Maul eines gesottenen Hammels gegessen? Du antwortest mir nicht? Sprich, oder du kriegst einen Tritt! Sag, an welcher Ecke du zum Betteln stehst! An welchem Gebetsort der Juden kann ich dich finden?«

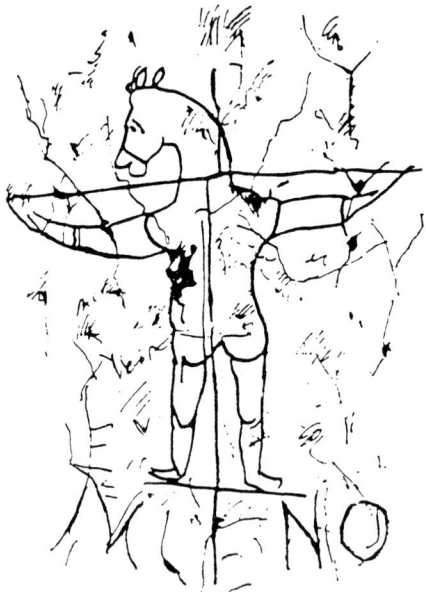

Abb. 66   Wandkritzelei in Rom. Jesus als gekreuzigter Esel

Ob du versuchst, irgendwas zu sagen, oder schweigend den Rückzug antrittst, ist einerlei: Sie prügeln auf jeden Fall, und nachher laden sie dich noch zornig vor Gericht. Darin besteht die Freiheit des Armen: Daß er, schon verdroschen, darum bittet, daß er, von Fäusten zerschlagen, darum fleht, wenigstens mit ein paar Zähnen noch nach Hause zurückkehren zu dürfen!

(Juvenal, Satiren III 232–301)

Lukian: Die böseste Zunge des Altertums

»Das Vergnügen, das alle Arten von Lesern – die einzigen, die keinen Scherz vertragen können, ausgenommen – noch heutzutage an den Lukianischen Göttergesprächen finden . . ., läßt uns auf den ungemeinen Reiz schließen, den sie für den feineren Teil von Lukians Zeitgenossen, wo der große noch an diese Götter glaubte, haben mußten. Es war ein ebenso glücklicher als neuer und kühner Gedanke, die Götter sozusagen in ihrem Hauswesen und im Negligé, in Augenblicken von Schwäche, Verlegenheit und Zusammenstoß ihrer einander so oft entgegenstehenden Forderungen und Leidenschaften miteinander reden zu lassen, wo sie . . . sich selbst gleichsam entgöttern und ihren betörten Anbetern in ihrer ganzen Blöße darstellen mußten. Lukian hätte dem Aberglauben seiner Zeit keinen schlimmeren Streich spielen können . . .«
So führt Christoph Martin Wieland die Leser seiner großartigen Übersetzung in die fürwahr wenig göttliche Welt der olympischen Götter in Lukians burlesken Himmels-Szenen ein. Mit schonungsloser Spottlust fällt der aus Samosata gebürtige Syrer in seinen frechen Einaktern über die »Unsterblichen« her, ohne jeden Respekt – ein Spötter, dem nichts heilig ist. Aber nicht nur in diesen Dialogen: Das umfangreiche Werk Lukians umfaßt 80 Schriften von unterschiedlichem Umfang und unterschiedlicher Form; eine Buntschriftstellerei, die sich indes auf einen Nenner bringen läßt: Sie ist durch und durch dem Humor verpflichtet, wenn auch in mancherlei Schattierungen, die vom Heiter-Frivolen über das Bissig-Satirische bis zum schwarzen Humor auf der Schwelle zum Zynismus reichen. Die letztere »Dosierung« kommt u. a. in den »Totengesprächen« vor, in denen es trotz des Titels keineswegs besonders traurig zugeht . . .
Lukian (ca. 120 – ca. 180 n. Chr.) scheint, nachdem er sich zunächst als Wanderredner in Kleinasien, Makedonien, Griechenland, Italien und Gallien durchgeschlagen und dabei einige Berühmtheit erlangt hatte, in der zweiten Hälfte seines Lebens jedenfalls phasenweise ganz gut von der Schriftstellerei gelebt zu haben. Was er schrieb, war griechische Unterhaltungsliteratur im besten Sinne, stilistisch schnörkellos und prägnant, inhaltlich ideenreich, espritvoll, von brillanten Einfällen sprühend – und keineswegs ohne Tiefgang und aufklärerisches Ethos. Man hat ihn nicht zu Unrecht

Ein Spötter von Profession (Wieland über Lukian)

als einen der bedeutendsten Satiriker der Weltliteratur gerühmt, und Peter Sloterdijk weist ihm in seinem »Kabinett der Zyniker« einen »Ehrenplatz in der Geschichte der bösen Zunge« zu. Die wenigen Kostproben, auf die wir uns im Rahmen dieser Darstellung beschränken müssen, vermögen diese Urteile hoffentlich zu bestätigen – und zu ausgedehnteren Lese-Streifzügen im Œuvre dieses größten Spötters, den das Altertum hervorgebracht hat, zu animieren.

Der Totenschädel der schönen Helena

Die Unterhaltung wird von dem Philosophen Menipp und dem Gott Hermes geführt, der die Seelen der Verstorbenen in die Unterwelt geleitet.

Menipp: Wo sind denn die schönen Männer oder die schönen Frauen, Hermes? Sei mein Fremdenführer; ich bin ja noch neu hier.
Hermes: Keine Zeit, Menipp! Aber schau dorthin; zur Rechten da, dort sind Hyakinth und Narziß, Nireus und Achill und auch Tyro, Helena, Leda und all die anderen alten Schönheiten.
Menipp: Ich sehe nur Gebeine und Schädel ohne Fleisch; das meiste sieht ganz gleich aus.
Hermes: Und doch sind es gerade jene Knochen, die du zu verachten scheinst, die alle Dichter bewundern.
Menipp: Zeige mir wenigstens die Helena; *ich* kann sie nämlich nicht erkennen.
Hermes: Dieser Schädel hier ist Helena.

Wenn das Paris sähe!

Menipp: Und da wurden wegen dieses Schädels tausend Schiffe bemannt aus ganz Griechenland und fielen so viele Hellenen und Barbaren und wurden so viele Städte zerstört?
Hermes: Aber du hast sie nicht zu Lebzeiten gesehen, verehrter Menipp! Da hättest auch du sicher gesagt, es sei nicht zu verurteilen, daß man »um solch ein Weib lange Zeit Schmerzen erduldet«. So ist es auch bei den Blumen: Schaut man sie an, wenn sie vertrocknet sind und ihre Farben verloren haben, dann kommen sie einem natürlich häßlich vor; wenn sie jedoch in Blüte stehen und ihre Farbe haben, dann sind sie wunderschön.
Menipp: Dann muß ich mich, mein lieber Hermes, aber doch darüber wundern, daß die Griechen nicht begriffen, daß sie sich wegen etwas so Kurzlebigem und leicht Verblühendem so abmühten.

Hermes: Ich habe keine Zeit, Menipp, mit dir zu philosophieren. Suche dir also einen Ort aus, wo du willst, und leg dich dorthin; ich werde jetzt die anderen Toten gehen holen.

(Lukian, Totengespräche 18)

Der demaskierte Sokrates

Die Unterhaltung wird zwischen dem kynischen (»hündischen« – diese Bezeichnung wegen der von den Kynikern propagierten Schamlosigkeit) Philosophen Menipp und dem Höllenhund Cerberus geführt.

Menipp: Mein lieber Cerberus – ich bin ja mit dir verwandt, da ich selbst ein Hund bin –, sag mir beim Styx: Wie war Sokrates, als er zu euch hinunterkam? Du bist ja ein Gott, und deshalb mußt du nicht nur bellen, sondern auch wie ein Mensch sprechen können, wenn du's willst.
Cerberus: Von ferne, Menipp, schien er zwar mit unerschütterlicher Miene willig den Tod an sich herankommen zu lassen, und er wollte auch, daß das denen, die außerhalb des Höllenschlundes standen, so erschien. Sobald er aber in den Schlund hineinsah und die Dunkelheit wahrnahm und ich ihn, als er noch zögerte, mit dem Schierlingstrank biß und am Fuß hinabzog, da heulte er wie die kleinen Kinder und benahm sich ganz unmöglich.
Menipp: Also war er doch nur ein Sophist, und seine Todesverachtung war nicht echt?
Cerberus: Nein, aber weil er sah, daß der Tod unausweichlich ist, spielte er den Mutigen und erweckte den Eindruck, er werde nicht ungern erleiden, was er auf jeden Fall erleiden mußte, damit ihn seine Zuschauer bewunderten. Überhaupt kann ich das von allen Leuten dieses Schlages sagen: Bis zum Höllenschlund sind sie kühn und mannhaft, ihr Benehmen drinnen aber ist der genaue Gegenbeweis.

Bitterer Schierling

Menipp: Was habe *ich* für einen Eindruck auf dich gemacht, als ich herunterkam?
Cerberus: Du allein, lieber Menipp, hast dich deiner Familie würdig benommen; und vor dir Diogenes, weil ihr nicht gezwungen oder gestoßen herabgekommen seid, sondern freiwillig, lachend und über all die anderen spottend, die so jammerten.

(Lukian, Totengespräche 21)

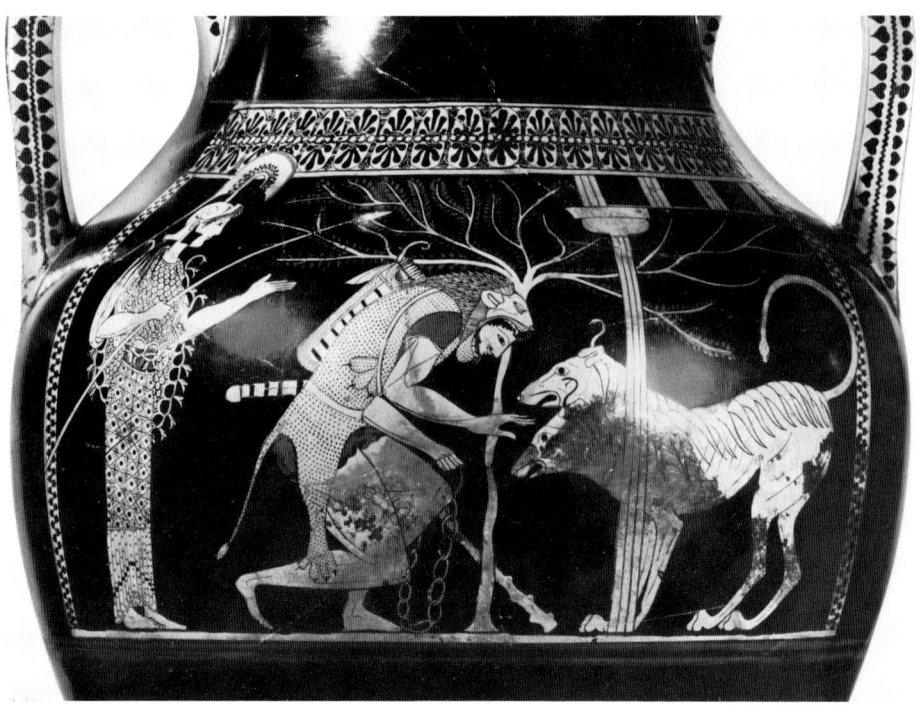

Abb. 67   Herakles beim Plausch mit dem Höllenhund. Bauchamphora des Andokides-Malers

TOTEN-FÄHRMANN KNAPP BEI KASSE

Charon galt als der Fährmann, der die ihm von Hermes zugeführten Toten über die Unterweltsströme an die Pforte des Hades brachte. Der Tote entrichtete seinen Fährlohn, indem seine Angehörigen ihm einen Obolos unter die Zunge oder zwischen die Zähne schoben.

Hermes: Wenn's dir recht ist, Fährmann, wollen wir zusammenrechnen, wieviel du mir schon schuldig bist, damit wir darüber nicht wieder in Streit geraten.
Charon: Rechnen wir also zusammen, Hermes! Es ist ja immer besser, auseinander zu sein; das bringt auch weniger Ärger.

Hermes: Ich habe dir auftragsgemäß einen Anker im Wert von fünf Drachmen gebracht.
Charon: Viel Geld!
Hermes: Beim Hades, ich habe ihn für fünf Drachmen gekauft – und Ruderriemen für zwei Obolen.
Charon: Stell fünf Drachmen und zwei Obolen in Rechnung!
Hermes: Und eine Nadel, um das Segel deines Kahns zu flicken: Fünf Obolen habe ich dafür ausgelegt.
Charon: Schreibe auch sie dazu!

Abb. 68 Charon. Etruskische Grabmalerei

Hermes: Und Wachs, um die Löcher im Kahn zu stopfen, außerdem für Nägel und einen Strick, mit dem du die Segelstange am Masten befestigt hast – alles zusammen zwei Drachmen.
Charon: Bravo, das hast du günstig eingekauft.
Hermes: Das wärs's, wenn wir nichts anderes bei der Rechnung übersehen haben. Wann also, sagst du, wirst du mir das bezahlen?
Charon: Im Augenblick unmöglich, lieber Hermes; wenn uns aber *Quantität...* eine Seuche oder ein Krieg die Toten zuhauf hier hinunterschickt, dann wird's möglich sein, einen Gewinn zu machen, wenn man sich bei der großen Menge mal im Fahrpreis verrechnet...
Hermes: Da soll ich also jetzt dasitzen und beten, daß das größte Unglück geschieht, damit ich davon etwas kriege?
Charon: Anders geht's nicht, lieber Hermes. Denn im Moment kommen nur wenige hier bei uns an, wie du siehst – es herrscht ja Frieden.
Hermes: Besser so – auch wenn ich länger warten muß, bis du deine Schulden bei mir abbezahlst. Früher allerdings, weißt du noch, wie *...statt* die Männer da aussahen, Charon? Lauter Helden, die meisten über *Qualität* und über von Blut und Wunden bedeckt. Heute dagegen – da sterben sie entweder am Gift, das ihnen ihr Sohn oder ihre Frau ins Essen gemischt hat, oder an Prasserei – mit aufgedunsenen Mägen und geschwollenen Schenkeln kommen sie her, lauter blasse, unansehnliche Typen, mit den früheren überhaupt nicht zu vergleichen. Die meisten von ihnen kommen her, weil sie, wie's scheint, um des Geldes willen einander auflauern.
Charon: Das ist ja auch eine heißbegehrte Sache.
Hermes: Also kannst du's auch mir nicht verdenken, wenn ich nachdrücklich von dir verlange, deine Schulden bei mir zu bezahlen!
(Lukian, Totengespräche 4)

Hintergründe göttlicher Unpässlichkeit

Poseidon: Ist Zeus im Augenblick zu sprechen, lieber Hermes?
Hermes: Unmöglich, Poseidon!
Poseidon: Melde mich trotzdem bei ihm an!
Hermes: Werde nicht lästig! Ich sage dir: Es ist nicht der passende Zeitpunkt, und deshalb kannst du ihn im Moment nicht sehen.
Poseidon: Er ist doch wohl nicht mit Hera zusammen?!
Hermes: Nein, es ist was anderes.

Abb. 69   Hermes. Glockenkrater des Brooklyn-Budapest-Malers

Poseidon: Aha, ich verstehe: Ganymed ist drinnen bei ihm[1].
Hermes: Auch das nicht; er ist vielmehr unpäßlich.
Poseidon: Wie das, Hermes? Schlimm, was du da sagst!
Hermes: Es ist mir peinlich, davon zu reden – so etwas ist es.
Poseidon: Aber vor mir, deinem Oheim, brauchst du dich doch nicht zu schämen!
Hermes: Er hat soeben geboren, Poseidon!
Poseidon: Bist du toll? *Er* hat geboren? Wer ist denn der Vater? Er wäre also, ohne daß wir's bemerkt haben, ein Mannweib? Aber sein Bauch zeigte keinerlei Spur davon, daß er schwanger war!
Hermes: Da hast du recht; *der* trug den Fötus ja auch nicht.
Poseidon: Verstehe. Er hat also wieder aus dem Haupte geboren wie einst die Athena; denn seine Gebärmutter – das ist der Kopf.
Hermes: Falsch! Vielmehr ging er im Oberschenkel mit dem Kind der Semele schwanger.
Poseidon: Wirklich großartig! Er ist uns also über und über schwanger, und zwar an allen Stellen seines Körpers. Aber wer ist diese Semele?

---

[1] Den schönen Knaben Ganymed hatte Zeus als seinen Buhlknaben und Mundschenk der Götter auf den Olymp entführt.

Hermes: Eine Thebanerin, eine der Kadmos-Töchter. Er hat mit ihr geschlafen und hat sie geschwängert.
Poseidon: Und da hat er, verehrter Hermes, an ihrer Stelle das Kind zur Welt gebracht?
Hermes: Sehr richtig, auch wenn's dir komisch vorkommen mag. Ich sag dir, wie's war: Die Hera – du weißt ja, wie eifersüchtig sie ist – machte sich heimlich an die Semele heran und stiftete sie an, von Zeus zu verlangen, er solle unter Blitz und Donner zu ihr kommen. Als der sich überreden ließ und den Donnerkeil mitbrachte, geriet das Dach des Hauses in Brand, und Semele ging im Feuer zugrunde. Mich aber beauftragte Zeus, den Bauch der Frau aufzuschneiden und ihm den noch nicht ganz entwickelten, sieben

Abb. 70   Hermes als Hebamme. Hydria des Semele-Malers

Mutterschaftsurlaub für den Göttervater

Monate alten Fötus zu bringen. Nachdem ich das getan hatte, schnitt er sich den Oberschenkel auf und legte den Fötus hinein, damit er sich dort zu Ende entwickeln könne. Und jetzt, im nunmehr dritten Monat, hat er ihn zur Welt gebracht und fühlt sich infolge der Wehen etwas schwach.
Poseidon: Wo ist denn das Kind jetzt?
Hermes: Ich habe es nach Nysa gebracht und es den Nymphen übergeben. Sie sollen es unter dem Namen Dionysos aufziehen.

Poseidon: Mein Bruder ist also sowohl Mutter als auch Vater des kleinen Dionysos?
Hermes: Anscheinend. Ich will jetzt aber gehen, um ihm Wasser für seine Wunde zu bringen und alles Übrige zu besorgen, was bei einer Wöchnerin üblich ist. (Lukian, Göttergespräche 9)

Rüpeleien an der Tafel der Götter

Asklepios, »Gott« der Heilkunde, und Herakles, der unermüdliche Kämpfer gegen das Böse, sind kürzlich in den Olymp aufgenommen worden. Ihr Benehmen läßt indes noch zu wünschen übrig.

Zeus: Hört auf, Asklepios und Herakles, miteinander zu streiten, als ob ihr noch Menschen wäret. Das gehört sich ja nicht, und schon gar nicht paßt es zum Mahl der Götter!
Herakles: Aber willst du, Zeus, daß dieser Quacksalber da einen besseren Platz an der Tafel hat als ich?
Asklepios: Beim Zeus! Ich *bin* ja auch besser!
Herakles: Wieso das, du verrückter Kerl?! Etwa weil Zeus dich für dein verbrecherisches Treiben mit dem Blitz erschlagen hat und du

Abb. 71 Herkules ärgert Zeus (Phlyakenszene). Kelchkrater des Iris-Malers

jetzt aus Mitleid wieder unter die Unsterblichen aufgenommen worden bist?
Asklepios: Du hast wohl vergessen, Herakles, daß du auf dem Oita verbrannt bist, wenn ausgerechnet du mir das Feuer vorwirfst.
Herakles: Unsere Lebensläufe sind keineswegs gleich, nicht einmal ähnlich gewesen. Bin ich doch ein Sohn des Zeus und habe mich mein ganzes Leben lang abgerackert und die Welt gesäubert, indem ich wilde Tiere bekämpfte und frevelnde Menschen bestrafte. Du hingegen bist ein Wurzelsammler und Scharlatan, kranken Menschen vielleicht nützlich durch das Auflegen von Heilkräutern, aber irgend etwas Mannhaftes hast du nicht aufzuweisen.
Asklepios: Wohlgesprochen! Ich hab ja deine Brandwunden geheilt, als du neulich halbgeröstet hier hochkamst mit gleich zweimal zerstörtem Leib – einmal vom vergifteten Hemd und dann noch vom Feuer des Scheiterhaufens. Ich jedenfalls habe, wenn ich schon auf nichts anderes hinweise, nicht als Sklave gedient wie du, keine Wolle in Lydien gekämmt, keinen purpurnen Weiberrock getragen und keinen Schlag mit 'nem goldenen Pantoffel von Omphale versetzt gekriegt – und schon gar nicht im Wahnsinn meine Kinder und meine Frau umgebracht!

Wer viel wagt, macht auch viel falsch (Men. mon. 724)

Herakles: Wenn du nicht sofort aufhörst, mich zu schmähen, wirst du gleich erfahren, daß dir die Unsterblichkeit nicht viel hilft, wenn ich dich packe und dich kopfüber so aus dem Himmel werfe, daß nicht mal unser Götterarzt Paieon deinen zertrümmerten Schädel wieder zusammenflicken kann.
Zeus: Hört auf, sag' ich, und stört unser Beisammensein nicht, oder ich schicke euch beide von der Tafel fort! Im übrigen, Herakles, ist es nur recht und billig, wenn Asklepios einen besseren Platz an der Tafel hat als du – er ist ja früher gekommen.

(Lukian, Göttergespräche 13)

Apuleius: »Intende, lector, laetabere!«

Intende, lector, laetabere! – »Paß auf, Leser, du wirst deinen Spaß haben!«, verspricht Apuleius von Madaura (125–ca. 180 n. Chr.) all denen, die seine »Metamorphosen« in die Hand nehmen. In der Tat kein leeres Versprechen: Der Roman des Afrikaners ist eine leichte, unterhaltsame Lesekost – ein Kranz von rund einem Dutzend bunter, mitunter bizarrer Erzählungen, viele von ihnen von erotischer, manche gar von schlüpfriger Freizügigkeit geprägt. Zusammengehalten werden sie durch die Hauptfigur Lucius, einen jungen Mann, der bei einem mißglückten Zauberkunststück in einen Esel verwandelt und erst am Ende des Romans nach vielen Irrungen und Wirrungen – und nachdem er reichlich Welterfahrung aus der Perspektive des Esels hat sammeln können – rückverwandelt wird. Berühmt geworden ist der Eselsroman des Apuleius zum einen durch das eingeschobene Märchen von Amor und Psyche, das den frivol-heiteren Tenor des Werks eine Zeitlang unterbricht, andererseits aber gerade auch durch die novellistische Brillanz und Urbanität in Inhalt und Form, die u. a. Boccaccio stark beeinflußt haben. Einen Eindruck davon vermitteln die beiden folgenden humorvollen Szenen, von denen die eine einen allzu dienstfertigen, selbstzufriedenen Beamten – und sein Opfer – aufs Korn nimmt, während die andere im pikanten »Milieu« des Ehebruchs spielt.

Beamten-Autorität oder:
Selbstdarstellung als »Freundesdienst«

Auf dem Wege zum Bad gehe ich, um vorher noch ein bißchen für uns zu futtern zu besorgen, zum Markt der Genüsse. Dort sehe ich eine leckere Fischsorte ausgestellt. Ich frage nach dem Preis. Der Händler will hundert Denare haben; daraufhin verzichte ich und erwerbe die Fische nach einigem Feilschen für zwanzig Denare. Eben will ich vom Markt weggehen, da begegnet mir Pythias, einer meiner Mitschüler von Athen in Attika, der mich nach recht langer Zeit mit Freuden wiedererkennt, auf mich zustürzt, mich umarmt und liebevoll abküßt: »Mein lieber Lucius«, ruft er, »das ist wahrhaftig schon lange her, daß man dich das letzte Mal gesehen hat! Ja, beim Herkules, das war damals, als wir uns von unserem Lehrer Clytius verabschiedet haben. Was hat dich zur Reise hierhin veranlaßt?« – »Morgen wirst du's erfahren«, erwidere ich. »Aber was seh ich da? Glückwunsch! Amtsdiener, Rutenbündel und den Ornat, der einer Amtsperson zusteht, sehe ich da bei dir.« – »Wir kümmern uns um die Getreideversorgung«, sagt er, »außerdem üben wir die Marktaufsicht aus. Wenn du irgendwas einkaufen willst, werden wir dir auf jeden Fall gefällig sein.« Ich dankte, denn ich hatte mich ja fürs Abendessen reichlich mit Fisch eingedeckt.
Da aber erblickte Pythias mein Körbchen, schüttelte die Fische, um

Steile Karriere

Abb. 72 Feilschen mit einem Thunfischverkäufer. Detail von einem sizilischen Krater aus hellenistischer Zeit

einen freieren Blick auf sie zu haben, und fragte: »Na, was hast du für den Abfall da gezahlt?« »Nur mit Mühe«, antwortete ich, »habe ich den Fischer mit sanfter Gewalt dazu gebracht, zwanzig Denare dafür anzunehmen.«

Als er das gehört hatte, packte er mich unverzüglich an der rechten Hand und führte mich auf der Stelle auf den Markt der Genüsse zurück. »Und von wem«, bohrte er, »hast du den Dreck da gekauft?« Ich zeigte auf ein altes Männlein; es saß in einer Ecke. Sofort fuhr er den als kontrollierender Marktaufseher mit schneidender Stimme an: »Soweit ist's jetzt gekommen«, rief er, »daß ihr unsere Freunde oder überhaupt einen Fremden so wenig respektiert, daß ihr für ein Heidengeld so armselige Fische anbietet und die Blüte Thessaliens durch euren Wucher bei Lebensmittelpreisen zu einer Einöde und Wildnis macht?! Aber das macht ihr nicht ungestraft! Ich werde dir nämlich jetzt gleich zeigen, wie diesen üblen Burschen das Handwerk gelegt wird, solange ich hier was zu sagen habe.« Und er schüttet mein Körbchen mitten auf der Straße aus und befiehlt einem Amtsdiener, auf die Fische zu steigen und sie mit den Füßen zu zertreten.

Mit seiner exemplarischen Strenge war mein Pythias hoch zufrieden. Mir gab er den Rat fortzugehen und sagte: »Das reicht mir, mein lieber Lucius, das alte Männlein hat seine öffentliche Brandmarkung weg!«

Ich stand noch ganz verblüfft unter dem Eindruck dieses Vorfalls und machte mich auf den Weg zum Bad, wie vor den Kopf geschlagen ob des zupackenden Einfalls meines klugen Mitschülers – und war sowohl mein Geld los als auch mein Abendessen.

(Apuleius, Met. I 24 f.)

Sandalen als Corpus delicti

Der Geschäftsmann Barbarus hält seine schöne Frau unter strenger Aufsicht. Vor einer Reise schärft er dem Sklaven Myrmex ein, die Keuschheit seiner Gattin unter allen Umständen zu schützen. Myrmex hält sich peinlich genau an diese Anweisung, wird aber schwach, als ihm ein Verehrer der attraktiven Dame, ein gewisser Philesitherus, eine Handvoll Goldstücke bietet, falls er ein Rendezvous arrangiere. Auch die Frau des Barbarus ist einem galanten Abenteuer nicht abgeneigt, zumal auch sie dafür in Goldstücken entlohnt wird. Der amouröse Handel kommt zustande, aber mitten in das Techtelmechtel platzt die Rückkehr des Ehemannes.

Eben brachten sie dem neuen Amor mit ersten Umarmungen ein Opfer, eben leisteten sie als nackte Kämpfer Venus ihren ersten Kriegsdienst, da steht wider alles Erwarten, die Gunst der nächtlichen Stunde nutzend, der Ehemann plötzlich vor der Haustür. Schon klopft er, schon ruft er laut, schon trommelt er mit einem Stein ans Tor und droht dem Myrmex, durch das Warten mehr und mehr argwöhnisch geworden, wüste Strafen an. Der aber, völlig schockiert durch das plötzliche Malheur und in seiner elenden Angst zu keiner vernünftigen Überlegung fähig, weiß sich nur damit zu helfen, daß er der Dunkelheit der Nacht die Schuld für die Verzögerung gibt: Er finde den sorgfältig versteckten Schlüssel nicht.

Betrogen ...

Inzwischen bemerkt Philesitherus den Lärm, wirft sich rasch seine Tunica über, läuft aber vor lauter Aufregung mit bloßen Füßen aus dem Schlafzimmer. Da endlich dreht Myrmex den Schlüssel unter dem Riegel um, öffnet das Tor und empfängt seinen Herrn, der immer noch brüllt, das sei bei Gott unerhört. Während der im Sturmschritt ins Schlafzimmer eilt, schleust Myrmex den Philesitherus heimlich aus dem Haus. Nachdem der wieder als freier Mann über die Schwelle ist, verschließt er seelenruhig das Haus und begibt sich wieder zur Ruhe.

Als aber Barbarus bei Tagesanbruch aus dem Schlafzimmer geht, sieht er unter dem Bett ein Paar unbekannte Sandalen, die Philesitherus getragen hatte, als er sich einschlich. Er schöpft entsprechend der Situation Verdacht, was vorgefallen ist, hält aber seinen Argwohn vor seiner Frau und der gesamten Hausgemeinschaft geheim. Die Sandalen hebt er auf und versteckt sie in seinem Gewandbausch. Er läßt nur den Myrmex von Mitsklaven fesseln und zum Gericht hinter sich herschleifen. Mit raschem Schritt und wiederholt leise Seufzer von sich gebend macht er sich auf den Weg. Er ist sicher, mit Hilfe der verräterischen Sandalen dem Ehebruch leicht auf die Spur kommen zu können.

Aber stell dir vor: Während Barbarus mit finsterer Miene und zusammengekniffenen Augenbrauen zornig über die Straße schreitet und hinter ihm her Myrmex in schweren Fesseln, zwar nicht auf frischer Tat ertappt, aber von ganz schlechtem Gewissen gepeinigt und vergeblich bemüht, mit Strömen von Tränen und endlosen

Klagen Mitleid zu erwecken, da kommt ihnen zufällig Philesitherus entgegen. Er geht zwar einem ganz anderen Geschäft nach, aber der plötzliche Anblick bestürzt ihn, versetzt ihn allerdings nicht in Panik. Ihm fällt der Fehler ein, den er in der Eile gemacht hat, das Weitere folgert er scharfsinnig. Auf der Stelle macht er von seiner üblichen Besonnenheit Gebrauch, bahnt sich einen Weg durch seine Sklaven und geht mit lautem Geschrei auf Myrmex los, versetzt ihm ein paar nicht allzu feste Schläge aufs Kinn und ruft: »Du verdammter Nichtsnutz und Lügner, dein Herr da und alle Götter des Himmels, die du mit deinem Meineid dreist heruntergerufen hast, sollen dich Bösewicht böse zugrunde richten! Hast du mir doch gestern meine Schuhe im Bad geklaut! Verdient hast du's, weiß Gott verdient, dich an den Fesseln da wundzureiben und obendrein noch den dunklen Kerker zu erleiden!«

. . . belogen . . .

Barbarus ging dieser geschickten Lüge des selbstbewußt auftretenden jungen Mannes auf den Leim, ja sie setzte ihn geradezu schachmatt und ließ ihn in Leichtgläubigkeit taumeln. Er kehrte nach Hause zurück, rief Myrmex zu sich, zeigte ihm die Sandalen, verzieh ihm von ganzem Herzen und legte ihm nahe, sie dem Herrn zurückbringen, dem er sie entwendet hatte.

. . . und glücklich

(Apuleius, Met. IX 20,2–21,7)

Athenaios: Der Alkohol schlägt hohe Wellen

In seinem »Gelehrtenmahl« läßt Athenaios (um 200 n. Chr.) die Teilnehmer eines Gelages über Gott und die Welt reden. Da darf – zumal angesichts der Gesprächssituation – ein Thema nicht fehlen: Freud und Leid des Weingenusses. Was passieren kann, wenn man zu tief ins Glas schaut, schildert einer der Gäste anhand einer Erzählung, die der sizilische Historiker Timaios von Tauromenion (Taormina) überlieferte.

Abb. 73

Delirium tremens

Timaios berichtet, in Agrigent gebe es ein Haus, das man aus folgendem Grunde »Das Schiff« nenne. Einmal zechte in ihm eine Gesellschaft junger Männer. Vom Wein erhitzt, kamen sie so von Sinnen, daß sie glaubten, auf einem Schiff zu fahren und bei argem

Abb. 73   Dienerknabe steht seinem speienden Herrn bei. Schale des Brygos-Malers

Sturm auf dem Meer zu sein. Schließlich wurden sie so unzurechnungsfähig, daß sie alle Möbel und Bettsachen aus dem Hause gleichsam ins Meer warfen, überzeugt, der Steuermann habe ihnen wegen des Sturms befohlen, das Schiff von Ballast zu befreien. Draußen sammelte sich nun eine große Menge und fing an, die herausgeworfenen Dinge wegzutragen. Nicht einmal das machte dem Wahn der jungen Männer ein Ende.

Am nächsten Tage erschienen Polizisten in dem Haus und stellten die Burschen zur Rede. Die waren immer noch seekrank und antworteten, sie seien wegen des Orkans in Seenot und deshalb

Notruf mit Sperrmüll

gezwungen gewesen, allen überflüssigen Ballast ins Meer zu werfen. Als sich die Polizisten über die Verwirrtheit der Leute verwundert zeigten, erklärte einer der jungen Männer, obwohl er dem Anschein nach älter war als die übrigen: »Verehrte Seegötter, ich selbst war so voller Furcht, daß ich mich in den Kielraum geworfen habe, um dort möglichst tief unten zu liegen.«
Die Beamten erwiesen sich daraufhin nachsichtig gegenüber den Delirierenden, ließen sie in Ruhe, ermahnten sie aber, nicht mehr so viel Wein zu trinken. Die Burschen versprachen es dankbar, und ihr Sprecher sagte: »Wenn wir diesen furchtbaren Orkan überstehen und einen Hafen erreichen sollten, werden wir euch in unserer Heimat zusammen mit den Meeresgöttern als ›Sichtbare Retter‹ verehren, weil ihr uns so gnädig erschienen seid.«
So kam das Haus zu dem Namen »Das Schiff«.

(Athenaios II 37 b–d = Timaios, Jacoby FGrH 566 F 149)

Literaturhinweise

T = Textausgabe; Ü = Übersetzung; B = Bibliographie; K = Kommentar;
L = Sekundärliteratur

Anekdote

Ü: G. Fink (Hg.), Spötter, Götter und Verrückte. Anekdoten und andere kurze Geschichten aus der Alten Welt, Zürich/ Stuttgart 1987
L: W. Gemoll, Das Apophthegma, Wien/Leipzig 1924

Anthologien antiken Humors

C. Erkuche, Hellenisches Lachen, Hannover 1911
E. Grünwald, Altgriechischer Humor, 2 Bände, Leipzig/Berlin 1927
C. Krause, Humor der Antike, Bonn 1948
G. Soyter, Griechischer Humor von Homers Zeiten bis heute, griech.-dt., Berlin 1961
E. Stemplinger, Antiker Humor, München 1939

Apuleius

T: Apulei opera ed. R. Helm, Band I, Leipzig ^{3}1931, Nachdrucke
Ü: Apuleius, Der goldene Esel. Metamorphoseon libri, lat.-dt., hg. und übers. von E. Brandt – W. Ehlers, Zürich/München ^{4}1989
B: C. C. Schlam, Class. World 64, 1971, 285–309
L: Siehe unter »Roman«

Aristophanes

T: V. Coulon, Aristophane (Text und frz. Übers.), 5 Bände, Paris 1923–1930, Nachdrucke

Ü: Aristophanes, Sämtliche Komödien, übertr. von L. Seeger, neu hg. von O. Weinreich, Zürich/München ²1968
L: Th. Gelzer, Aristophanes, RE Suppl. XII (1970) 1392–1569
H.-J. Newiger, Aristophanes und die Alte Komödie, Darmstadt 1975

Athenaios

T: The Deipnosophists, with an English translation by Ch. B. Gulick, 7 Bände, London/Cambridge-Mass. 1937–1941, Nachdrucke

Epigramm

T/Ü: Anthologia Graeca ed. H. Beckby, 4 Bände, München ²1964
Ü: Die Griechische Anthologie, übers. von D. Ebener, 3 Bände, Berlin/Weimar 1981
L: F. J. Brecht, Motiv- und Typengeschichte des griechischen Spottepigramms, Leipzig 1930
G. Pfohl (Hg.), Das Epigramm. Zur Geschichte einer inschriftlichen und literarischen Gattung, Darmstadt 1968

Herodas

T/Ü: O. Crusius-R. Herzog, Die Mimiamben des Herondas, ²1926, ND 1967
T/K: J. C. Cunningham, Herodas, Mimiambi, Oxford 1971

Homer

T: Homeri opera, Bd. I und II (Ilias) ed. D. B. Monro – Th. W. Allen, Oxford ³1920, Nachdrucke
Ü: Homer, Ilias, übertr. von W. Schadewaldt, Frankfurt 1975
L: J. Latacz, Homer. Eine Einführung, München/Zürich 1985

Horaz

T: Horatii opera ed. S. Borzsák, Leipzig 1974
Ü: Sermones/Satiren, lat.-dt., übertr. u. hg. v. K. Büchner, Stuttgart 1972, Nachdrucke

Horaz, Sämtliche Werke, lat.-dt., hg. v. H. Färber – W. Schöne, Zürich/München [10]1985

B: W. Kissel in: ANRW (Festschrift J. Vogt) II 31, 3, Berlin/New York 1985, 1403–1588

L: U. Knoche, Betrachtungen über Horazens Kunst der satirischen Gesprächsführung, in: D. Korzeniewski (Hg.), Die römische Satire, Darmstadt 1970, 284–319

Inschriften

T: H. Geist – G. Pfohl (Hg.), Römische Grabinschriften, München [2]1976
Römische Inschriften, ausgew., übers. und komm. von L. Schumacher, Stuttgart 1988
E. Diehl, Pompejanische Wandinschriften und Verwandtes, Berlin 1930
W. Krenkel, Pompejanische Inschriften, Heidelberg 1963

L: H. H. Tanzer, The common people of Pompeii: A study of the graffiti, Baltimore 1939

Komödie

Ü: Antike Komödien. Aristophanes, Menander, Plautus, Terenz (Auswahl), Berlin/Weimar [3]1987 (Bibliothek der Weltliteratur)
Antike Komödien in drei Bänden: Bd. I und II: Plautus und Terenz, hg. von W. Ludwig, Zürich/München [2]1976; Bd. III: Aristophanes, Sämtliche Komödien, hg. von H.-J. Newiger, Zürich/München 1982

Lukian

T: Lukian, Opera ex recensione C. Jacobitz, 4 Bände, Teubner 1836–1841, ND Hildesheim 1966

Ü: Lukian, Werke in 3 Bänden, übers. von Chr. M. Wieland, hg. von J. Werner – H. Greiner-Mai, Berlin/Weimar 1974

Martial

T: M. Valerii Martialis Epigrammata ed. D. R. Shackleton Bailey, Stuttgart 1990

A/K: M. Valerii Martialis Epigrammaton libri ed. L. Friedländer, 2 Bände, Leipzig 1886, ND Amsterdam 1967
Ü: Martial, Epigramme, eingel. u. übertr. v. R. Helm, Zürich/Stuttgart 1957
Martial, Epigramme, ausgew. und übers. von H. C. Schnur, Stuttgart 1966
L: W. Burnikel, Untersuchungen zur Struktur des Witzepigramms bei Lukillios und Martial, Wiesbaden 1980
O. Seel, Ansatz zu einer Martial-Interpretation, Antike und Abendland 10, 1961, 53–71
H. Szelest, Martial – eigentlicher Schöpfer und hervorragendster Vertreter des römischen Epigramms, ANRW (Festschrift J. Vogt) II 32,4, Berlin/New York 1985, 2563–2623

Ovid

T: P. Ovidii Nasonis Metamorphoses ed. W. S. Anderson, Leipzig ^{4}1988
P. Ovidii Nasonis Ars amatoria ed. F. W. Lenz, Turin 1969
Ü: Ovid, Metamorphosen, lat.-dt., hg. und übers. von E. Rösch, Zürich/München ^{12}1990
Ovid, Metamorphosen in Prosa übers. von G. Fink, Zürich/München ^{2}1990
Ovid, Liebeskunst/Ars amatoria, lat.-dt., hg. und übers. von N. Holzberg, Zürich/München ^{2}1988
Ovid, Die Liebeskunst, lat.-dt., von F. W. Lenz, Berlin 1967
L: M. v. Albrecht – E. Zinn (Hg.), Ovid, Darmstadt ^{2}1982
M. v. Albrecht, Ovids Humor, AU VI/2, 1963, 37 ff.
J. M. Frecault, L'esprit et l'humour chez Ovide, Grenoble 1972
H. Fränkel, Ovid. Ein Dichter zwischen zwei Welten, Darmstadt 1970

Petron

T: Petron, Satyrica, mit dt. Übers. hg. von K. Müller – W. Ehlers, Zürich/München ^{3}1983
Ü: Petron, Satyrgeschichten, übers. von V. Ebersbach, Leipzig 1984
B: M. S. Smith, A bibliography of Petronius, ANRW (Festschrift J. Vogt) II 32.3, Berlin/New York 1985, 1624–1665

L: H. Petersmann, Petrons urbane Prosa. Untersuchungen zu Sprache und Text (Syntax), Wien 1977
Chr. Stöcker, Humor bei Petron, Diss. Erlangen 1969

Philogelos

T/Ü: Philogelos. Der Lachfreund von Hierokles und Philagrios, griech.-dt., hg. von A. Thierfelder, München 1968

Plautus

T: M. W. Lindsay, Plauti opera, Oxford ²1910, Nachdrucke
Ü: Siehe Sammelbände »Komödie«
L: E. Lefèvre (Hg.), Die römische Komödie. Plautus und Terenz, Darmstadt 1973

Roman

Ü: B. Kytzler (Hg.), Im Reiche des Eros. Sämtliche Liebes- und Abenteuerromane der Antike, 2 Bände, München 1983
L: T. Hägg, Eros und Tyche. Der Roman in der antiken Welt, Mainz 1987 (dt. Übers. der 1980 erschienenen schwed. Ausg.)
N. Holzberg, Der antike Roman. Eine Einführung. Zürich/München 1986
P. G. Walsh, The Roman novel. The »Satyricon« of Petronius and the »Metamorphoses« of Apuleius, Cambridge 1970

Satiren

Ü: Römische Satiren. Eingel. u. übertr. v. O. Weinreich, Zürich/München ²1962
Römische Satiren, hg. v. W. Krenkel, Berlin/Weimar 1970
L: A. Adamietz (Hg.), Die römische Satire, Darmstadt 1976
D. Korzeniewski (Hg.), Die römische Satire, Darmstadt 1976
N. Rudd, Themes in Roman satire, London 1976

Seneca

T: C. F. Russo, Divi Claudii Apocolocyntosis (Text und Komm.), Florenz ⁵1965

Ü: Divi Claudii Apokolokyntosis, 2 Bände (Text mit Abb. im Comic-Stil von H. H. Römer und Komm. von G. Binder), Modelle für den altsprachl. Unterricht, Frankfurt/M. 1987
Ü: Apocolocyntosis. Die Verkürbissung des Kaisers Claudius, übers. und hg. von A. Bauer, Stuttgart 1981
B: K. Bringmann, Senecas Apocolocyntosis. Ein Forschungsbericht (1959–1981), ANRW (Festschrift J. Vogt) II 32,2, Berlin/New York 1985, 885–914
L: K. Bringmann, Senecas Apocolocyntosis und die politische Satire in Rom, Antike und Abendland 17, 1971, 56–69

Theophrast

T: Theophrast, Charaktere, hg. und komm. von P. Steinmetz, 2 Bände, München 1960/62
Ü: Theophrast, Charakterskizzen, übers. und erl. von H. Rüdiger, München 1974
Theophrast, Charaktere, griech. und dt., hg. von D. Klose, Stuttgart ²1981

Abbildungsnachweis

Aix-en-Provence, Institut d'Archéologie méditerranéenne   16
Berkeley, University   70
Berlin, Staatliche Museen Preußischer Kulturbesitz
   Umschlag, 26, 38, 42, 45, 50, 52, 56, 60, 73
Bologna, Museo Civico Archeologico   61
Bonn, Akad. Kunstmuseum der Universität   58
Boulogne, Museum   3
Cefalù, Museo Mandralisca   72
Corpus Inscriptionum Latinarum   10, 11, 12, 13, 66
Eichenzell, Hessische Hausstiftung Museum Schloß Fasanerie   5
Florenz, Alinari   33
Hamburg (aus Kieler Privatsammlung)   69
Hannover, Kestner-Museum   57
Heidelberg, Arch. Institut   1
Karlsruhe   30
Köln, RGM, Rheinisches Bildarchiv   34
Leningrad   71
Lipari   53
London, British Museum   4, 59, 64, 65
Mainz, Römisch-Germanisches Zentralmuseum   19, 40, 41
Mainz, Philipp von Zabern
   17 (aus: Wasserversorgung Bd. 3, Abb. 15),
   23 (Lausanne, Privatsammlung; aus: Kurtz/Boardman,
   Thanatos, Abb. 52),
   24 (ebd., Abb. 53), 47 (aus: Wasserversorgung Bd. 3, Abb. 28),
   Farbtafel 5 (aus: Burford, Künstler . . .)
München, Antikensammlung   31, 32, 54
München, Hirmer   6, 7, 28, 51, 67
Neapel, Museo Arch. Nazionale   44, Farbtafeln 1, 3
Paris, Louvre   9, 18
Piazza Armerina   36, 37, Farbtafel 4

Rom, Deutsches Arch. Institut   8, 14, 20, 25, 27, 35, 39, 46, 62, 68, Farbtafel 6
Rom, Thermenmuseum   49
Rom, Vatikanische Museen   29, 63
Rom, Villa Giulia   2
Saint-Germain-en-Laye, Musée des Antiquités   43
Schwerin, Museum   55
Trier, Rheinisches Landesmuseum   15, 21, 48
Würzburg, Martin-von-Wagner-Museum   22, Farbtafel 2

Stellenregister

		Seite				Seite
Ael. v. h.	XIII 40	42	CIL	II	2262	62
Anth. Pal.	XI 75	155		III	293	60
	XI 76	155		IV	58	56
	XI 77	155			61	56
	XI 79	155			346	51
	XI 80	156			409	49
	XI 82	156			538	48
	XI 83	153			575	56
	XI 86	153			581	56
	XI 113	157			1545	56
	XI 133	158			1625	47
	XI 139	158			1649	48
	XI 156	159			1748	49
	XI 164	159			1750	49
	XI 171	159			1810	53
	XI 192	159			1820	54
	XI 201	160			1831	57
	XI 202	160			1864	54
	XI 226	160			1898	48
	XI 241	160f.			1948	52
	XI 247	161			1949	53
	XI 381	161			1951	51
	XI 427	161			2146	51
Apul. Met.	I 24f.	213ff.			2223	52
	IX 20, 2ff.	215ff.			2225	52
Aristoph.					2413h	47
Ekkl.	455ff.	167f.			2487	58
	1000ff.	168ff.			3042	51
Athen.	II 37b–d	217ff.			3117	47
	XIII 557e	34			3443	53
Cic. de div.	II 51	23			3494i	58
de nat. deor.	IV 89	24			3782	54
de or.	II 275	26			3935	51
	II 276	37			3948	57
	II 277	38			4345	47
	II 278	24			4353	48
	II 280	39			4356	48

		Seite				Seite
	4533	53		IX	2114	61
	4592	52		X	5371	60
	4593	52		XI	7767	59
	4637	47		XIII	645	60
	4764	53			1983	62
	4765	53	Dio Chrys.	IX	22	32
	4814	56	Diog. Laert.	I	51	41f.
	4833	53		II	36	40
	4917	53			69	19
	4976	52		VI	2	19
	5031	51			3	19
	5032	47			32	33
	5092	49			38	30
	5094	47			40	31
	5244	57			45	32
	5251	49			49	32
	6641	54			51	30
	6842	49			57	32, 33
	6865	51			62	30
	6892	49			67	30
	7038	54		VII	21	44
	7086	46	Gell.	I	23	38f.
	7698	52		V	5	35
	7716	54		XIII	4	17
	8177	47	Herod. frg. 3			179ff.
	8258	49f.	Hist. Aug. Hadr. 20,8		35
	8259	49f.	Hom. Il. I 536ff.			163ff.
	8270	47	Hor. Sat. I 9			191ff.
	8322k	53	Juv. Sat. III 232ff.			200ff.
	8422	54	Liv. epit. XIX			26
	8492	56	Luk. Göttergespr. 9			208ff.
	8824	51			13	211ff.
V	1490	59	Totengespr.	4		206ff.
VI	3413	58			18	204ff.
	7191	58			21	205
	13740	58	Macrob.	II	2,6	24f.
	15258	62			2,10	36
	16169	60			2,11	28
	17985a	61			3,2	25
	18131	61			4,2	22
	30112	59			4,4	21
	34633	59			4,6	20

			Seite			Seite
		4,7	21		83	140
		4,8	20		85	141
		4,11	20	V	9	140
		5,5	19f.		29	141
		6,1	43f.		45	140
Mart.	I	19	133		58	141
		30	133		73	141
		38	133	VI	20	142
		47	133		33	142
		62	134		36	142
		73	134		48	143
		83	135		53	143
		89	133		59	143
		94	133		60	143
		95	135		63	143
		118	135		83	144
	II	3	135		88	144
		4	136	VII	59	144
		7	136		83	144
		12	136		92	144
		21	136		94	144
		35	136	VIII	8	144
		38	137		27	145
		45	137		43	145
		52	137		69	145
		60	137		76	145
		62	137		79	145
		67	137	IX	6	146
	III	8	138		8	146
		26	138		10	146
		28	138		15	146
		43	138		46	146
		61	138		66	146
		70	138		68	147
	IV	24	139		70	147
		33	139		97	147f.
		38	139	X	8	148
		41	139		39	148
		56	139		43	148
		68	139		84	148
		76	140		95	148
		80	140		97	148

		Seite			Seite
XI	34	149		97	73
	35	149		98	71
	62	150		110	71
	64	150		112	74
	67	150		113	77
	77	151		117	77
	83	150		118	77
	103	150		123	73
XII	12	150		139	65
	23	150		167	71
	56	151		168	71
	83	152		173	71f.
	88	152		174	65
	91	152		177	66
Ov. ars am. II	561ff.	195f.		182	67
Met. XIII	789ff.	196ff.		183	67
Petron. Sat.	26ff.	102ff.		185	67
Philogel.	3	68		198	72
	5	68		201	77
	6	65		227	78
	12	68		229	79
	13	75		231	79
	16	68		232	79
	17	68		233	79
	21	69		235	79
	22	75		246	77f.
	24	75		247	78
	27	66		248	78
	31	69		254	72f.
	34	69		256	73
	38	75		262	77
	39	69		263	79
	40	75	Plaut. Amph.	708ff.	185ff.
	52	69	Plut. Ant.	29	36f.
	56	70		70	43
	57	76	Cato	8	23
	62	70		9	24
	67	70f.	Cic.	25	27
	69	76		26	26
	72	71		27	25f.
	77	74	Dem.	19	18f.
	90	73f.		27	27f.

			Seite				Seite
Mor.		175	34	Sen. d. Ä. contr. X			
		175 B	36	praef. 8			23
		176 B	34	Sen. d. J. Apocol.			82 ff.
		182 C-D	17 f.		ep. mor. 56, 1 f.		199
		182 E	17	Stob.	IV	3,2	40
		184 C	39	Suet. Caes.		20	22 f.
		187 B	36			49	21 f.
		188 A	28	Nero		28	37
		189 E	36	Tib.		52	42 f.
		205 A	26	Vesp.		23	44
		759 F	35	Theophr. Char.		10	176
Pyrrh.		8	39			17	175 f.
Sulla		13	42			20	177 f.
Quint.	VI	3,73	25	Val. Max.	I	4,3	26
		3,77	21		VII	2 ext. 1	41
						3 ext. 4	17

KULTURGESCHICHTE DER ANTIKEN WELT

Band 1:
John Boardman
Schwarzfigurige Vasen aus Athen
Einführung und Handbuch
278 Seiten; 321 Abbildungen

Band 2: *vergriffen*
Maria Alföldi
Antike Numismatik
Teil 1: Theorie und Praxis
XLVI, 218 Seiten Text und umfangreiche Register; 23 Textabbildungen; 25 Tafeln mit 410 Abbildungen; 7 Karten

Band 3:
Maria Alföldi
Antike Numismatik
Teil 2: Bibliographie
XXX, 152 Seiten Bibliographie und ausführliches Register; 20 Tafeln
2., wesentlich erweiterte Auflage

Band 4:
John Boardman
Rotfigurige Vasen aus Athen
Die archaische Zeit
285 Seiten; 528 Abbildungen

Band 5:
John Boardman
Griechische Plastik
Die archaische Zeit
297 Seiten; 481 Abbildungen

Band 6:
Karl-Theodor Zauzich
Hieroglyphen ohne Geheimnis
Eine Einführung in die altägyptische Schrift
125 Seiten; 8 Farb- und 6 Schwarzweißabbildungen

Band 7:
Friedrich Karl Dörner
Vom Bosporus zum Ararat
Reise- und Fundberichte aus Kleinasien
XII, 362 Seiten mit 27 Textillustrationen; 5 doppelseitige Farbtafeln mit 8 Abbildungen; 64 Schwarzweißabbildungen;
2. Auflage, erweitert um 8 doppelseitige Farbtafeln

Band 8: *vergriffen*
Friedrich Richter / Wilhelm Hornbostel
Unser tägliches Griechisch
Deutsche Wörter griechischer Herkunft
Mit einem ärchäologischen Beitrag von Wilhelm Hornbostel
246 Seiten; 36 Abbildungen

Band 9: *vergriffen*
Sybille Haynes
Die Tochter des Augurs
Aus dem Leben der Etrusker
308 Seiten; 13 Farbtafeln; 42 Schwarzweißabbildungen

Band 10:
Volkert Haas
Hethitische Berggötter und hurritische Steindämonen
Riten, Kulte und Mythen
257 Seiten; 6 Farb- und 37 Schwarzweißabbildungen

Band 11:
Labib Habachi
Die unsterblichen Obelisken Ägyptens
256 Seiten; 5 Farb- und 83 Schwarzweißabbildungen

Band 12:
Gerd Hagenow
Aus dem Weingarten der Antike
Der Wein in Dichtung, Brauchtum und Alltag
248 Seiten; 16 Farbtafeln und 64 Schwarzweißabbildungen

Band 13: *vergriffen*
Denys Haynes
Griechische Kunst und die Entdeckung der Freiheit
148 Seiten; 90 Schwarzweißabbildungen

Band 14:
W. K. Lacey
Die Familie im antiken Griechenland
330 Seiten; 32 Tafeln mit 49 Abbildungen

Band 15: *vergriffen*
Jost Perfahl
Wiedersehen mit Argos und andere Nachrichten über Hunde in der Antike
116 Seiten; 8 Farb- und 50 Schwarzweißabbildungen

VERLAG PHILIPP VON ZABERN · MAINZ

KULTURGESCHICHTE DER ANTIKEN WELT

Band 16:
Karl Schefold
Die Bedeutung der griechischen Kunst
für das Verständnis des Evangeliums
113 Seiten mit 48 Abbildungen

Band 17:
J. M. C. Toynbee
Tierwelt der Antike
XV, 486 Seiten mit 1 Textabbildung; 4 doppel-
seitige Farbtafeln; 48 Tafeln mit 144 Abbildungen

Band 18: *vergriffen*
Hilde Rühfel
Das Kind in der griechischen Kunst
Von der minoisch-mykenischen Zeit
bis zum Hellenismus
378 Seiten; 133 Abbildungen; 8 Farbtafeln

Band 19: *vergriffen*
Hilde Rühfel
Kinderleben im klassischen Athen
Bilder auf klassischen Vasen
232 Seiten; 100 Abbildungen; 5 Farbtafeln

Band 20: *vergriffen*
A. M. Snodgrass
Wehr und Waffen im antiken Griechenland
314 Seiten; 140 Abbildungen

Band 21: *vergriffen*
Patricia und Don R. Brothwell
Manna und Hirse
Eine Kulturgeschichte der Ernährung
316 Seiten; 45 Textabbildungen; 19 Farb- und
50 Schwarzweißtafeln

Band 22: *vergriffen*
Roland Hampe
Antikes und modernes Griechenland
343 Seiten; 82 Textabbildungen; 6 Farbtafeln

Band 23:
Donna C. Kurtz / John Boardman
Thanatos
Tod und Jenseits bei den Griechen
481 Seiten; 247 Abbildungen; 8 Farbtafeln

Band 24:
Alison Burford
Künstler und Handwerker
in Griechenland und Rom
316 Seiten; 5 Textabbildungen; 50 Farb- und
32 Schwarzweißtafeln mit 88 Abbildungen

Band 25: *vergriffen*
Howard Hayes Scullard
Römische Feste · Kalender und Kult
413 Seiten; 51 Abbildungen; 11 Farbtafeln

Band 26: *vergriffen*
Hermann Müller-Karpe
Frauen des 13. Jahrhunderts v. Chr.
201 Seiten; 112 Textabbildungen; 18 Farbtafeln

Band 27: *vergriffen*
Barbara Deppert-Lippitz
Griechischer Goldschmuck
322 Seiten; 225 Textabbildungen; 32 Farbtafeln

Band 28/1:
Werner Ekschmitt
Kunst und Kultur der Kykladen
Teil I: Neolithikum und Bronzezeit
244 Seiten; 112 Textabbildungen; 48 Tafeln mit
47 Farb- und 16 Schwarzweißabbildungen

Band 28/2:
Werner Ekschmitt
Kunst und Kultur der Kykladen
Teil II: Geometrische und Archaische Zeit
276 Seiten; 151 Textabbildungen; 64 Tafeln mit
18 Farb- und 64 Schwarzweißabbildungen

Band 29:
Theodor Wiegand
Halbmond im letzten Viertel
Archäologische Reiseberichte
297 Seiten; 38 Fotos

Band 30:
Rainer Stadelmann
Die ägyptischen Pyramiden
Vom Ziegelbau zum Weltwunder
313 Seiten; 94 Textabbildungen; 23 Farb- und
54 Schwarzweißtafeln
2., erweiterte Auflage

VERLAG PHILIPP VON ZABERN · MAINZ

KULTURGESCHICHTE DER ANTIKEN WELT

Band 31:
Claude Bérard, Jean Pierre Vernant u. a.
Die Bilderwelt der Griechen
Schlüssel zu einer »fremden« Kultur
259 Seiten; 231 Abbildungen, davon 46 Farbabbildungen

Band 32: *vergriffen*
Frédéric L. Bastet
Hinter den Kulissen der Antike
337 Seiten; 39 Abbildungen; 7 Farbtafeln

Band 33:
Marcus Junkelmann
Die Legionen des Augustus
Der römische Soldat im archäologischen Experiment
313 Seiten mit 24 Textabbildungen; 80 Tafeln mit 31 Farb- und 126 Schwarzweißabbildungen

Band 34: *vergriffen*
Erika Simon
Die konstantinischen Deckengemälde in Trier
64 Seiten mit 25 Abbildungen; 14 Farbtafeln

Band 35:
John Boardman
Griechische Plastik
Die klassische Zeit
323 Seiten mit 412 Abbildungen; 8 Farbtafeln

Band 36:
Thomas Hägg
Eros und Tyche
311 Seiten mit 84 Textabbildungen; 8 Farbtafeln und einer Vorsatzkarte

Band 37:
Anne Johnson
Römische Kastelle
370 Seiten mit 229 Textabbildungen; 8 Farbtafeln mit 15 Abbildungen

Band 38:
Herbert W. Parke
Athenische Feste
322 Seiten mit 74 Abbildungen

Band 39:
Bernard Andreae
Laokoon und die Gründung Roms
220 Seiten mit 14 Abbildungen; 40 Tafeln mit 30 Farb- und 22 Schwarzweißabbildungen

Band 40:
Friedrich Karl und Eleonore Dörner
Von Pergamon zum Nemrud Dağ
Die archäologischen Entdeckungen Carl Humanns
XV, 342 Seiten; 8 Farbtafeln; 113 Schwarzweißabbildungen

Band 41:
John M. Camp
Die Agora von Athen
Ausgrabungen im Herzen des klassischen Athen
259 Seiten; 11 Farb- und 188 Schwarzweißabbildungen

Band 42:
Bettina Schmitz/Ute Steffgen (Hrsg.)
Waren sie nur schön?
Frauen im Spiegel der Jahrtausende
329 Seiten; 161 Schwarzweißabbildungen

Band 43:
Werner Ekschmitt
Weltmodelle
Griechische Weltbilder von Thales bis Ptolemäus
192 Seiten; 26 Abbildungen

Band 44:
John S. Morrison/John F. Coates
Die athenische Triere
Geschichte und Rekonstruktion eines Kriegsschiffs der griechischen Antike
380 Seiten; 87 Abbildungen; 15 Farbtafeln mit 26 Abbildungen

Band 45:
Marcus Junkelmann
Die Reiter Roms
Teil I: Reise, Jagd, Triumph und Circusrennen
293 Seiten; 49 Farb- und 234 Schwarzweißabbildungen

VERLAG PHILIPP VON ZABERN · MAINZ

KULTURGESCHICHTE DER ANTIKEN WELT

Band 46:
Michael Siebler
Troia — Homer — Schliemann
248 Seiten; 81 Schwarzweißabbildungen;
25 Farbtafeln mit 35 Abbildungen; 5 Schwarzweißtafeln

Band 47:
Arthur D. Trendall
Rotfigurige Vasen aus Unteritalien und Sizilien
343 Seiten; 595 Abbildungen

Band 48:
John Boardman
Rotfigurige Vasen aus Athen
Die klassische Zeit
287 Seiten; 566 Schwarzweißabbildungen

Band 49:
Marcus Junkelmann
Die Reiter Roms
Teil II: Der militärische Einsatz
222 Seiten; 27 Farb- und 91 Schwarzweißabbildungen

Band 50:
Karl-Wilhelm Weeber
Humor in der Antike
232 Seiten; 73 Abbildungen und 6 Farbtafeln

Sonderband:
Ausgrabungen — Funde — Forschungen
des Deutschen Archäologischen Instituts
258 Seiten; 127 Schwarzweißabbildungen;
13 farbige Abbildungen und 1 Karte

Sonderband:
Edmund Buchner
Die Sonnenuhr des Augustus
112 Seiten; 25 Textabbildungen; 32 Tafeln mit
53 Abbildungen

Sonderband:
Wiktor A. Daszewski
Dionysos der Erlöser
Griechische Mythen im spätantiken Zypern
52 Seiten mit 3 Textabbildungen; 19 Farbtafeln

Sonderband:
Werner Ekschmitt
Die Sieben Weltwunder
Ihre Erbauung, Zerstörung und Wiederentdeckung
293 Seiten; 100 Abbildungen; 28 Farb- und
50 Schwarzweißtafeln
8., überarbeitete und erweiterte Auflage

Sonderband:
Roland Hampe / Erika Simon
Griechisches Leben im Spiegel der Kunst
96 Seiten mit 59 Schwarzweißtafeln
2., überarbeitete Auflage

Sonderband: vergriffen
Homer
Die Odyssee
In gekürzter Form nacherzählt von Eva Jantzen
und bibliophil illustriert von Brinna Otto
200 Seiten; 66 Zeichnungen nach griechischen
Originalbildern

Sonderband:
Nikolas Yalouris
Pegasus. Ein Mythos in der Kunst
171 Seiten mit 134 Farb- und 13 Schwarzweißabbildungen

Sonderband:
Oleg V. Volkoff
1000 Jahre Kairo
Die Geschichte einer verzaubernden Stadt
251 Seiten mit 44 Abbildungen, 8 doppelseitigen
Farbtafeln und 1 Stadtplan

Sonderband:
Gloria London
Töpferei auf Zypern · damals — heute
Traditional Pottery in Cyprus
deutsch/englisch
85 Seiten; 20 Farb- und 64 Schwarzweißabbildungen

Sonderband: vergriffen
Wolfgang Gockel
Die Geschichte einer Maya-Dynastie
Entzifferung klassischer Maya-Hieroglyphen am
Beispiel der Inschriften von Palenque
340 Seiten; zahlreiche Abbildungen; 24 Farbtafeln

VERLAG PHILIPP VON ZABERN · MAINZ